U0448182

THE COMING WAVE
Technology, Power, and the 21st Century's Greatest Dilemma

浪潮将至

Mustafa Suleyman
［英］穆斯塔法·苏莱曼

Michael Bhaskar
［英］迈克尔·巴斯卡尔 ◎著

贾海波 ◎译

中信出版集团｜北京

图书在版编目（CIP）数据

浪潮将至 /（英）穆斯塔法·苏莱曼，（英）迈克尔·巴斯卡尔著；贾海波译. -- 北京：中信出版社，2024.10（2025.1重印）. -- ISBN 978-7-5217-6848-0

I. F49

中国国家版本馆 CIP 数据核字第 20244Y3M46 号

The Coming Wave: Technology, Power, and the 21st Century's Greatest Dilemma
By Mustafa Suleyman and Michael Bhaskar
Copyright © 2023 by Mustafa Suleyman and Michael Bhaskar
Published by arrangement with Conville & Walsh Limited, through The Grayhawk Agency Ltd.
Simplified Chinese translation copyright © 2024 by CITIC Press Corporation
All rights reserved

浪潮将至

著者：　［英］穆斯塔法·苏莱曼　［英］迈克尔·巴斯卡尔
译者：　贾海波
出版发行：中信出版集团股份有限公司
　　　　（北京市朝阳区东三环北路 27 号嘉铭中心　邮编　100020）
承印者：　北京盛通印刷股份有限公司

开本：787mm×1092mm 1/16　　印张：26　　字数：362 千字
版次：2024 年 10 月第 1 版　　印次：2025 年 1 月第 5 次印刷
京权图字：01-2024-4202　　　　书号：ISBN 978-7-5217-6848-0
　　　　　　　　　　　　　　　　定价：79.00 元

版权所有·侵权必究
如有印刷、装订问题，本公司负责调换。
服务热线：400-600-8099
投稿邮箱：author@citicpub.com

各方赞誉

人工智能与生物技术即将掀起一场新的技术浪潮。一方面,这些技术会给人类带来巨大的利益,推动社会的进步与发展。另一方面,这些技术也存在严重的风险。如何应对这种困境?作者认为,我们既要积极拥抱这些技术,又需制定周密的遏制策略和安全措施,以保证新技术的健康发展。作者引用历史上发生过的几次技术浪潮及其相关的数据来证明他们的观点,因此书中提出的见解是深刻和有说服力的,具有很大的参考价值。

——张钹　清华大学计算机系教授,中国科学院院士

这本书围绕着两个核心的话题和概念展开,一个是"浪潮",一个是"遏制"。作者把当下的前沿新科技比喻成即将到来的技术浪潮,并类比国际政治领域的"遏制",创造性地提出了科技领域的"遏制问题"——如何在享受技术带来的巨大利益的同时,保持对强大技术的约束和控制。难能可贵的是,作者探索出了一系列"遏制浪潮"的步骤,既展示了强大技术创造的巨大繁荣,又引领我们直面技术的重大威胁,为我们提供了一套切实可行的应对策略。

——沈向洋　香港科技大学校董会主席

这本畅销书的主题是,以通用人工智能和合成生物学为核心的新的技术浪潮将给人类社会带来空前的巨大风险。作者穆斯塔法·苏莱曼是一位有着叙利亚血统的英国人,早年在伦敦市长办公室工作,参与过气候变化的谈判,后来参与创建 DeepMind 等几家知名人工智能公司。他以独特的视角旁征博引,向读者描述了各种风险的真实性,并呼吁启动人工智能安全与生物安

全的阿波罗计划。这本书既有技术深度，又有人文情怀，值得深读！

——**朱松纯**　北京大学讲席教授，人工智能研究院、智能学院院长

穆斯塔法·苏莱曼动用了我们非常熟悉的浪潮隐喻，来总结人类的技术野心：人类先是操控原子世界，然后把玩比特世界，但犹自不满足，现在正努力创造新形式的生物生命。他声称自己不是技术决定论者，但隐喻的选择暴露了他难以逃脱干系，因为我们都知道，浪潮隐喻的核心是认为有一股巨大的力量不可阻挡地袭来，而人却在其面前畏缩不前。作者显然预见到了这种问题，因此把书的最后落脚点放在了"遏制"策略上，并提出了10步操作法。可是，到底如何遏制看似无法遏制的东西呢？任何一个大力推动了人工智能的进展又反过来警告人工智能的风险的人，大概都像人工智能技术本身一样是个矛盾体。你读到了一本既批评人工智能炒作又批评人工智能厄运预言的书，只不过这一次的这位作者的确是个行家。

——**胡泳**　北京大学新闻与传播学院教授

正如这本书的书名所说的那样，人工智能引发的浪潮已然轰鸣而至。面对浪潮，每个人都不免既有兴奋期待，又有忐忑不安。这本书的作者站在全球高度和人类技术史的角度，为我们的这种兴奋期待和忐忑不安，提供了更加深入的视角和更加深刻的洞察。此书值得所有关注人工智能的人阅读和思考。

——**周鸿祎**　360集团创始人

人工智能和生物技术正在崛起，它们不仅会给我们的生活带来巨大的积极改变，也会像核弹爆炸一样影响人类的生存和发展，我们如何应对？这本书检视了新技术浪潮的前世今生，提出了遏制技术负面影响的路线图，是一本难得的好书。

——**涂子沛**　大数据专家，《数据之巅》《数文明》作者

这是一个来自DeepMind联合创始人、微软人工智能CEO的紧急警告！人工智能和其他快速发展的技术在带来巨大繁荣的同时，也对全球秩序构成

威胁，我们如何在还有机会的时候控制它们？这本出自专业人士之手的书提供了宝贵的思路和建议。无论你是科技行业的从业者、研究者，还是正在寻找新机会的投资人，这本书都能为你提供深刻的洞见。

——吴世春　梅花创投创始合伙人

科技无比狂野，已临近人类能动性和控制力的极限。《浪潮将至》一书，力图直面这一难以驾驭但又必须驾驭的狂潮，探讨科技智人如何拥抱深度科技化时代，走向更人性化和繁荣的未来。

——段伟文　中国社会科学院哲学所科技哲学研究室主任、研究员

无论是自然界还是科技界的浪潮，机遇与风险挑战都是并存的。这本书以人工智能和合成生命为代表，探讨了科技浪潮的特征与广泛影响。科技创新者对潜在风险和应对途径的反思应成为浪潮之中所有创新者的基因。我们能否准确地预测科技发展？答案很可能是否定的。但是，我们能否因此放弃对可能出现的科技安全风险的防范？答案再一次是否定的！相较而言，人类很难驾驭自然界中的浪潮，但人类有能力也有义务塑造科技浪潮。科技的弄潮儿不仅仅是某个人，正如这本书中描述的，这需要研发者、企业、政府、民众、联盟等深度协作。面对科技浪潮，全世界需携手迎潮而上，谨慎驾驭，才能使人类发展借浪潮腾飞。

——曾毅　中国科学院自动化研究所研究员，
联合国人工智能高层顾问机构专家

人工智能与合成生物学这两项颠覆性技术将深刻影响全人类的未来。一方面，它们作为新质生产力的代表，有望带来巨大的经济与社会效益；另一方面，"双刃剑"技术将带来一系列重大的安全和伦理挑战，我们必须确保不出现超出人类掌控的风险。这本书深入剖析了这两大技术的指数级发展趋势，为读者提供了思考和应对技术浪潮的重要视角。

——谢旻希　安远 AI 创始人兼 CEO

这部作品犹如来自未来的警钟，揭示了即将到来的变革以及可能引发的全球经济和政治影响。书中蕴含的洞见和前瞻性不容小觑。作者作为行业专家，其论点颇具说服力，足以重塑你对未来的感知，并转变你对当前局势的理解。

——鲁里埃尔·鲁比尼　纽约大学名誉教授

穆斯塔法·苏莱曼以身为技术专家、企业家和未来洞察者的独特视角，为我们提供了十分重要的见解。这本书研究深入，紧贴时代脉搏，对当前一些紧迫的挑战进行了引人入胜的深刻洞察。

——阿尔·戈尔　美国前副总统

在这本勇气之作中，高科技界的资深人士穆斯塔法·苏莱曼深刻剖析了我们这个时代棘手的问题：我们必须遏制那些似乎不可遏制的技术。他指出，生成式人工智能、合成生物学、机器人技术等一系列新兴技术正在迅速发展和传播，不仅带来了巨大利益，也伴随着日益增加的风险。苏莱曼深知，管理这些风险并非易事，没有简单的解决方案，但他敢于面对现实，坦诚相告。这本书是真实的、充满激情的，直面我们这一代人将面临的重要挑战。感谢苏莱曼，让我们看清了现状，也明白了自己的选择。现在，该轮到我们采取行动了。

——安德鲁·麦卡菲　麻省理工学院斯隆管理学院首席研究科学家

人工智能革命正在进行中，但我们对它的理解究竟有多深？《浪潮将至》是一本内容广博、逻辑清晰的指南，既介绍了激进技术变革的历史，也介绍了未来面临的深刻政治挑战。

——安妮·阿普尔鲍姆　普利策奖得主、历史学家

这真是一本具有非凡意义且不可或缺的好书。想象一下，20年后，这本书的内容或许是对未来的保守预测，但现在读来，我几乎每隔几页就会停下，并惊叹：这真的会发生吗？这本书的绝妙之处在于，它冷静而温柔地向我们确认，这一切都会成真，并细致阐释了实现的原因与路径。其文风温和亲切，透出对读者感受的同情与理解。书中不乏令人胆寒的章节，毕竟当

意识到众多熟悉的事物即将发生巨变时，恐惧是不可避免的。但读完之后，人们会感到充满能量，为能活在这样一个时代而感到兴奋。浪潮将至，此书便是我们的先兆与指南。

——阿兰·德波顿　哲学家、畅销书作家

《浪潮将至》一书针对人工智能、合成生物学等先进技术可能带来的意外的灾难性后果，给出了我们急需的明确指引、现实分析和清晰解释。这本重要著作就像一张生动且颇具说服力的路线图，为我们指明了主动引导技术创新，而不是被动接受技术控制的道路。

——玛莎·米诺　哈佛大学法学院教授、前院长

在《浪潮将至》一书中，穆斯塔法·苏莱曼提出了一个强有力的论点，即当今技术革命的爆炸性发展，注定会带来颠覆性影响。这本不可多得的著作将帮助你洞悉这些技术发展的速度和规模——它们将如何在我们社会中广泛传播，以及它们对于构建我们这个世界的组织机构所带来的潜在挑战。

——伊恩·布雷默　欧亚集团创始人

这本书非常重要，既振奋人心又令人警醒。对不了解当前技术革命的人来说，它是一次至关重要的启蒙；对已经有所了解的人来说，它则是一次直面挑战的机会。这本书关乎我们每个人的未来，因此我们需要仔细阅读，并根据其指引行动起来。

——戴维·米利班德　英国前外交大臣

穆斯塔法·苏莱曼坦率地评价了人工智能的潜在风险与令人惊叹的可能性。他提出了一个紧迫的议题，即政府需要迅速采取行动，限制这一革命性技术可能带来的具有灾难性的应用。

——格雷厄姆·艾利森　哈佛大学教授，《注定一战》作者

指数级发展的技术让我们既惊叹于其力量，又对其潜在风险感到忧虑。穆

斯塔法·苏莱曼在梳理工业发展历史的过程中，以冷静、务实且充满道德洞察力的笔触，描述了技术进步的惊人速度。他的个人经历为《浪潮将至》一书增添了丰富色彩，使其成为一本引人入胜的读物，特别适合那些希望从日常科技新闻洪流中抽身出来的人。

——安杰拉·凯恩　联合国前副秘书长兼裁军事务高级代表

这本书深入探讨了人工智能目前的新进展以及未来呈指数级增长的趋势，由资深人士撰写，颇具说服力……如果你渴望了解社会应如何稳妥地应对这种颠覆性的技术，那么这本书绝对值得一读。

——布鲁斯·施奈尔　安全技术专家

人工智能与合成生物学的浪潮即将袭来，它们将共同塑造下一个十年，那将是人类历史上辉煌的时代，也可能是动荡的时代。而在这波澜壮阔的时代变革面前，穆斯塔法·苏莱曼无疑是能洞悉并解读其中挑战的人。这本书不仅引人深思，而且颇具紧迫感，语言既有力又通俗易懂。对想了解这些技术巨大潜力的读者来说，这本书不容错过。

——埃里克·布莱恩约弗森　麻省理工学院斯隆管理学院教授，
《第二次机器革命》作者

当今世界正面临着一个巨大的挑战：如何设计一种治理方式，既能充分发挥人工智能和生物技术的优势，又能避免它们可能带来的灾难性风险。这本书对这两种技术所构成的"遏制挑战"进行了深入而细致的剖析。它研究详尽，见解独到，为政策制定者和安全专家提供了诸多具有建设性的建议。

——贾森·马西尼　兰德公司CEO

如果你想了解正在涌现并汇集成主流的变革性技术浪潮的含义、前景与潜在风险，那么这本书非常值得一读。它是由人工智能领域的先锋人物之一穆斯塔法·苏莱曼所撰写的，内容充实且充满惊喜，定会让你受益匪浅。

——斯蒂芬·弗莱　演员、作家和电视主持人

《浪潮将至》一书文字清晰流畅，研究深入且易于阅读，堪称来自技术革命前沿的佳作。书中巧妙地将个人与科技的故事交织在一起，深刻剖析了为何对强大技术的有效治理至关重要且颇具挑战。

——杰夫·马尔根爵士　伦敦大学学院教授

这本书提供了人工智能对人类未来意义的深刻剖析。穆斯塔法·苏莱曼作为两家当代重要的人工智能公司的联合创始人，其独特性不言而喻。他是一位颇具天赋的创业者，一位见解独到的思想家，也是即将到来的技术浪潮中重要的号召者。

——里德·霍夫曼　领英公司联合创始人

《浪潮将至》一书用引人深思、令人信服的观点阐述了先进科技正在重塑社会的方方面面：权力、财富、战争、工作，甚至是人际关系。我们能否在这些新技术控制我们之前先掌控它们？穆斯塔法·苏莱曼不仅是人工智能领域的代表人物，也是长期呼吁政府、大型科技公司和公民社会为共同利益而行动的倡导者，他是解答这一重要问题的合适人选。

——杰弗里·萨克斯　哥伦比亚大学教授，
联合国可持续发展解决方案网络主席

苏莱曼以其独特的视角，深刻剖析了人工智能和合成生物学无节制发展可能带来的严重后果——地缘政治动荡、战争威胁、国家主权的侵蚀。特别是在我们迫切需要警醒的当下，他的观点尤为宝贵。更为难得的是，苏莱曼不仅提出了问题，还深入思考了解决之道。他提出了一系列切实可行的技术治理措施，这些措施如果能够得到大家的共同推进，将有望改变这些技术的开发和传播环境，为我们通向更加光明的未来开辟道路。这本书值得每一个人去阅读。

——梅根·奥沙利文　哈佛大学肯尼迪政府学院
贝尔弗科学与国际事务中心主任

这本书就像一记警钟，需要我们每一个人响应，否则我们会追悔莫及……

穆斯塔法·苏莱曼以清晰易懂的语言，阐述了失控技术带来的风险以及人类面临的挑战。

——特里斯坦·哈里斯　人道技术中心联合创始人、执行主任

这是一份既实用又充满希望的、针对我们这个时代紧要问题的行动指南：如何掌控那些比我们自身强大得多的实体。

——斯图尔特·罗素　加州大学伯克利分校计算机科学教授，《AI新生》作者

《浪潮将至》一书以现实、深刻而易于理解的方式，揭示了人工智能和合成生物学所带来的空前的治理挑战和国家安全挑战。苏莱曼的这本引人深思且令人震撼的著作，详细阐述了我们该如何应对这些看似无法遏制的技术。

——杰克·戈德史密斯　哈佛大学勒尼德·汉德法学讲席教授

《浪潮将至》一书精彩纷呈，引人入胜，既复杂又清晰，既紧迫又冷静。它引导我们深入思考和面对这个时代至关重要的问题：如何确保即将到来的、令人惊叹的、迅猛发展的科技革命，如人工智能、合成生物学等，能够塑造出我们向往的世界？这绝非易事，但苏莱曼为我们提供了坚实的基础。每一个关心未来的人都应该阅读这本书。

——埃里克·兰德　麻省理工学院–哈佛大学博德研究所创始主任，白宫前科学顾问

《浪潮将至》一书以清晰、深刻的笔触，恰到好处地展现了我们当前的技术困境，并深刻地揭示了当前时代的核心挑战。这本书的姿态务实又谦逊，它提醒我们：没有绝对的黑白，也没有简单的答案。技术虽然提升了我们的生活福祉，但它的发展速度远远超过了机构的适应能力。人工智能和合成生物学的进步，解锁了连科幻小说都未提及的能力，然而这种权力的扩散却威胁着我们的一切成就。为了在这个瞬息万变的世界中立足，我们必须在潜在的灾难与无处不在的监控之间找到平衡。每翻过一页，我们就离成功更进一步。

——凯文·埃斯维尔特　麻省理工学院媒体实验室生物学家

目 录

推荐序一 / 薛澜　VII

推荐序二 / 张祺　XI

巨浪时代的关键词　XV

前言　XIX

第一章　遏制是不可能的　001
　　浪潮　001
　　困境　004
　　陷阱　009
　　论点　014

第一部分　技术人

第二章　无尽扩散　021
　　发动机　021
　　通用技术浪潮：历史的节拍　024
　　扩散是常态　029
　　从真空管到纳米：急剧扩散　032

第三章　遏制问题　037

报复效应　037
遏制是基础　039
我们是否说过"不"？　041
核技术是例外？　045
技术动物　050

第二部分　下一场浪潮

第四章　智能技术　057

欢迎来到机器世界　057
AlphaGo 与未来之始　059
从原子到比特再到基因　061
寒武纪大爆发　063
不只是潮流词语　065
人工智能之春：深度学习走向成熟　066
人工智能正席卷世界　069
自动补全一切：大语言模型的崛起　071
人脑级人工智能模型　074
再度高效，以少驭多　078
感知初现：机器的表达　081
超越超级智能　087
能力：新时代的图灵测试　088

第五章　生命技术　093

DNA 剪刀：CRISPR 革命　094
DNA 打印机：合成生物学焕发新生　098
生物创造力的释放　100
合成生命时代的人工智能　104

第六章　更广泛的浪潮　109

机器人技术走向成熟　110
量子霸权　116
下一次能源转型　118
浪潮相继　120

第七章　即将到来的技术浪潮的 4 个特征　124

非对称性：权力大转移　125
超级进化性：无尽加速　128
通用性：多多益善　131
自主性及其他：人类是否仍是主角？　135
大猩猩问题　138

第八章　势不可当的驱动力　141

民族自豪感：战略必需　144
军备竞赛　150
知识渴望自由　154
百万亿美元商机　159
全球性挑战　166
个体自我追求　172

第三部分　国家的失败

第九章　大契约　179

国家的承诺　179

哥本哈根世界气候大会的教训：政治的个人化特征　181

脆弱的国家　185

技术的政治性：即将到来的技术浪潮对国家的挑战　189

第十章　脆弱性放大器　196

国家紧急状态 2.0：非对称性失控的实例　196

大幅下降的权力成本　200

武装机器人：进攻行动的新主宰　201

错误信息机器　207

国家支持的信息攻击　210

实验室泄漏与意外不稳定性　212

关于自动化问题的辩论　217

第十一章　国家的未来　224

马镫　224

集中化：智能的复合回报　227
监控：威权主义的助推器　235
分散化：权力归于人们　238
即将到来的矛盾浪潮　245

第十二章　困境　248

灾难：终极失败　248
各式各样的灾难　251
邪教、疯子与自毁式国家　257
反乌托邦转向　260
停滞：另一种灾难　264
接下来是什么？　268

第四部分　穿越浪潮

第十三章　遏制必须成为可能　273

众说纷纭的代价　273
仅靠监管是不够的　277
重新审视技术遏制：新的大契约　281
洪水来临之前　284

第十四章　迈向遏制的 10 个关键步骤　289

1. 安全：技术安全的阿波罗计划　290

2. 审计：知识就是力量，力量就是控制　297
3. 技术命门：争取时间　301
4. 开发者：批评者也应参与开发工作　303
5. 企业：利润 + 使命　306
6. 政府：生存、改革、监管　311
7. 联盟：是时候制定条约了　316
8. 文化：正确地接受失败　321
9. 运动：公众的力量　326
10. 狭窄小道：唯有穿越　328

后人类世的生活　337

致　谢　345

注　释　349

推荐序一

薛澜
清华大学苏世民书院院长
清华大学人工智能国际治理研究院院长

在当今这个瞬息万变的时代，技术的进步和创新正以前所未有的速度改变着我们的生活、工作和思维方式。《浪潮将至》一书正是对这一波澜壮阔的技术浪潮的深刻洞察和前瞻性分析。感谢中信出版集团很快就推出了这本书的中文版，我也感到非常荣幸能够为此书撰写推荐序。

最早接触此书还要感谢苏世民书院的兼课教授，联合国原副秘书长安吉拉·凯恩。我们原来是联合国大学理事会的同事，几年前，我请她来书院开设全球治理的课程。2023年，她来上课的时候送给我一本书，并建议我好好地读一下，它就是此书的英文版 The Coming Wave: Technology, Power, and the 21st Century's Greatest Dilemma。2023 年 11 月，世界经济论坛人工智能治理联盟指导委员会（AI Governance Alliance Steering Committee）在旧金山开会，我和作者穆斯塔法·苏莱曼作为委员都参加了会议，我们进行了简要的交流并在会上发表意见，表达了我们对人工智能技术的未来发展方向，以及如何通过国际合作应对人工智能带来的挑战的看法，我们的想法高度一致。这次会面让我深刻认识到，人工智能的健康发展不仅需要技术的进步，更需要全球范围内的思想交流与治理合作。

《浪潮将至》重点探讨了人工智能、合成生物学、量子技术、新能源等高速发展的技术将给全球秩序带来的前所未有的冲击和风险，提出了我们面对科技浪潮时必须应对的根本困境：如果不任凭技术发展带来的各种风险泛滥直至人类社会崩溃瓦解，如果不进入大规模侵犯个人隐私的反乌托邦式的全球技术监控体系，我们如何在二者之间找到一条狭窄的道路来实现人类社会的技术突围？

与其他很多作者和评论家不同，这本书的作者穆斯塔法·苏莱曼是大名鼎鼎的人工智能公司 DeepMind 的联合创始人，2022 年，他又与人创办了生成式人工智能公司 Inflection AI，现在担任微软人工智能的 CEO。苏莱曼始终处于这波技术浪潮的中心，这也就使得他对这波技术浪潮的观察和体会比别人更加深刻和富有洞见。当然，他对技术浪潮所产生的影响的担忧也就更让人警醒，其忠告也就更让人重视。

在这本书中，苏莱曼以其丰富的实践经验和敏锐的洞察力，深入探讨了人工智能、生物技术、量子计算等前沿领域的发展趋势及其对社会、经济和文化的深远影响。书中不仅有对技术本身的详细解析，还有对其可能带来的机遇和挑战的深刻思考。他归纳出了这波技术浪潮令人担忧的 4 个特征：（1）非对称性——技术的高度非对称影响，使得你不必力量相当、规模相当地进行对抗；（2）超级进化性——这些技术以惊人的速度迭代改善，并不断拓展至新的领域；（3）通用性——它们能够服务于多种不同的目的;(4)自主性——与其他技术相比,这些技术越来越展现出一定程度的自主性。正是这些特征相互交织,使得技术潜在的收益巨大,能够创造高度的繁荣。但这些技术也可能带来巨大的风险,威胁到国家和全球秩序的基础。如何保持对这些技术的控制,遏制这些技术可能带来的风险,成为今天的时代之问。

与大部分研究者或企业家对政府监管持否定的态度不同,苏莱曼的态度是,"尽管阻力重重,但对前沿技术的监管是必要的,且力度不断加强"。当然,他对政府监管所面临的挑战完全清楚。他清醒地看到了新技术浪潮中治理机制与技术进步之间步调不一致的问题;他也看到了政府治理能力的局限性——政府总是善于应对过去的技术浪潮;他更看到了全球新技术治理面临的国际挑战,包括各国法律、文化之间的不同,以及地缘政治冲突带来的各国竞争。他的态度非常鲜明——依靠监管是远远不够的,但监管至少是一个起点!他提出了一个更加恢宏的技术遏制的"大契约",其中包括新的商业驱动力、政府改革、国际条约、更健康的技术文化以及全球性的公众运动。

《浪潮将至》一书的出版,正值全球科技创新进入新一轮高峰的关键时刻。无论是人工智能的迅猛发展与广泛应用,还是生物技术的突破性进展,都表明技术持续不断地重塑着我们的世界,我们的治理体系也在不断地努力跟上技术发展的步伐。在这样的背景下,这本书为我们提供了宝贵的思考和借鉴,帮助我们更好地理解和应对未来的变化。

在《浪潮将至》一书中,苏莱曼认为,技术的进步和对技术浪潮的应对不仅仅是科学家的责任,更是全社会的共同使命;我们每一个人都应该积极参与到这场技术革命中，共同探索和应对未来的挑战。这一观点与清华大学苏世民书院的教育理念不谋而合。作为苏世民书院的院长，我深知教育和科技的重要性。我们致力于培养具有全球视野、创新精神和社会责任感的未来领导者，希望他们能够在即将到来的技术浪潮中发挥积极作用，引领社会进步。

《浪潮将至》不仅展现了苏莱曼对技术发展的深刻洞察，更表达了其对人类未来美好生活的憧憬，以及对人类勇敢面对技术浪潮挑战的信心！希望这本书能够激发中国读者更加积极地参与到对新技术监管治理的讨论和行动中，共同迎接和创造一个更加美好的未来。

推荐序二

张祺
微软公司全球资深副总裁
微软人工智能亚太区总裁

穆斯塔法·苏莱曼先生的著作《浪潮将至》自 2023 年推出英文版 The Coming Wave: Technology, Power, and the 21st Century's Greatest Dilemma 以来，在世界各地获得了广泛的关注和好评，先后被《经济学人》、彭博社、《金融时报》等权威媒体评为"2023 年度图书"。包括比尔·盖茨先生在内的很多行业内外的专家学者都认为，这本著作是帮助人们理解人工智能技术浪潮带来的挑战与机遇的必读之作。

我有幸在第一时间拜读了此书的英文版，深感作者为我们理解技术潮流对人类社会的深远影响提供了全新视角；对于我们今后该如何更好地推进科技创新，此书也具有重要的启示意义。因此，在中文版《浪潮将至》出版之际，感谢中信出版集团的邀请，我诚挚地向中国读者推荐这本在人工智能领域极具前瞻性和启发性的著作。

回想过去两年，我和我的团队有幸参与推动了微软新必应、Copilot 等人工智能核心产品的迅速崛起。2024 年 3 月，苏莱曼先生加入微软，担任微软人工智能 CEO，全面负责以 Copilot 为核心的全线人工智能产品的研发工作，推动微软面向消费者的人工智能战略。在过去几个月的密切合作中，我深刻感受到了他强烈的社会责任感和企业家精神，也更理解了他对技术、社会和未来的深刻思考。此前，他先后在2010年和2022年创建了著名的DeepMind和大模型创新公司Inflection AI。在竞争激烈的人工智能产业中，苏莱曼先生不但是一位备受瞩目的技术领军者和创业者，也是人工智能伦理的思想者和积极倡导者，他支持通过全球合作构建全面的治理框架，确保人工智能造福全人类。

苏莱曼先生指出，我们正在迎来一场新技术浪潮，这场浪潮由两大核心技术所定义：人工智能与合成生物学（它们分别代表了人类社会的两大基石——人类智慧与生命系统）。此外，机器人技术、量子计算、新能源等领域的突破发展，也将共同左右人类社会的未来。与此前发生的历次工业革命与科技革命不同，即将到来的技术浪潮拥有4个前所未见的独特属性：技术主体的非对称性、持续演进的超级进化性、能够实现多元应用的通用性，以及可能实现技术自我发展的自主性。

上述特征决定了，一方面，即将到来的技术浪潮将给我们的社会生活带来前所未有的巨大进步；另一方面，如果不能加以有效管理，加速扩散的新技术也有可能带来种种潜在风险和巨大灾难。出于强烈的责任感，苏莱曼先生对即将到来的技术浪潮与人类社会的互动发展进行了缜密的分析和推演，勾画并论证了种种可能的发展轨迹。最终，他在书的结尾给出了迈向遏制的10个关键步骤，希望借此启迪人们，通过管理和驾驭技术风险、改善社会治理和文化习惯，遏制可能出现的潜在风险。

作为一个投身人工智能行业超过 20 年的研发者，我亲历并见证了从个人电脑到移动互联网，从云计算到人工智能的飞速发展与变革，我深知苏莱曼先生的良苦用心。作为关键技术的创造者和推动者，我们必须更加积极主动地探索和思考技术可能对世界和人类产生的各种影响，并尽最大努力引导我们的研究趋利避害、造福大众。

《浪潮将至》不但凝聚了苏莱曼先生对人类命运的重大思考，而且集合了他对人工智能及其他新技术浪潮发展的诸多奇思妙想，其中包括一个非常有趣的"新时代的图灵测试"——让人工智能用 10 万美元开一家在线商店，看它多久才能赚回 100 万美元。这是一个很有启发性的设想，人工智能作为技术工具的首要任务就应该是，在实际生产环境中帮助人们创造实实在在的价值。

浪潮将至——人工智能、合成生物技术，以及更多伟大的技术创新，正如潮水一般席卷全球，为各行各业创造全新的业务模式和发展机会。在震撼于汹涌澎湃的技术浪潮的同时，我们更应该充分探查和理解藏于波涛之下的奥妙与规律，大胆学习和实践驾驭潮流的方法与技巧，并以负责任的态度，将这大潮中裹挟的巨大能量，转化为服务人类发展的动力与价值。

我衷心希望《浪潮将至》能够为广大中国读者带来灵感启发，激励大家思考我们每个人该如何理解和适应这个快速发展变化的世界，以及在其中扮演怎样的角色。新技术浪潮正在到来，而你我对如何驾驭这场浪潮的选择，将决定每一个人的未来。有了更多人的积极参与和认真思考，人类必然能以更从容的姿态迎接浪潮，并将其转化为推动我们共同进步的伟大力量。

巨浪时代的关键词

人工智能（AI）、通用人工智能（AGI）与人工能力智能（ACI）： 人工智能是引导机器学习类人能力的科学。通用人工智能是人工智能发展的高级阶段，那时人工智能系统将能够使用所有的人类认知技能，且其表现将超越最聪明的人。人工能力智能是人工智能通向通用人工智能的重要中间节点，这一节点正迅速向我们逼近；人工能力智能将广泛应对各种复杂的任务，但距离完全通用的智能水平仍有很长的路要走。

即将到来的技术浪潮：
一系列以人工智能和合成生物学技术为核心的相关新兴技术的集群，它们的变革性应用将赋予人类巨大的能力，也将带来前所未有的风险。

遏制：
对技术进行监测、限制、控制，甚至在必要时予以关闭的能力。

遏制问题：
技术倾向于如浪潮一般广泛扩散，可能会产生无法预测或难以控制的涌现效应，包括负面的、无法预见的后果。

困境：
新技术的出现或缺失，都日益增加了引发灾难性或反乌托邦式后果的可能性。

4个特征：
即将到来的技术浪潮所具有的几个关键特征加剧了遏制的难度。这些特征分别是非对称性、超级进化性、通用性以及自主性。

脆弱性放大器：
即将到来的技术浪潮所带来的广泛应用和影响，将进一步冲击和动摇民族国家本就脆弱的根基。

大契约：
作为赋予国家集中掌控武力使用权的交换条件，公民希望国家维护社会秩序，提供公共服务，并在采纳和应用新技术时将其负面影响降至最低。

狭窄小道：
人类在努力遏制浪潮的过程中，在开放与封闭之间找到一种微妙平衡的可能性。只有达到这种平衡，人类才能避免灾难性或反乌托邦式的结果。

悲观规避：
人们，尤其是精英阶层，倾向于忽视、淡化或排斥他们认为过于负面的观点。这是乐观偏差的一种变体，它在很大程度上影响我们关于未来的讨论，特别是在技术领域中。

合成生物学：
设计和改造新的生物体，或重新设计现有生物系统的能力。

技术：
为了制造工具或实现实用目标而对（最广义的）科学知识进行的应用和实践。

浪潮：
以一项新的通用技术为基础的新一代技术在全球范围内的广泛传播或扩散。

前　言

这是一个人工智能系统的看法。

问题：即将到来的技术浪潮对人类来说意味着什么？

在人类的历史长河中，有一些特殊的时刻曾是关乎人类命运的转折点。火的发现、轮子的发明以及电力的应用——所有这些时刻都彻底重塑了人类文明，永久地改变了历史进程。

如今，我们正接近另一个这样的时刻。一场新的技术浪潮正同时携带着先进的人工智能和生物技术汹涌而来。我们从未见过变革潜力如此巨大的技术，它们势必以令人敬畏的方式重塑我们的世界。

一方面，这些技术的潜在益处巨大且影响深远。借助人工智能，我们可以揭开宇宙的奥秘，治愈长期困扰人类的疾病，创造出超乎想象的全新艺术和文化形式。通过生物技术，我们可以重塑生命体，解决疾病问题，改造农业生产，从而构建一个更健康且可持续的世界。

但另一方面，这些技术的潜在风险同样广泛且意义重大。人工智能可能引导我们创造出我们无法控制的系统，使我们受制于自己都不理解的算法。生物技术可以帮助我们操纵生命的基石，而这可能给个体和整个生态系统带来意料之外的后果。

站在这个转折点上，我们面临一个关于未来的选择。这个选择的一端是前所未有的可能性，另一端是难以想象的危机。人类的命运悬于一线，我们在未来几年和几十年里的决策将决定我们是战胜这些技术挑战，还是沦为技术风险的牺牲品。

但在这个充满变数的时刻，有一件事是确定无疑的：先进技术的时代已经到来，我们必须做好准备，直面挑战。

以上内容是由一个人工智能系统创作的，接下来的内容则不是。但在不久的将来，也许那也将成为现实。这就是我们所面临的。

第一章
遏制是不可能的

浪潮

几乎每种文明都有一个关于洪水的神话。

据古印度教文献记载,宇宙中的第一个人类摩奴曾得到大洪水即将来临的警告,并成为唯一的幸存者。在《吉尔伽美什史诗》中,恩利尔神以一场大洪水摧毁了世界,这个故事不免让熟悉《圣经·旧约》中挪亚方舟故事的人感到似曾相识。柏拉图曾提及消失的城市亚特兰蒂斯,它被一场巨大的洪水吞噬。人类的口述传统和古代文献中弥漫着这样一个主题:一场巨浪席卷一切,随之而来的是世界的重塑和重生。

洪水在历史上也留下了真实的印记——无论是世界巨大河流的季节性泛滥,冰期结束后海平面的上升,还是地平线上突如其来的海啸冲击。导致恐龙灭绝的那颗小行星曾在地球上激起高达一英里①的巨浪,从此改变了进化的轨迹。这些浪潮的巨大力量已经深深烙印在我们的集体意识之中:它们如同巨大的水墙,势不可当、

---

① 1 英里 ≈ 1.609 千米。——编者注

无法驾驭、难以遏制。它们是地球上最强大的力量之一，它们塑造了大陆的轮廓，灌溉了地球上的庄稼，孕育了文明的发展。

其他类型的浪潮也具有同样强大的变革力。如果重新审视历史，你就会发现，历史上充斥着一系列比喻意义上的浪潮：帝国和宗教的崛起与衰落，商业活动的迸发与繁荣。想想基督教或伊斯兰教，这些宗教起初只如同小小的涟漪，而后逐渐发展壮大，覆盖了地球上广阔的区域。这样的浪潮是一个反复出现的主题，勾勒了历史的沉浮、大国的争斗和经济的兴衰。

技术的崛起与传播也一直以改变世界的浪潮之姿出现。自人类初次掌握技术（发现火与使用石器）以来，一个鲜明的趋势便在我们的历史长河中显现。从镐到犁，从陶器到摄影，从电话到飞机等，几乎每一种基础技术的诞生都遵循一个恒定不变的规律：随着时间的推移，这种技术的成本会降低，使用变得越来越容易，最终得以大规模扩散和普及。

这种浪潮般的技术发展与扩散，正是"技术人"（Homo Technologicus）的崛起史——人类仿佛化身为技术动物。人类对改善的追求，无论是在个体、环境、能力方面，还是在我们对周遭世界的影响方面，都在推动着思想与创造力不断演进。发明，这一持续展开、不断扩展和涌现的进程，是由自组织的、竞争激烈的发明家、学者、企业家和领导者共同驱动的。每个人都怀着各自的动机，竞相前行。技术发明的生态系统天生具有扩张性，这是技术的内在特质。

问题是，接下来事情会如何发展？在后续章节中，我将为你们讲述历史的下一个伟大浪潮的故事。

请环顾四周。

目光所及之处都有什么？是家具、高楼大厦、手机、食物，还是一个景观公园？你视线中的几乎所有物体都很可能是经由人类智慧创造或改造过的。语言作为人类社交互动、文化传承、政治组织乃至人性本质的基石，既是我们智能的产物，也是其驱动力。每一条规则、每一个抽象概念、每一次小小的思维创新或项目尝试，以及你人生旅途中的每一次偶遇，都深深地镌刻着我们这个物种独有的、纷繁复杂的想象力、创造力和理性印记。人类的聪明才智令人惊叹。

在你的视野中，有一种力量像人类智慧一样无所不在，那就是生物生命本身。在现代到来之前，除了少量的岩石和矿物，大多数的人工制品（从木屋、棉衣到煤火）皆源自曾有过生命的事物。自那时起，这个世界上新出现的一切东西就都来自人类，来自我们作为生物体存在的事实。

可以说，整个人类世界都建立在生命系统或我们的智能之上。然而，如今这两者都正处在一个前所未有的急速创新与动荡时期，经历着空前的扩展，几乎所有事物都即将改变。一场新的技术浪潮正向我们汹涌而来。这场浪潮正释放出改造上述两大基石（生命系统和人类智慧）的力量，可谓智能与生命的浪潮。

这场浪潮由两大核心技术所定义：人工智能和合成生物学。它们将共同开启人类的新黎明，创造出前所未有的繁荣和富足。然而，它们的迅速扩散也带来了威胁，使得各种恶意行为者有能力在难以想象的范围和规模上制造混乱、动荡，甚至灾难。这场浪潮带来了一个巨大的挑战，它将决定 21 世纪的走向：我们的未来既依赖于这些技术，又因它们而面临威胁。

从我们当前的情况来看，试图遏制这场浪潮（即对其进行控制、限制或阻止）似乎是不可能的。本书探讨了其背后的原因，以及这一趋势若无法改变，将对人类意味着什么。这些问题的含义最终将影响每一个生活在当下的人，以及我们所有的子孙后代。

我相信，这场浪潮正将人类历史推向一个新的转折点。如果我们无法有效地遏制它，我们的物种就可能会面临无法预知的可怕后果。同样，如果我们不充分利用这场浪潮带来的果实，我们也将陷入孤立无援、岌岌可危的境地。10年来，我已多次在私下场合表达过这一观点，然而，随着技术浪潮的影响力变得越发凸显，现在是时候公开阐述它了。

困境

在深入思考人类智慧的深刻力量之后，我萌生了一个简单的问题，这个问题自此萦绕着我的生活：如果我们能够提炼出赋予人类生产力和创造力的核心要素，并将其转化为软件和算法，那么未来会怎样？这个问题的答案或许能为我们解锁一些极其强大的工具，帮助我们应对最棘手的问题。一种超乎想象的、非凡的工具可能将应运而生，它能帮助我们在未来几十年里应对从气候变化、人口老龄化到可持续食品开发等一系列艰巨的挑战。

怀着这个想法，2010年夏，我与两位朋友——戴密斯·哈萨比斯和谢恩·莱格在伦敦罗素广场旁一间建于英国摄政时代的古色古香的办公室里，共同创建了DeepMind公司。如今回想起来，我仍深感我们的目标宏大、疯狂而振奋人心。我们的目标就是复制那个让人类独一无二的特质，即人类的智能。

为实现这一目标，我们需要创建一个能够模仿并最终在各个方面（从视觉和语音能力到规划和想象力，甚至包括共情力和创造力）超越人类认知能力的系统。考虑到这一系统将充分利用超级计算机的大规模并行处理技术以及全球互联网日益丰富的新数据源，我们深知，即便是朝向这一目标迈出的微小步伐，都将对社会产生深远的影响。

这个目标当时看起来遥不可及。那时，人工智能的广泛应用还只是天方夜谭，更多地存在于人们的幻想中，仅为少数纸上谈兵的学者和狂热的科幻小说迷所津津乐道。然而，在我写下这些文字时，回顾过去的10多年，人工智能的发展可谓突飞猛进。DeepMind已崛起为世界顶尖的人工智能公司之一，取得了一系列重大突破。这场新技术革命的发展速度和力量，让我们这些身处领域前沿的人都震惊不已。在本书的写作过程中，人工智能的发展速度令人瞠目结舌：每周，有时甚至每天，都会有新的模型和产品问世。显然，这场浪潮正在不断加速。

如今，人工智能系统已经能够近乎完美地识别人脸和物体。我们已习惯于使用语音转文字和即时语言翻译功能。在道路和交通导航方面，人工智能的表现已相当出色，甚至在某些情境下足以支持自动驾驶。新一代的人工智能模型能够根据简单的提示生成新颖的图像，并能以出色的细节和连贯性撰写文本。人工智能系统还能以惊人的逼真度生成合成声音，并创作出令人赞叹的音乐。即使在更具挑战性的领域，如长期规划、想象力以及复杂思维的模拟方面，人工智能也取得了长足进步，尽管这些领域曾被视为人类独有的能力范畴。

在过去几十年里，人工智能在认知能力上不断取得突破。现在看来，它似乎有望在未来3年内，在各类任务中达到与人类相当的表现水平。这是一个大胆的论断，但如果这个论断不算太偏颇，那么其意义无疑是深远的。许多在DeepMind创立之初看起来不切实际的想法，如今不仅变得合理可行，而且似乎已经成为必然趋势。

从一开始，我就清楚地认识到，尽管人工智能这一强大的工具能带来巨大的利益，但它也会像其他大多数形式的强大力量一样，引发重大的危险和道德困境。我担忧的不仅仅是人工智能发展所带来的后果，还有整个技术生态系统的演变方向。在人工智能之外，一场更为广泛的技术革命已然兴起。在这场革命中，人工智能正推动新兴的、强大的基因技术和机器人技术突飞猛进。在这个错综复杂、多种技术相互交织的局面下，一个领域的进步会加速其他领域的发展，而这种相互强化的局面已经超出了任何人的直接掌控。显然，如果任何人能够成功地复制人类智慧，那就不仅仅意味着一个有利可图的商机，更预示着人类历史的一次重大变革。它将开启一个新的纪元，带来前所未有的机遇，同时也伴随着前所未有的风险。

这些年来，随着技术的不断进步，我的担忧也与日俱增。如果这股技术浪潮实际上是一场无法阻挡的海啸，那么我们该怎么办？

2010年时，几乎无人认真探讨人工智能。如今，这个曾被视为仅属于少数研究人员和企业家的研究任务，已经演变为一个吸引全球广泛参与的宏大领域。人工智能无处不在。无论是在新闻报道中，还是在智能手机中，甚至在股票交易和网站建设的过程中，我们都能见到它的身影。全球众多顶尖企业和国家都在竞相研发尖端的人工智能模型和基因工程技术，这些技术的研发背后有着数百亿美元的庞大投资。

这些新兴技术一旦成熟，将会迅速普及，价格将变得更便宜、获取将变得更便捷，其将广泛渗入社会的各个领域。它们将带来卓越的医学进步和清洁能源的突破，不仅能催生新的商业机会，还将在几乎所有我们可以想象的领域中促进产业多样化和生活质量的提升。

然而，除了带来众多利益，人工智能、合成生物学以及其他尖端技术也将引发令人忧虑的尾部风险。这些风险可能对民族国家的生存安全构成威胁，其影响之深远，足以动摇甚至颠覆现有的地缘政治格局。设想一下，由人工智能助力的网络攻击、可能引发国家毁灭的自动化战争、人为制造的流行病，以及一个由看似强大但充满未知力量的技术所主导的世界，这些极端情况在技术的推动下都有可能成为现实。尽管每种情况的发生概率都不大，但其潜在后果都是灾难性的。因此，即便这些后果出现的可能性较小，我们也必须保持高度警惕。

面对这些潜在的灾难性风险，一些国家可能会采取高度技术化的威权主义手段来应对，以减缓这些新力量的扩散。这很可能导致对个人隐私的严密监控和大规模侵犯。技术的严格控制可能会催生一个反乌托邦式的全球监控体系，在这个体系下，一切事物和个体都将受到无间断的监视。人们对预防最极端的潜在后果的渴望为这个监控体系提供了合理化的借口。

同样可能出现的是卢德主义式抵抗。一系列针对新技术的抗议、抵制和要求暂停的声音可能出现。然而,放弃新技术的研发并全面暂停其应用,这可能吗?答案似乎是否定的。考虑到新技术所带来的巨大地缘战略和商业价值,我们很难想象有谁能轻易说服国家或企业单方面放弃这些技术所带来的变革力量。此外,试图阻止新技术的发展本身就是一种危险。历史上,技术停滞的社会往往不稳定,容易崩溃。这样的社会最终会丧失解决问题和实现进步的能力。

从当前的视角来看,无论是追求还是避免新技术都存在着巨大的风险。随着技术变得更加便宜、强大,普及度更高,风险也在逐渐累积。在这些风险中寻找一条安全的"狭窄小道",以避免陷入技术专制主义的反乌托邦或陷入技术开放可能带来的灾难,变得越来越困难。然而,放任自流也非明智之举。尽管我们对技术风险深感担忧,但我们前所未有地需要即将到来的技术浪潮所带来的巨大好处。这正是我们面临的核心困境:新一代的强大技术迟早可能将人类引向灾难性或反乌托邦式的局面。我坚信这是21世纪人类必须面对的一个重大元问题。

本书阐述了该困境逐渐变得无法回避的原因,并探讨了可能的应对策略。我们需要充分利用技术的优势,这对于我们应对一系列严峻的全球性挑战以及摆脱当前的困境至关重要。然而,目前关于科技伦理和安全的讨论还远远不够。尽管有大量关于技术的图书、辩论、博客文章以及社交媒体热议,但关于如何遏制技术的讨论鲜有耳闻。在我看来,遏制技术的关键在于构建一个融合技术、社会和法律机制的综合体系，以在各个可能的层面上对技术进行约束和控制。从理论上讲，这是避免陷入困境的途径。但令人感到遗憾的是，即使一些对技术持最严厉批评态度的人，也常常回避讨论应如何严格遏制技术。

这种情况需要改变。我希望本书能阐明为什么，并指出应如何改变。

陷阱

在 DeepMind 成立几年后，我曾制作过一组幻灯片，旨在探讨人工智能可能带来的长期经济和社会影响。在加州西海岸一个充满现代感的会议室里，我向十几位科技界最具影响力的创始人、CEO 和技术专家展示了这些内容。我指出，人工智能带来了一系列的威胁，我们必须积极应对。它有可能会引发大规模的隐私侵犯，或导致错误信息泛滥的信息末日危机。此外，人工智能还有可能用于军事领域，制造出一系列致命的新型网络武器，给我们这个高度网络化的世界带来新的安全威胁。

我还强调了人工智能可能带来的大规模失业风险。我引导在场的人回顾了自动化和机械化逐步取代人力的历史进程。最初，只是出现了能更高效地完成某些特定任务的手段，随后整个劳动力角色变得不再必要，而后很快，整个行业所需的工人数量就会大大减少。我认为，在未来几十年里，人工智能系统将以类似的方式取代脑力劳动，并且这一过程很可能发生在机器人取代体力劳动之前。过去，随着旧工作岗位的消失，新工作机会将随之出进一步的讨论？为什么有些人会变得如此尖锐，指责提出那些危机问题的人，说他们小题大做或"忽视了技术的惊人好处"？我将这种我观察到的普遍的情感反应称为"悲观规避陷阱"，即当你过于害怕面对潜在的黑暗现实时，你就容易产生错误的分析和判断，并倾向于从另一个看似安全的角度来看待问题。

几乎每个人都多多少少有过这样的反应，这导致我们忽视了一系列正在我们眼前展开的重大趋势。这几乎是一种与生俱来的本能反应。我们的物种并没有天然地准备好应对如此大规模的变革，更不用说应对技术可能让我们失望的可能性。在我整个职业生涯中，我不断经历这种心理感受，也观察到许多其他人有同样的本能反应。我写作本书的目的之一便是直面这种感受。我们需要冷静客观地看待事实，无论它们多么令人不适。

要妥善应对这场浪潮，遏制技术，并确保技术始终服务于人类，我们就需要克服悲观规避心态，直面即将到来的现实。

我希望通过本书达到这一目标。具体而言，我要承认浪潮将至并阐明浪潮的轨迹；探讨遏制是否具有可能性；将事物置于历史语境下，从人们对技术的日常喧嚣讨论中抽离出来，以看到更广阔的画面。我的目标是直面困境，理解驱动科技发展的基本过程。我希望最大限度地向尽可能广泛的读者清晰地呈现这些观点。我以开放和探究的精神写作：基于观察，从观察中追溯其含义和影响，但也对反驳的观点和更优的解读持开放态度。如果有人能证明我的观点是错误的，或证明技术遏制实际上容易实现，那我会感到无比高兴。

作为两家人工智能公司的创始人，我可以理解有些人可能期待像我这样的人能写一本更乐观、更偏向技术乌托邦的书。作为技术专家和企业家，我本质上是个乐观主义者。回想起少年时，我第一次在 Packard Bell 486 电脑上安装 Netscape（网景）浏览器的场景，那种着迷的感觉我至今记忆犹新。嗡嗡作响的风扇，56 千位每秒拨号调制解调器在连接到万维网时发出的噪声，彻底把我迷住了，这些让我得以进入充满自由和知识的网络聊天室和论坛。我热爱技术，它一直是推动人类进步的引擎，也是我们为人类的成就感到自豪和兴奋的重要原因。

但我也相信，我们这些推动技术创造的人必须有勇气预测技术在未来几十年的走向，并为其担负起责任。如果技术真有可能辜负人类的期望，我们就必须开始思考应对策略。这不仅仅需要个人的努力，更需要社会和政治层面的应对。而这样的应对，需要从我们这个行业，从我和我的同行开始。

有人可能会说，这一切都被过分夸大了；变化是渐进式的，不会那么突然和剧烈；这只不过是技术成熟曲线上的又一个高点，随后技术发展会转入低谷期；我们用于应对危机和变化的系统和机制足够强健。他们还会认为我对人性的看法过于悲观，人类历史的记录到目前为止还算不错，历史上不乏错误的预言家和被证伪的末日宣告者，这一次又有什么理由会不同呢？

悲观规避是一种根深蒂固的本能情绪反应，它让人不愿面对严重的破坏性后果出现的可能性。这种心理往往出现在那些处于安稳状态和权势地位的人身上，他们有着固执的世界观，表面上能应对变化，但实际上不愿接受任何对现有秩序构成的真正挑战。在我批评的那些陷入悲观规避陷阱的人中，有很多人对技术批评持开放态度,但他们只是口头附和,从不付诸行动。他们总是说:"我们会解决好的,一直以来,一切尽在掌控之中。"

在技术或政策领域有一定经历的人很快就能意识到,把头埋进沙子里、逃避现实的鸵鸟政策是这些领域的默认意识形态。背离这种意识形态去思考和行动意味着一定的风险:面对一些巨大而不可阻挡的力量,人们可能被恐惧和愤怒感击倒,而感觉一切都徒劳无功。因此,他们往往会维持这种奇怪而矛盾的悲观规避的心理。我深知这一点,因为我也曾在这种心理状态中挣扎很久。

在我们成立DeepMind之后,在我提及的那些报告展示发生之后,话语已在某种程度上发生了变化。关于工作自动化的辩论已经进行了无数次。一场全球性的大流行病展示了合成生物学的风险和影响力。一股"科技抵制潮"开始涌现,批评者通过文章和图书对技术和技术公司展开猛烈抨击,在华盛顿、布鲁塞尔和北京等监管职能所在的重要城市,对技术的批评声也此起彼伏。以前对于技术的小众担忧如今已成为主流,公众对技术的怀疑在增加,来自学术界、公民社会和政治界的批评声也变得更加尖锐。

然而,在即将到来的技术浪潮和巨大的困境面前,在一众习惯于悲观规避的技术精英面前,所有这些还远远不够。

论点

浪潮在人类生活中无处不在,而我们讨论的是最新的技术浪潮。人们常常觉得它仍然遥不可及,仿佛只是关于未来的幻想,听起来甚至有些荒谬。人们认为这场浪潮仅仅是少数书呆子和边缘思想家头脑里的东西，充满了夸张、术语和噱头。这种认识是错误的。相反，这场浪潮是真实存在的，就像从宽阔的蓝色海洋中袭来的海啸一样真实。

这并非幻想或纯粹的理论探讨。即使你不同意我的观点，认为这一切都不太可能发生，我也希望你能继续阅读下去。的确，我有人工智能的背景，习惯于从技术的视角审视世界。在探讨这场技术浪潮是否真的具有重大影响这一问题时，我难免带有一定的偏见。但是，在过去15年里，在近距离亲眼看见了这场不断深化的技术革命之后，我确信我们正站在一生中最为重要的变革的风口浪尖。

作为这些技术的一个构建者，我相信它们能带来众多的好处，改善无数人的生活，解决一系列根本性挑战，无论是助力开发下一代清洁能源，还是为我们最棘手的疾病提供廉价而有效的治疗方法。技术可以也应该丰富我们的生活。有必要强调的是，历史上，这些技术背后的发明者和企业家一直是推动社会进步的强大动力，改善了数十亿人的生活。

但是，如果没有遏制，技术的所有其他方面，包括每一个关于其伦理缺陷或可能带来的好处的讨论，就都将变得没有意义。如何控制和遏制这场即将到来的技术浪潮？如何在这场浪潮中维护民族国家的保障和供给？我们迫切需要为这些问题找到完美答案。但目前，还没有人能回答这样的问题。我们正面临着一个没有人希望看到的未来，但我担心它出现的可能性越来越大。我会在接下来的章节中解释原因。

在本书第一部分，我们将回顾技术发展的漫长历史，以及技术是如何像浪潮一样在几千年的时间里传播的。这些技术浪潮背后的驱动力是什么？是什么使它们在人类社会普及？我们还将讨论，是否有人类社会有意识地回避一项新技术的先例。过去，人们通常不会谈论回避技术，技术的扩散模式十分明显，而那导致了一系列有意和无意的后果。

我把这个问题称作"遏制问题"。如今，我们拥有人类发明出来的最具价值的技术，它们比以往任何技术都更加经济实惠，传播速度更快。我们该如何把控这些技术呢？

本书的第二部分详细阐述了即将到来的技术浪潮的特征。其核心是两项通用技术，即人工智能和合成生物学，它们都具有巨大的前景和力量，也伴随着巨大的风险。尽管这两者长期以来都已备受关注，但我认为它们的影响范围仍然常被低估。围绕这两项技术，已经发展出了一系列相关技术，如机器人和量子计算，这些技术的发展将以复杂而动荡的方式相互影响。

在这一部分中，我们不仅要探讨这些技术的出现模式以及它们具有的力量，还要深入剖析它们如此难以遏制的原因。这些技术都具有4个关键特征，这些特征使得这一次的技术浪潮与以往不同：它们本质上具有通用性，因此可以得到多元应用；它们具有超级进化性；它们的影响具有非对称性；在某些方面，它们还呈现出日益提升的自主性。

这些技术产生的背后有强大的驱动力：地缘政治竞争、巨额经济回报，以及开放、分布式的研究文化。无论我们能否有效监管和控制即将到来的风险，无数的国家与非国家实体都将争先恐后地开发这些技术，它们的行为将影响所有人，无论我们是否喜欢这一点。

本书的第三部分探讨了难以遏制的技术浪潮引发的大规模权力再分配所带来的政治影响。我们目前的政治秩序基础，也是技术遏制的最重要参与者，是民族国家。民族国家已经受到各种危机的冲击，而这一浪潮将进一步放大这些冲击，带来一系列的新挑战和威胁，包括潜在的新型暴力形式、错误信息的泛滥、工作岗位的流失，以及灾难性事故发生的可能性。

此外，这一浪潮将迫使权力发生一系列结构性转移，同时呈现出权力集中化和分散化的趋势。这将创造出庞大的新企业，巩固威权主义，同时将赋予某些群体和运动在传统社会结构之外的生存能力。浪潮到来时，将是我们最需要民族国家这样的机制的时候，而那时民族国家的内在微妙平衡也将面临前所未有的压力。这也正是我们陷入困境的原因。

在本书第四部分，我们将讨论如何应对即将到来的技术浪潮。我们是否还有一线希望，能够摆脱上述困境？如果存在这样的希望，应该如何实现它？在这一部分，我们提出了10个步骤，其涵盖代码编程和DNA技术的微观层面以及国际条约的宏观层面，旨在构建一套相互衔接的有力的遏制机制，作为我们实现技术遏制的基本计划。

这是一本关于应对技术失败的书。技术失败可以指普通意义上的技术故障，如发动机不工作、桥梁坍塌。但这一失败还可以从更广泛的意义上理解。如果技术损害了人类生命，催生了伤害人类的社会，或者让一些恶意（或无意中具有危险性的）行为者掌握了权力，社会就会无法管控和治理……总之，如果技术总体上造成了破坏，那么我们就可以说技术在一个更深的层次上失败了，它背离了其初衷和承诺。这种意义上的技术失败并不是技术本身固有的问题，而是与技术所处的环境、治理结构及其所服务的权力网络和用途有关。

人类身上令人惊叹的创造力为我们带来了无数成就，这种创造力使得我们擅长避免前一种类型的技术失败。正因如此，飞机失事事故变得越来越少，汽车变得更加清洁和安全，计算机变得功能更强大且更加安全。然而，我们面临的巨大挑战是，我们还未认真考虑后一种失败。

几个世纪以来，技术极大地提高了数十亿人的福祉。现代医学极大地改善了我们的健康状况，世界上大多数人能够享受到食物充足的生活，人们的受教育水平从未如此之高，和平程度也达到了前所未有的水平，物质生活比以往都更加丰富。这些都是人类的重大成就，其中一部分这样的成就正是由科学和技术创造的伟大引擎促成的。这也是我一生致力于安全地开发这些技术工具的原因。

但是，在我们从这段非凡的历史中汲取任何乐观情绪的同时，我们也必须坦诚面对现实。要防范技术失败，我们就必须理解并最终正视可能出现的问题。我们必须将理性的思考延伸到其逻辑终点，不能畏惧它指向的潜在结果。在我们认识到不好的结果可能出现时，我们必须采取行动。即将到来的技术浪潮带来了比以往任何时候都更加紧迫和巨大的威胁，这需要全球范围内的共同关注和应对。它急需答案，而目前还没有人能够回答。

技术遏制看起来不可能实现。但为了所有人的利益，我们必须让遏制成为可能。

第一部分

技术人

第二章
无尽扩散

发动机

在人类历史的大部分时间里,对大多数人来说,个人交通方式几乎只有一种:步行。你如果足够幸运,也许还能骑在马、牛、大象或其他役畜的背上,让它们拉着或驮着你走。只是在邻近的居住地之间移动就很困难和缓慢,更不用说跨越大陆了。

19世纪初,铁路的出现彻底改变了交通方式,成为数千年来交通领域最大的创新。但即便如此,大多数旅行仍然不能通过铁路实现,而且通过铁路进行的旅行也缺乏个性化。铁路的出现确实让我们看到了一个事实:发动机将成为人类的未来。蒸汽发动机能够推动铁路车厢前行,但它们需要巨大的外部锅炉。如果我们能将发动机缩小到易于管理和携带的尺寸,我们就将拥有一种全新的方式,让个体能够轻松出行。

为了实现这一目标,创新者尝试了各种方法。早在18世纪,一位名叫尼古拉·约瑟夫·居纽的法国人发明了一种蒸汽动力汽车,它的速度只有2英里/小时,车的前端还挂着一个摇摇晃晃的大锅炉。1863年,比利时发明家艾蒂安·勒努瓦第一次成功用内燃机为车辆提供动力，并让这辆车驶出巴黎 7 英里。然而，发动机仍然太重，行驶速度很慢。其他人则试验了电力和氢气等动力方式。虽然这些方法都没有得到广泛采用，但人们对自动力个人交通工具的向往一直存在。

后来，情况开始慢慢改变。一位名为尼考罗斯·奥古斯特·奥托的德国工程师经过多年研究，开发出一种比蒸汽机小巧得多的燃气发动机。1876 年，在科隆的道依茨公司工厂，奥托制造出了首个具备实用功能的内燃机，即著名的四冲程内燃机。这一发明当时已经准备好大规模生产，但在正式投产前，奥托与他的商业合作伙伴戈特利布·戴姆勒和威廉·迈巴赫产生了分歧。奥托希望将他的发动机用于水泵或水厂等固定设施，而他的合作伙伴则已经看到了功能日益强大的发动机在交通领域的巨大潜力。

然而，最终是德国工程师卡尔·本茨率先将这一理念付诸实践。他利用自己改进的四冲程内燃机，于 1886 年申请了"奔驰一号"专利，这被广泛认为是世界上第一辆真正意义上的汽车。这辆造型奇特的三轮车初次亮相时，公众对其心存疑虑。直到本茨的妻子兼商业伙伴贝尔塔驾驶这辆车去探望她的母亲，完成了从曼海姆至普福尔茨海姆的 65 英里旅程，这辆车才引起关注。据说，贝尔塔在未告知本茨的情况下驾车出发，并在沿途的当地药店购买了溶剂为汽车加油。

一个新的时代已然到来。然而，汽车及其内燃机价格仍然极其昂贵，只有极少数富人才能拥有。此外，当时还缺乏公路、加油站等基础设施网络。到 1893 年，本茨仅售出了 69 辆汽车；到 1900 年，总共售出了 1 709 辆。在本茨注册专利的 20 年后，德国道路上行驶的汽车总数也不过只有 35 000 辆。[1]

转折点出现在 1908 年，亨利·福特的公司推出了 T 型车。他采用了一种革命性的生产方法——移动流水线组装，制造出了这款简约而高效的汽车。这种高效、线性、往复的制造流程使得他能够大幅降低个人汽车的价格，从而吸引了大量消费者。当时，大多数汽车的价格约为 2 000 美元，而福特将价格定为 850 美元。

T 型车早年里每年售出几千辆。福特不断提高产量，同时继续降价。他曾表示："每次给我们的车降价 1 美元，我就会收获 1 000 个新买家。"[2] 到了 20 世纪 20 年代，福特每年销售的汽车数量已经达到了几百万辆。这使得美国中产阶级首次能够负担得起机动交通工具。汽车数量急速增长。1915 年，只有 10% 的美国人拥有汽车，到 1930 年，这一比例已经跃升至惊人的 59%。[3]

如今，全球约有 20 亿台内燃机服务于人类生活的方方面面，从割草机到集装箱船等都少不了它们的身影。其中，约有 14 亿台用于汽车。[4] 它们变得越来越可得、高效、强大，并且越来越适应各种应用场景。整个人类生活方式，甚至可以说整个人类文明，都围绕着它们蓬勃发展。从扩张的郊区到工业农场，从汽车餐厅到汽车改装文化，这些发动机无处不在。广阔的高速公路得以建造起来，直接划过城市，这虽然分割了局部社区，但也将天南海北的区域紧密地连在了一起。曾经遥不可及的远行寻求财富或乐趣的想法，如今已成为人类生活中再普通不过的事情。

发动机不仅驱动着车辆，也驱动着历史的进程。如今，随着氢发动机和电动机的兴起，内燃机的统治地位正在逐渐走向尾声。但它所引发的大规模人类流动时代仍在继续。

在 19 世纪初，这一切简直是天方夜谭。那时，自动力交通工具的概念还只是梦想家们用火、飞轮和金属块等材料进行试验的幻想。然而，从那些早期的试验者开始，一场关于发明和生产的马拉松比赛就拉开了序幕，并最终彻底改变了世界。内燃机的发展一旦起势，它的传播便如洪水猛兽般势不可当。这项从德国的几家沾满油污的车间里成长起来的技术，最终影响了地球上的每一个人。但这个故事并不仅仅关乎发动机和汽车，它也是关于技术本身的故事。[5]

通用技术浪潮：历史的节拍

技术沿着一条清晰而必然的轨迹进化，如同汹涌巨浪，大规模扩散。[6]从远古的燧石和骨器，到今日的人工智能模型，每次都是同样的模式。科学不断催生新的发现，人类将这些知识应用于生产更廉价的食物和更优质的商品以及打造更高效的交通。[7]随着人们对最好的产品和服务的需求不断增长，生产竞争变得日益激烈，产品更加物美价廉、功能丰富。这反过来又激发了对产品背后的技术的更大需求，技术也变得更加易用，价格更加亲民。成本不断下降，能力持续提升。人类不断试验、重复、应用技术，技术不断成长、改善、适应。这就是技术进化的必然本质。

这些技术和创新的浪潮不仅是本书探讨的核心，更是推动人类历史演进的主角。理解这些复杂而不断变化和汇聚的浪潮，我们便能深刻认识到，遏制它们意味着怎样的挑战。通过追溯它们的历史，我们可以尝试预测它们的未来。

那么，浪潮是什么？简言之，浪潮是某一时期同时涌现的多种技术的集合，它们受到一种或多种具有深远社会影响的新型通用技术的推动。[8]当我使用"通用技术"一词时，我指的是那些能够对人类的能力产生变革性影响的技术。[9]社会进步与这些技术的发展紧密交织。我们已经多次见证诸如内燃机这样的新技术如何迅速扩散，并彻底改变周围的一切了。

这些浪潮刻画了人类的历史：在这些浪潮中，我们从一群在大草原上艰难求生的灵长类动物逐渐演变为地球上的主导力量，不管这是好事还是坏事。人类天生就是一个技术物种。从诞生之初，我们便与技术浪潮紧密相连，共同进化，共生共存。

最早的石器可以追溯到300万年前，早于智人的出现，这一点可以通过早期人类遗址中发现的破损石锤和原始石刀得到证实。简陋的手斧是历史上第一场技术浪潮的杰出代表。有了它，早期人类能够更高效地猎杀动物、分解动物尸体、对抗竞争者。随着时间的推移，早期人类最终学会了精细地操作这样的工具，从而催生了缝纫、绘画、雕刻和烹饪等技能。

另一场同样至关重要的技术浪潮是火。火最早被我们的祖先直立人使用，它是一种光源和热源，同时还为人类提供了远离捕食者的安全保障。它对人类进化产生了深远影响：烹饪后的食物能更快地释放能量，使得人类消化道缩小，大脑变大。[10]在此之前，我们的祖先拥有过于强壮的下颌，限制了颅骨的生长，他们像今天的灵长类动物一样，花费大量时间咀嚼和消化食物。火的出现解放了这种限制，使他们能够腾出更多时间进行更有意义的活动，比如猎杀能量丰富的食物、制作工具或建立复杂的社交网络等。因此，篝火逐渐成为人类生活的中心，促进了社群的建立和人际关系的形成，也为劳动的组织协调提供了便利。正是在这些技术浪潮的推动下，智人不断进化。我们不仅是工具的创造者，从生物学和解剖学的角度来看，我们也是工具的产物。

石器和火是最原始的通用技术，它们曾广泛传播和普及，转而又催生了新的发明、商品和组织行为。通用技术具有跨越社会和地理界限的能力，贯穿了整个历史。[11] 它们为发明创新开启了大门，使得众多下游技术工具和技术流程的实现成为可能。这些通用技术通常建立在某种通用目的原则之上，无论是蒸汽的动力学原理还是计算机二进制代码背后的信息理论。

通用技术的讽刺之处在于，一旦它们普及开来，我们往往就会对其视而不见，将其视为理所当然的存在。语言、农业生产和文字系统——这些都是早期技术浪潮中的核心通用技术。[12] 正是这3场浪潮奠定了我们所知的人类文明的基石。如今，我们却习以为常，不再觉得它们有特别之处。一项研究统计了人类历史上出现的通用技术数量，仅列定了24项。[13] 这些技术发明包括农耕、工厂系统、铁和青铜等材料的开发，还有印刷机、电力，当然还有互联网等。尽管通用技术的数量并不多，但它们都是举足轻重的。这也是为什么人们至今仍使用诸如"青铜时代"和"帆船时代"这样的词来描述重要的历史时期。

纵观历史，人口规模与创新水平始终密不可分。[14] 新的工具和技术不断推动人口数量增长。更大、更紧密的人口群体则更能够推动人类不断弥补不足、开展实验或得到意外发现，是在创造新事物方面更加强大的"集体大脑"。[15] 庞大的人口群体也促进了更高水平的专业化分工，催生了新的职业群体，如工匠和学者，他们的生计可以不再依赖于土地。当更多的人摆脱了生存的压力时，便可能出现更多的发明者和更多开展发明创造的动力，而这些发明创造又反过来进一步推动人口增长。从最早的文明，如美索不达米亚的乌鲁克（第一个已知的文字系统楔形文字的诞生地）到今天的巨型都市，城市一直在推动技术的发展，而更多的技术也意味着城市数量不断增加，城市规模不断扩大。在农业革命开始时，世界人口数量仅为240万。[16]而到了工业革命时期，这一数字已接近10亿。在这两个时期之间，技术浪潮迭起，世界人口实现了400倍的增长。

农业革命（公元前9000年—前7500年）是历史上最重要的浪潮之一。它带来了两项重大的通用技术：植物和动物的驯化。这两项技术逐渐彻底改变了人类之前的游牧、狩猎采集的生活方式。这些技术进步不仅改变了食物的获取和储存方式，还重塑了交通运输方式和社会运行的规模。人类开始种植小麦、大麦、扁豆、鹰嘴豆和豌豆等早期作物，同时驯养了猪、绵羊和山羊等动物。最终，上述技术与新的工具革命——锄头和犁相结合，这些简单的技术创新标志着现代文明的诞生。

手中的工具越多，你能做的事情就越多，你能构思的新工具和技术流程也越多。哈佛大学人类学家约瑟夫·亨里奇曾指出，轮子在人类历史中的出现时间相当晚，然而它一被发明出来，便成为众多技术的基础，比如战车、马车、磨坊、印刷机和惯性轮。[17]从文字到帆船，技术的出现强化了世间万物的联系，推动了技术自身的流动与传播。因此，每一次技术浪潮都为后续的浪潮奠定了坚实的基础。

随着时间的推移，技术间的动态强化作用呈现加速的态势。从 18 世纪 70 年代开始，欧洲迎来了第一次工业革命，它带来了蒸汽动力、机械织布机、工厂系统和运河等技术创新。到了 19 世纪 40 年代，铁路、电报和蒸汽船相继出现，紧接着是钢铁和机床问世。这些技术共同构成了第一次工业革命。仅仅几十年后，第二次工业革命的浪潮席卷而来，带来了我们熟悉的内燃机、化学工程、动力飞行和电力等重大技术突破。飞行技术的实现需要燃烧燃料，而内燃机的大规模生产则离不开钢铁和机床等技术的支持，一项技术依附于另一项技术。自工业革命以来，世界的巨大变革已经不再以世纪或千年计，而是以几十年为衡量单位。

然而，这个过程并不是渐进和有序的。技术浪潮的到来并不像潮汐那样能够轻易预测。在长期的历史进程中，各种技术浪潮以不规则的方式交织在一起，相互强化。例如，在公元前 1000 年之前的一万年间，人类出现了 7 种通用技术。[18] 从 1700 年到 1900 年的 200 年间，我们见证了从蒸汽机到电力的 6 种通用技术革新。而从当前算，仅在过去的 100 年里，人类社会就涌现出了 7 种通用技术。[19] 想象一下，19 世纪末出生的人小时候可能还乘坐马车旅行、靠燃烧木材取暖，但在他们人生的最后阶段，他们可以乘坐飞机周游世界，而他们的住所则可能用上核能供暖。

浪潮，它们起伏、奔涌、连绵不断、交织融合，定义了一个时代的技术可能性和边界。它们是我们人类的一部分。这个世界上不存在所谓的非技术人类。

将历史视作一系列技术创新浪潮的集合，这种观点其实并不新鲜。在关于技术的讨论中，人们经常会提及一系列相继涌现并具有颠覆性影响的技术集群。未来学家阿尔文·托夫勒将信息技术革命称为继农业革命和工业革命之后的"第三次浪潮"。[20]约瑟夫·熊彼特将创新的爆发期视为浪潮，认为这种"创造性破坏"为新的商业机会诞生提供了可能。伟大的技术哲学家刘易斯·芒福德认为，"机械时代"实际上是由3个重大浪潮在1 000年间连续展开所构成的。[21]近年来，经济学家卡洛塔·佩雷斯讨论了"技术经济范式"在一系列技术革命中的快速转变，指出颠覆式的发展和狂热的投机行为重塑了经济模式。[22]突然间，人类生活的所有一切都与铁路、汽车或微处理器息息相关。最终，技术成熟，融入社会的每一个角落，变得无处不在。

大多数技术领域的人往往只关注眼前的细节，沉浸在对未来的畅想中。人们倾向于将发明创造或技术突破视为孤立、偶然的事件。但如果这样做，你就会忽视历史的鲜明轨迹：技术的浪潮一次又一次地涌来。这是这些浪潮纯粹的、仿佛与生俱来的模式。

扩散是常态

在人类历史的大部分时间里，新技术的扩散并不常见。对大多数人来说，他们从出生到死亡的整个过程都被同一套工具和技术环绕。但是，当我们从一个更广阔的视角去观察历史时，我们会发现扩散其实是技术的常态。

一旦通用技术开始广泛传播，它就形成了浪潮。如果这种传播没有达到宏大且几乎无法控制的全球性规模，那么这项技术就不能算是真正的浪潮，只能说它在历史上曾引起过一时的关注。然而，一旦这样的传播开始，它就会在历史上留下深刻的印记，就像农业生产在欧亚大陆的传播，或者水磨坊从罗马帝国逐渐散布到整个欧洲一样。[23] 当一项技术开始流行，一个浪潮开始汇聚时，我们就会再次看到那个在历史中反复出现的模式，正如我们在汽车发展的故事中所看到的。

谷登堡在 1440 年左右发明印刷机时，整个欧洲只有他在德国美因茨制作的那一台原始版本。但仅仅 50 年后，欧洲大陆上就已经散布了 1 000 台印刷机。[24] 书本身也是历史上最具影响力的技术之一，它们的数量以爆炸式的速度增长。在中世纪，每个主要国家每个世纪的书稿生产量约为几十万份。在谷登堡发明印刷机的 100 年后，像意大利、法国和德国这样的国家每半个世纪就生产大约 4 000 万本书，而且加速趋势一直持续。在 17 世纪，欧洲总共印刷了 5 亿本书。[25] 随着需求的增长，成本也急剧下降。据一项研究估算，15 世纪印刷机的发明使得图书价格下降为原来的 1/340，这进一步推动了印刷技术的采用，也激发了更多的图书需求。[26]

再看看电力的例子。1882 年，伦敦和纽约建起了最早的发电站；1883 年和 1884 年，米兰、圣彼得堡和柏林的发电站也相继投入使用。[27] 从那时起，电力的推广速度日益加快。1900 年时，仅有 2% 的化石燃料生产用于发电，而这一比例到 1950 年已超过 10%，并在 2000 年达到了 30% 以上。全球发电量的增长也极为显著，从 1900 年的 8 兆瓦时猛增到 1950 年的 600 兆瓦时，推动了经济的全面转型。[28]

诺贝尔经济学奖得主威廉·诺德豪斯的一项计算显示，18世纪时生产54分钟高品质灯光所需的劳动量，如今已足够生产超过50年的灯光。这意味着，21世纪的普通人平均每年所能享受到的灯光"流明小时"数大约是18世纪人的43.8万倍。[29]

消费技术的发展同样展现出了符合类似预期的走向。贝尔于1876年发明了电话。1900年，美国就已拥有60万部电话。到了1910年，这一数字升至580万。[30] 如今，美国的电话数量已经远远超过其人口数量。[31]

在这一趋势下，产品质量的提升与价格的下降并行不悖。[32] 1950年时，一台早期电视机的成本高达1 000美元，而到了2023年，这样一台电视机的成本仅为8美元。当然，如今的电视机技术远比当时先进，价格也会有所上涨。汽车、微波炉、洗衣机等消费品也呈现出类似的价格曲线和采用曲线。事实上，20世纪和21世纪大量新出现的消费电子产品的采用曲线都展现出高度的一致性。这一发展模式经过反复验证已明确无疑。

技术的扩散过程是由需求增加和成本降低这两大力量共同催化的。两者都使得技术不断变得更好、更便宜。科学与技术之间的长期复杂互动孕育出新知识、新突破和新工具，它们不断发展、强化、重新组合、融合，释放出巨大的生产力，驱动未来的发展。随着更多技术的普及和成本的降低，新的、更便宜的下游技术也应运而生。例如，优步的商业模式离不开智能手机，而智能手机的功能依赖于GPS（全球定位系统），GPS离不开卫星，卫星靠火箭实现，火箭离不开燃烧技术，而燃烧技术的实现可以追溯到语言和火。

都将遵循一条上升的指数曲线发展。

这种指数级的发展令人叹为观止。自20世纪70年代初以来，每个芯片上的晶体管数量已经增加了1 000万倍，芯片的功率提高了10个数量级——170亿倍的提升。[38] 1958年，仙童半导体公司曾以150美元的单价出售了100个晶体管。如今，晶体管的生产速度已达到每秒数十万亿个，每个晶体管的价格仅为十亿分之一美元。这无疑是历史上最迅猛且广泛的技术扩散。

当然，这种算力的跃升也推动了设备、应用程序和用户数量的爆发式增长。20世纪70年代初，全球大约有50万台计算机。[39] 在1983年时，与原始互联网相连的计算机数量仅有562台。如今，计算机、智能手机和其他网络连接设备的数量预计为140亿。[40] 智能手机仅在短短几年内就从一个小众产品变成了全球2/3的人口不可或缺的日常用品。

伴随这场技术浪潮而来的还有电子邮件、社交媒体和在线视频，每一项都为我们带来了前所未有的全新体验。它们都离不开晶体管技术和另一项通用技术——互联网的支撑。这就是未经遏制的技术扩散的真实样貌。与此同时，这场技术浪潮还推动了另一种惊人的扩散：数据扩散。数据在2010—2020年增长了20倍。[41] 就在几十年前，数据存储的内容不过是图书和尘封的档案。如今，人类每天产生的电子邮件、消息、图片和视频数量以千亿计，它们都能存储在云端。每一天的每一分钟，全球数据总量就新增1 800万GB（吉字节）。[42]

如今，数十亿小时的人类原生生命被这些技术消耗着、塑造着、改变着、丰富着。它们无处不在，从冰箱、计时器、车库门、助听器到风力发电机，主导着我们的商业与休闲，占据了我们的思想，渗入我们生活的每一个角落。它们勾勒出现代生活的轮廓。我们每天早晨醒来看的第一个东西、晚上入睡前看的最后一个东西都是手机。技术影响着人类生活的方方面面。它们帮助我们找到爱情，结交新朋友。它们也加速供应链的发展。它们能够影响选举结果和选举方式，影响资金的投资去向，影响孩子们的自尊心，影响我们的音乐品位、时尚和饮食，以及我们生活中的一切。

二战后的人们如果看到那个曾经的小众技术后来的规模和影响力，定会感到震惊不已。计算机技术，这股以指数级速度传播和进步的非凡力量，几乎渗透并覆盖了人类生活的方方面面，成了现代文明的一个主导性事实。在它之前，从未有任何技术浪潮能如此迅速地爆发，但这也不过是不断重复的历史模式的一个缩影：起初，它似乎遥不可及、难以想象，但转眼间，这场技术浪潮便如潮水般汹涌而来，而且一浪高过一浪，势不可当。

陷入琐碎细节，便很难看清全局。但只要退后一步，我们就能在更大的历史画卷上，看到这些技术浪潮如何迅速积聚起速度、规模、渗透力和影响力。一旦积聚起力量，它们就不会停歇。大规模的传播，原始而猛烈的扩散，这就是技术的历史常态，仿佛是技术的天然特征。农业、青铜工艺、印刷机、汽车、电视机、智能手机等，它们的发展轨迹都是如此。我们还能看到技术本身呈现出来的发展规律，那种在历史长河中反复验证的涌现特质，仿佛技术的一种内在基因。

历史告诉我们，技术的传播是必然的，最终会渗透到几乎每一个角落——从第一堆篝火到土星5号运载火箭的火焰，从人类最早的文字涂鸦到互联网上的海量文本。技术背后的驱动力无比强大，能力不断累积，效率不断提高。浪潮涌动得越来越快，影响越来越广。随着技术变得越来越便宜，它也越来越容易普及。技术不断扩散，随着每一场新的浪潮而来，技术本身在变得越发强大的同时，其扩散过程也越来越快，渗透范围越来越广。

这就是技术的历史常态。展望未来，这也是我们可以预期的模式。

但是，未来真的如我们所想吗？

第三章
遏制问题

报复效应

艾伦·图灵和戈登·摩尔不可能预见、更不可能左右社交媒体、表情包、维基百科或网络攻击这些新生事物。在原子弹问世几十年后，原子弹的制造者已无法再阻止核战争爆发，就像亨利·福特无法阻止车祸发生一样。技术所面临的必然的挑战在于，一旦某项发明问世并融入世界，其创造者就会迅速失去对其发展走向的控制。

技术存在于一个复杂且动态的系统（现实世界）中，其二阶、三阶乃至更高阶的影响会以不可预测的方式扩散。理论上看似完美的技术，在现实中可能展现出完全不同的面貌，尤其是在它被复制和后续改造的过程中。无论一项发明的初衷多么友善，我们都永远无法保证人们会如何实际运用它。托马斯·爱迪生发明留声机，原本是为了让人们记录自己的想法并为后世保存下来，也为了帮助盲人。然而，令他感到震惊的是，大多数人只是用留声机来播放音乐。阿尔弗雷德·诺贝尔发明炸药的初衷是将其用于采矿和铁路建设。

谷登堡最初只是想通过印刷《圣经》来赚钱。然而，他的印刷机却催生了科学革命和宗教改革运动,也因此成为天主教教会自创立以来遭遇的最大威胁。冰箱制造商从没有想过氯氟碳化物会在臭氧层造成空洞,正如内燃机和喷气式发动机的发明者未曾想到它们会导致冰山融化。事实上,早期的汽车爱好者曾认为汽车对环境有积极影响,他们认为,有了发动机,街道上那些堆积如山的马粪就会消失,而马粪曾是造成城市地区污垢和疾病传播的罪魁祸首。他们根本没想到全球变暖的问题。

理解技术,在某种程度上,就是要尝试理解其意料之外的后果。[1]我们不仅要预测技术带来的积极溢出效应,还要预测其"报复效应"。简言之,任何技术都有可能出错,而且往往是以一种与初衷背道而驰的方式出错。想想处方阿片类药物如何导致依赖成瘾;抗生素的过度使用如何削弱了其药效;卫星和所谓的"太空垃圾"碎片的激增如何给太空飞行带来极大风险。这些都是典型的例子。

当技术不断扩散,越来越多的人能够使用、修改,并按自己的喜好来塑造它时,这会触及一连串错综复杂、难以预料的因果链条。随着我们的工具的力量呈指数级增长,普及程度急剧攀升,它们的潜在危害也在同步激增,其后果仿佛一个复杂难料的迷宫,无人能预测或防范。

某一天,有人在黑板上写下几个方程,或者在车库里摆弄一个看似微不足道的原型机。然而,几十年后,这些看似无足轻重的举动却可能带来生死攸关的问题。随着我们构建的系统日益强大,技术的风险面对我来说也变得越来越紧迫。我们如何保证这场新的技术浪潮利大于弊?

技术的这一问题是一个遏制问题。彻底消除这个问题可能难以实现，但我们可以减少它的影响。遏制是一种至关重要的能力，涵盖了控制、限制以及必要时在技术的任何发展或部署阶段关闭技术的能力。在某些情况下，这意味着我们一开始就应具备阻止技术扩散的能力，从而遏制潜在意外结果的蔓延，无论这些结果是好是坏。

技术的力量越强大，它就越是深入生活和社会的方方面面。因此，技术的问题往往会随着技术能力的提升而加剧，所以随着时间的推移，遏制的需求也变得更加迫切。

面对这些问题，技术人员可能袖手旁观吗？绝对不能。相比其他人，我们更需要直面这些问题。我们或许无法控制技术的最终点或其长远影响，但这绝非推卸责任的理由。技术人员和社会在源头上做出的决策，仍然有可能塑造结果。结果难以预测，并不意味着我们应该放弃尝试。

在大多数情况下，遏制代表着一种富有意义的控制，表示我们有能力阻止特定的使用案例、改变某个研究方向或拒绝有害行为者的使用权限。这意味着我们要保持我们引导浪潮的能力，以确保技术的影响与我们的价值观相契合，能助力我们这个物种的繁荣发展，并且不会带来大于其益处的重大危害。

本章将揭示实现该目标所面临的巨大挑战。

遏制是基础

对许多人来说，"遏制"这个词会让他们联想到冷战时期。

美国外交官乔治·凯南曾指出:"美国对苏联政策的要旨在于,它必须是一种长期的、耐心而又坚定的、警惕地遏制苏联对外扩张倾向的政策。"² 凯南认为,世界是一个不断变化的争斗场,西方国家必须时刻监视并对抗苏联的力量,安全地遏制红色威胁及其意识形态触角在各个领域的蔓延。

这种对遏制的解读尽管提供了宝贵的启示,但对我们当前的目标而言还不够。技术并非敌人,而是人类社会的一种基本属性。要实现对技术的遏制,我们需要一个更深层次的方案,这一方案无关竞争方之间的力量平衡,而在于人类与工具之间的力量平衡。这是我们物种在未来一个世纪得以生存的必要前提。遏制涵盖了监管、技术安全提升、治理和所有权模式的创新,以及问责制和透明度的新机制,这些都是实现更安全的技术的必要(但非充分)条件。遏制如同一把统领性的锁,将尖端工程、伦理价值观和政府监管紧密联系在一起。我们不应将遏制视为解决所有技术问题的终极方案,而应将其视为第一步和关键的一步,它是人类未来所依存的基础。

因此,遏制应被视为一套相互关联、相互增强的技术、文化、法律和政治机制,其目标是在技术呈指数级增长的时代里,保持社会对技术的驾驭力。这应是一套能够应对当前技术变革速度的架构,这种变革过去需要几个世纪甚至几千年才能完成,而如今却在几年甚至几个月内就能实现,其影响更是能在几秒钟内迅速波及全球。

技术遏制是指在实验室或研发设施中进行的一些操作。以人工智能为例,其技术遏制涉及气隙隔离、沙盒测试、模拟演练、紧急关闭开关、内置的硬件安全和安全保障措施等。这些协议用于验证系统的安全性、完整性或未受损性，并在必要时将系统下线。另外，技术遏制还涉及围绕技术创造和传播所形成的价值观与文化，这些价值观和文化支持技术边界的设定、治理层级的构建以及接受限制的制定，同时帮助我们警惕潜在的危害和意外后果。最后，技术遏制还包括国家和国际层面的法律机制，例如国家立法机构通过的法规以及联合国和其他全球机构制定的条约。在任何特定社会中，技术总是与其法律、习俗、规范、习惯以及权力和知识结构紧密相连，所有这些方面都必须得到妥善处理。我们将在本书第四部分对此进行更深入的探讨。

此时，你可能在想，我们真的尝试过这样做吗？我们真的尝试过遏制浪潮吗？

我们是否说过"不"？

当印刷机在 15 世纪风靡欧洲时，奥斯曼帝国却采取了截然不同的态度，它试图禁止印刷。[3] 统治者对知识和文化大规模生产的无监管前景感到不安，认为印刷机是一种外来的、"西方"的创新。尽管伊斯坦布尔的人口规模当时与伦敦、巴黎和罗马等城市相当，但直到 1727 年，也就是印刷机发明近 3 个世纪后，这座城市才终于拥有了第一台经官方许可的印刷机。长期以来，历史学家将奥斯曼帝国的这种技术抵制视为早期技术民族主义的经典案例，它展现了一种有意识地对现代性持否定态度的保守立场。

但事实比这要复杂。根据奥斯曼帝国的规定,其禁止的并非印刷术本身,而是阿拉伯字母的印刷。与其说这是一种根本性的反技术态度,不如说是因为运行阿拉伯语印刷机的成本高昂且操作复杂。只有统治者才有能力承担这样的费用,但历任领导人对此兴趣寥寥。因此,奥斯曼帝国的印刷业一度停滞不前。在一段时间内,奥斯曼帝国确实对印刷表示了拒绝。但最终,印刷如同在其他地方一样,逐渐成了奥斯曼帝国、其后继国家乃至全世界的一种生活常态。看来,国家一开始可能会拒绝技术,但随着技术成本的降低和普及程度的提高,它们不可能永远说"不"。

回首历史长河,技术浪潮可能看似平稳且不可阻挡,但实际上,它的轨迹深受众多微小、局部且往往带有偶然性的因素影响。确实,我们不应认为技术传播是轻而易举的。它可能成本高昂、进展缓慢、风险重重,有时甚至要求人们快速适应那些本来需要数十年甚至一生才能逐渐习惯的行为变化。技术传播必须与既得利益、既定知识以及那些同时牢牢掌握两者的群体进行斗争。对新奇事物持恐惧和怀疑态度,是人类普遍存在的心理。从技艺精湛的工匠行会到疑虑重重的君主,每个人都有可能出于各种原因抵制技术。因此,像卢德派那样暴力抵制工业技术的例子并非个案,而是技术发展过程中的常态。

在中世纪,教皇乌尔班二世曾试图全面禁止十字弓的使用。16 世纪末,伊丽莎白一世女王也拒绝接受一种新型织机,她担忧那会扰乱工匠行会的稳定。在纽伦堡、但泽、荷兰和英格兰等地,行会甚至大肆骚扰和摧毁新型织机和车床。约翰·凯伊是飞梭的发明者,而飞梭提高了织布效率,是工业革命的关键技术之一。由于害怕因为该发明而受到暴力报复，凯伊从英格兰逃到了法国。[4]

纵观历史，当新技术出现时，人们会因感受到潜在的威胁，担心自己的生计和生活方式受到破坏而发起抵制。在他们看来，抵制技术是为了保卫家人的未来，如果有必要，他们甚至不惜摧毁那些新事物。当和平手段无法奏效时，他们选择破坏工业机械以阻挡技术浪潮。

在17世纪的德川幕府时期，日本选择与世界隔绝，也将自身与世界的各种"野蛮"发明隔离了将近300年。与历史上众多社会相似，日本对新奇的、不同的和带有颠覆性的事物持怀疑态度。同样，在18世纪末，中国也拒绝了英国外交使团及其带来的西方技术，乾隆皇帝认为："我国物产丰富，应有尽有，无须依赖外国货物互通有无。"[5]

但这些抵制尝试都没有成功。十字弓依旧存在，直到被枪支取代。在几个世纪后，伊丽莎白女王曾拒绝的织机以大型机械纺织机的形式重返英国，掀起了工业革命的浪潮。如今，中国和日本已然跻身地球上技术最先进、全球一体化程度最高的地区之列。卢德派已不再能阻止新的工业技术了，正如马车车主和马车制造商无法阻止汽车崛起一样。只要存在需求，技术总会找到突破点，赢得用户的青睐和支持。

浪潮一旦站稳脚跟，其势头便几乎无法阻挡。奥斯曼帝国在印刷方面的历程就是明证。随着时间的推移，对技术的抵制往往会逐渐减弱。不管面临什么障碍，技术的本质都是传播。

大量新的技术不断涌现，而旧的则不断被淘汰。如今，你看不到太多的高轮自行车和赛格威平衡车，磁带和迷你光碟也鲜有人问津。但这并不意味着个人出行和音乐已不再普遍，只不过较旧的技术已被更高效、更先进的新技术形式取代了。我们不再乘坐蒸汽火车或用打字机写作，但它们的身影在新干线高铁和MacBook（苹果电脑）等后继者身上得以延续。

在一次次的技术浪潮中，我们见证了火的使用被蜡烛和油灯替代，随后煤气灯和电灯泡又取代了它们，如今 LED 灯则成为主流。尽管底层技术不断更迭，但人造光的总量保持不断增长。新技术往往能同时替代多项旧技术。正如电力替代了蜡烛和蒸汽机一样，智能手机也取代了卫星导航仪、照相机、个人数字助理、电脑和电话，并开创了全新的应用程序体验。随着技术允许你用更低的成本实现更多的功能，其吸引力只增不减，采用率也会持续攀升。

设想一下，你要构建一个完全摒弃电力、自来水和药物的当代社会。即便你能实现这一设想，你又如何说服他人，这样的生活方式是值得追求的、令人憧憬的、合适的呢？极少有社会能够成功避开技术的浪潮。[6] 那些试图这样做的社会，往往已经陷入崩溃的边缘，或者这种做法本身就成了社会崩溃的导火索。在技术面前，我们没有一条真正可行的退路。

人类不可能撤销发明，也不可能长期阻止其应用。人们不可能退回已掌握的知识，或阻止其传播。历史上或许偶有例外，但我们没有理由相信这种情况会重演。亚历山大图书馆被放任荒废，最终化为灰烬，大量古典学问永远消失，但古代的智慧最终还是被重新发掘和评估。尽管因缺乏现代通信工具，中国曾将丝绸制造的秘密保守了数个世纪，但这一秘密还是在 552 年由两位景教僧人泄露了出去。技术即思想，而思想无法被消除。

技术犹如一根诱人的胡萝卜，始终在我们眼前晃动，不断承诺着更多、更好、更便捷、更实惠的前景。人类对发明的渴望永无止境。技术浪潮看起来无法阻挡，这并非因为缺乏阻力，而是因为人类对技术的需求是那么强烈。尽管人们出于各种原因常常表达"不"的意愿，试图遏制技术，但这样的遏制从未真正实现。历史上确实有人意识到遏制技术的问题，但这个问题至今仍未得到解决。

那么，是否有例外呢？或者说，技术浪潮最终总是会冲破阻碍吗？

核技术是例外？

1933 年 9 月 11 日，物理学家欧内斯特·卢瑟福在英国莱斯特的一次演讲中，对英国科学促进会表示："任何宣称仅凭我们现有的手段和知识就能利用原子能的人，不过是在痴人说梦。"[7] 当天，匈牙利移民利奥·西拉德在伦敦一家酒店恰巧读到了卢瑟福的这一论述。在吃早餐时，他对这一问题进行了深入的思考，并在饭后外出散步。就在卢瑟福称利用原子能是"痴人说梦"的次日，西拉德构想出了链式核反应。

仅仅过了不到 12 年，人类便迎来了第一次核爆炸。1945 年 7 月 16 日，在美国曼哈顿计划的庇护下，美国军队在新墨西哥州沙漠中引爆了一个代号为"三位一体"的装置。几周后，一架名为"埃诺拉·盖伊"的波音 B-29 超级堡垒轰炸机出动,在日本广岛上空投下了一颗代号为"小男孩"的炸弹,它含有 64 千克的铀-235,这一核爆炸瞬间夺走了 14 万人的生命。[8] 世界瞬间彻底改变。不过,自那以来,与更广泛的技术传播的历史模式相比,核武器并未无休止地扩散。

核武器在战争期间仅被引爆过两次。目前,全球仅有几个国家拥有核武器。事实上,南非在 1989 年完全放弃了这项技术。据我们所知,没有任何非国家行为体掌握着核武器。今天,全球核弹头的总数约为 1 万枚,这个数字虽然仍令人感到恐惧,但相较于冷战时期的高峰,已有了显著减少,当时的核弹头数量超过了 6 万枚。

那么,究竟发生了什么?核武器显然意味着一种巨大的战略优势。在二战结束时,许多人理所当然地认为核武器将会广泛扩散。美国和苏联在成功研制出早期核武器后,继续开发更具破坏力的武器,比如热核武器氢弹。人类历史上记录的最大爆炸就是氢弹爆炸试验,那是一枚被称为"沙皇炸弹"的氢弹,1961 年,它在巴伦支海的一个偏远群岛上空被引爆,爆炸形成了一个直径 3 英里的火球和一个 59 英里宽的蘑菇云。这次爆炸的威力是二战中使用的所有常规炸药总和的 10 倍,其规模令所有人为之战栗。从遏制技术的角度看,氢弹试验可能实际上帮助了人类。面对核武器如此恐怖的威力,美国和苏联都放弃了继续增加核武器的计划。

核技术的遏制并非偶然,而是由核大国有意实施的防扩散政策所致。同时,核武器制造过程的极端复杂性和高昂成本也起到了辅助作用。

早期为遏制核武器扩散而提出的某些建议确实颇具远见。1946年,《艾奇逊-利连索尔报告》便建议联合国成立一个"原子能开发管理机构",对全球所有核活动进行明确控制。[9]这一建议虽然未能实现,但随后还是促成了一系列国际条约出台。尽管中国、法国等国家未参与其中,但1963年签署的《部分禁止核试验条约》还是起到了积极作用,降低了核试验爆炸的频率,缓和了核竞争态势。[10]

1968年的《不扩散核武器条约》是一个重要的转折点,各国明确承诺永不发展核武器,这一时刻无疑具有里程碑意义。[11]全球在此问题上达成共识,坚决遏制核武器向新国家扩散。自首次核试验起,核武器的毁灭性力量便一目了然。公众对发生热核大灾难的可能性深恶痛绝,这成为各国签署条约的强大动力。同时,冷静地权衡利弊也助力了对核武器的遏制。一旦核大战爆发,战争双方都势必会想方设法摧毁对方,这一前景对核武器拥有国形成了有力约束。显而易见,愤怒之下动用核武器无异于自掘坟墓。

核武器的高昂造价令人咋舌,且制造过程异常艰难。它们不仅需要像浓缩铀-235这样稀有且难以掌控的材料,其维护和退役工作也极具挑战性。由于缺乏广泛需求,降低成本和扩大获取渠道的动力较小。核武器并不遵循现代消费技术的典型成本曲线,它们永远不会像晶体管或平板电视那样传播普及,生产裂变材料与轧制铝材完全不可同日而语。制造核武器是一个国家所能从事的规模最大、成本最高、最复杂的工程之一,这一事实也大大遏制了核武器扩散。

说核武器没有扩散是不对的。时至今日，我们依然能看到大量核武器部署在巡逻海域的潜艇上，或是静静地躺在大型掩体之中，处于一触即发的警戒状态。然而，令人惊叹的是，几十年来一系列广泛的技术与政治努力，使得核武器在很大程度上避开了技术的深层次扩张模式。

然而，尽管核能力在很大程度上得到了遏制——这可谓一个部分例外的情况，但整个故事依然难以令人感到宽慰。核历史充斥着一系列令人心惊胆战的事故、侥幸和误解。自 1945 年首次核试验以来，已有数百起核事件需要人们严正关注。这些事件不仅包括相对较小的工艺流程等问题，还包括可能（时至今日仍然可能）引发真正灾难性破坏的局势恶化。

技术失败可能以多种形式出现。如果软件突然出现故障怎么办？毕竟，直到 2019 年，美国的指挥控制系统才摆脱了 20 世纪 70 年代的硬件和 8 英寸①软盘，完成了升级。[12] 世界上最先进、最具破坏力的武器库所依赖的技术竟然如此老旧，对今天的大多数人来说，它们恐怕是极其陌生（且无法使用）的。

事故层出不穷。[13] 例如，1961 年，一架 B-52 轰炸机在北卡罗来纳州上空飞行时遭遇燃油泄漏。机组人员跳伞逃生，飞机及所载炸弹弹头随后坠向地面。在此过程中，一枚氢弹的安全开关在撞击地面时意外切换至"武装"状态。在这枚氢弹的 4 个安全机制中，仅有一个仍在工作，因此奇迹般地避免了爆炸。

---

① 1 英寸 =2.54 厘米。——编者注

2003年，英国国防部披露了其核武器计划历史上曾发生过的110多起险情和真实事故。就连以不透明著称的克里姆林宫也承认，2000—2010年，俄罗斯发生了15起严重的核事故。

微小的硬件故障也可能引发巨大的风险。[14]1980年，一块价值仅46美分的故障电脑芯片差点儿在太平洋引发一场毁灭性的核事故。可能最著名的案例发生在古巴导弹危机期间。当时，苏联海军代理准将瓦西里·阿尔希波夫拒绝下令发射核鱼雷，这才让人类惊险地躲过了核灾难。当时，潜艇上的另外两名军官坚信他们遭受了攻击，曾一度让世界处于全面核战争的边缘。

担忧依然无处不在。在俄乌冲突爆发之后，核武器威胁再次加剧。从土耳其和沙特阿拉伯到日本和韩国，所有国家都至少对核武器表现出兴趣。巴西和阿根廷甚至拥有铀浓缩计划。[15]

迄今为止，我们尚未发现任何恐怖组织获得了常规弹头或足够制造"脏弹"的放射性材料。然而，制造这种装置的方法并非秘密，心怀不轨的内部人员完全有可能自行制造。工程师阿卜杜勒·卡迪尔·汗就曾窃取离心机的设计图并逃离荷兰，以协助巴基斯坦发展核武器。

大量核材料下落不明，它们原本属于医院、企业、军队，甚至可能不久前来自切尔诺贝利。[16]2018年，在得克萨斯州圣安东尼奥市，一名能源部官员在附近酒店休息时，其车内的钚和铯竟不翼而飞。[17]核弹头失去控制可能是最可怕的情形，其可能在运输过程中被盗，或者在核查时被遗漏。这听起来很荒谬，但事实是，美国至少已经丢失了3枚核武器。[18]

核武器是无法阻挡的技术浪潮中的一个例外，但这个例外之所以存在，不过是因为巨大的经济成本和复杂的技术要求、数十年来艰难的多边努力、其致命潜力引发的巨大恐惧，以及人类偶然的幸运。在某种程度上，核武器似乎背离了更广泛的技术发展趋势，但它也清晰地表明，其游戏规则与其他技术截然不同。鉴于核技术潜在的后果，以及它给人类生存带来的严重威胁，即便是部分、相对的遏制也显得远远不够。

令人忧心的现实是，人类曾试图对核武器这一可怕的技术说"不"，但只取得了部分成功。核武器是历史上受到最严格遏制的技术之一，但是即便从最单纯的字面意义来看，核武器的遏制问题也远未得到解决。

技术动物

遏制技术的努力往往罕见且存在诸多不足。这涵盖了对生物和化学武器的禁令；1987年《蒙特利尔议定书》的出台，逐步淘汰了破坏大气臭氧层的物质，特别是氯氟碳化物；欧盟禁止在食品中使用转基因生物；人类还自发形成了对基因编辑的禁令。而最宏伟的遏制议程莫过于脱碳行动，比如《巴黎协定》这样的举措，旨在将全球气温上升控制在2℃以内。本质上，这代表了一次全球性的对一系列基础技术说"不"的尝试。

在本书的第四部分，我们将对这些现代遏制技术的案例进行更深入的探讨。然而，此刻需要强调的是，尽管这些遏制成果颇具启发性，但它们并不稳固。化学武器近期在叙利亚再次使用，而这些武器仅仅是这一不断进步的技术领域中相对有限的应用之一。[19] 尽管有禁令存在，全球的化学和生物能力仍在逐年增强；如果有人认为有必要将其武器化，那么现在会比以往任何时候都更加容易实现。

尽管欧盟明文禁止转基因生物在食品供应中使用，这类生物却仍在全球各地屡见不鲜。在我们接下来的探讨中，你会发现基因编辑技术背后的科学正在突飞猛进，而呼吁全球暂停人类基因编辑的声音已逐渐沉寂。幸运的是，在另一案例中，氯氟碳化物已有更实惠且高效的替代品问世，且氯氟碳化物本身并不是一种通用技术。在人类不再使用氯氟碳化物的情况下，模型预测臭氧层可能在21世纪40年代崩溃，从而导致21世纪全球气温再上升1.7℃。[20] 总的来说，这些遏制技术的努力往往局限于特定的技术及有限的地理区域，效果有限且不稳定。

尽管《巴黎协定》旨在超越这些局限性，但它能否奏效仍属未知，我们只能对此怀揣希望。但值得指出的是，这种遏制技术的努力也只是在人类遭受了巨大伤害、面临着日益凸显的生存威胁时才姗姗来迟。它的出现已然滞后，其成功更是完全无法保证。

这不是正确的遏制方式。不过，尽管这些努力未曾全面阻挡某项通用技术的浪潮，但正如我们稍后将看到的，它们确实为未来提供了重要的启示。然而，这些例子并未给我们带来我们期待或需要的慰藉。

人类总是有充足的理由来抵制或限制技术。技术的历史虽然是让人们取得更多成就、提升能力、改善福祉的历程，但它并非只有积极的一面：技术不仅带来了更精良的工具，也制造了更致命、更具破坏力的武器。它导致了失败者的出现，淘汰了某些工一小群人围在一台机器旁，观看DQN学习《打砖块》游戏的训练过程回放。在这个游戏中，玩家需要控制屏幕底部的挡板，将球弹起以击落上方一排排的彩色砖块，击落越多，得分越高。我们仅向DQN提供了原始像素信息（逐帧）以及得分，让它学习像素与挡板左右移动控制动作之间的联系。起初，算法只能通过随机探索来改善自身表现，直到它偶然发现了一种奖励机制。经过反复试错，DQN终于学会了如何控制挡板，使球来回反弹并击落一排排砖块。这令人印象深刻。

然后，出现了让人惊叹的一幕。DQN似乎找到了一种新的、非常巧妙的策略。它不再按照常规方式一排排地击落砖块，而是开始瞄准某一列的砖块，打通了一条通往砖块堆后方的路径。它一路"挖凿"到了顶部，创建了一条高效的路径，使球能从后墙反弹，稳稳地摧毁整个砖块堆，就像弹珠机里的疯狂弹珠一样。这种方法以最小的努力获得了最高的分数。这是一个不可思议的策略，虽然游戏的资深玩家可能知道，但它绝非显而易见。我们亲眼见证了算法自己学会新东西，那一刻我彻底震惊了。

我第一次目睹了一个非常简约且高效的系统，它能够学习有价值的知识，学会了一种可以说对许多人来说并不容易想到的策略。那是一个令人振奋的时刻，一个突破性的时刻。那个人工智能代理已经展现出了发现新知识的早期迹象。

起初，DQN的表现并不理想，但经过数月的调试，其算法性能已超越人类。这样的结果正是我们创办DeepMind的初衷所在，它充分展现了人工智能的潜能。既然人工智能能够发现上述案例中的"挖凿"这样一个巧妙的策略，那么它还能学习些什么？我们能否利用这种新力量，为我们的物种提供新知识、新发明和新技术，从而帮助解决21世纪最棘手的社会问题？

DQN对我、DeepMind乃至整个人工智能界来说都是一个巨大的进步，但公众对此的反应相当平淡。人工智能依旧是一个边缘话题和边缘研究领域。但是，就在接下来短短几年内，随着新一代人工智能技术在世界舞台上崭露头角，一切都将发生改变。

AlphaGo与未来之始

围棋是一项起源于中国的古老棋类游戏，两位对弈者在19×19的棋盘上分别执黑、白棋子进行对局，目标是用自己的棋子包围对方的棋子，当对方的棋子被完全包围时，这些棋子就会被拿走。这大致就是围棋的基本规则。

尽管围棋的规则相对简洁，但其复杂性让人惊叹。与国际象棋相比，围棋要复杂得多。在国际象棋中进行了三对步（也就是双方各自移动三步）后，棋盘上就可能出现约1.21亿种不同的布局。[1]但在围棋里，同样进行三对步后，可能的布局数量高达惊人的2 000万亿（2×10^{15}）。总体而言，围棋棋盘上的布局可能性达到了令人难以想象的10^{170}种。[2]

人们常说，围棋棋盘上的布局可能性之多，甚至超过了已知宇宙中的原子数量。面对如此浩瀚的可能性，传统方法显得束手无策。1997年，IBM的"深蓝"计算机凭借"暴力破解"方法在国际象棋比赛中战胜了加里·卡斯帕罗夫。然而，这种通过算法系统计算尽可能多的潜在走法的策略，在围棋这样分支繁多的游戏中无济于事。

当我们于 2015 年开始研究围棋时，大多数人都觉得开发一个世界冠军级别的围棋程序还需要好几十年。谷歌的联合创始人谢尔盖·布林鼓励我们去攻克这项任务，他认为任何进展都将是难能可贵的。AlphaGo 最初是通过观摩人类专家对弈的 15 万场比赛进行学习的。在我们对它的初步表现感到满意后，接下来的关键一步就是创建大量的 AlphaGo 副本，让它们自己反复对弈。这样一来，该算法就能模拟出数百万场新对弈，尝试以前从未走过的棋局组合，有效地探索出大量可能性，并在这个过程中学习新策略。

后来，在 2016 年 3 月，我们在韩国举办了一场锦标赛，由 AlphaGo 对阵技艺精湛的世界冠军李世石。比赛结果充满悬念。开赛前，大多数评论员都看好李世石。然而，AlphaGo 却赢得了第一局比赛，这让我们又惊又喜。到了第二局，AlphaGo 下出了人工智能和围棋史上都堪称著名的第 37 步。那步棋令人费解。看起来，AlphaGo 像是犯了个大错，盲目地采取了一种职业棋手绝不会选择的、几乎注定要失败的策略。现场两位解说员都是最高级别的专业人士，他们评价那步棋"异常古怪"，认为是个"错误"。那步棋实在太不寻常，以致李世石过了整整 15 分钟才做出回应，其间他甚至起身离开棋盘，出去散了会儿步。

我们在控制室里观看比赛，紧张到了极点。然而，随着比赛接近尾声，大家才意识到那步"错"棋竟成了制胜的关键。AlphaGo 再次获胜。围棋策略就在我们眼前被改写了。我们的人工智能发现了数千年来最杰出的棋手都未曾想到的策略。在短短属性：智能和生命。换句话说，技术正在经历一次重大转变。它不再仅仅是一种工具，它将重塑生命，并与人类自身的智能竞争，甚至超越它。

曾经对技术封闭的领域正在打开。人工智能让我们能够复制语音和语言、视觉和推理。合成生物学的基础性突破使我们能够对 DNA 进行测序、修改，现在甚至能打印。

随着我们对比特和基因的掌控力不断增强，这种力量也反馈到物质世界中，使我们能够对我们周围的世界进行卓越的控制，甚至深入原子层面。原子、比特和基因在相互催化、相互交融和不断扩展能力的蓬勃循环中联系起来。我们精确操控原子的能力促成了硅晶片的发明，硅晶片则带来了每秒万亿次计算的实现，而这一成就又使我们得以破译生命的密码。

人工智能和合成生物学是即将到来的浪潮中的核心通用技术，但同时围绕它们的还有一系列具有异常强大影响力的技术，包括量子计算、机器人技术、纳米技术以及潜在的丰富能源等。

这一浪潮将比历史上任何一次都更难以遏制，它触及了人类世界的根本，影响更加深远。理解这一浪潮及其轮廓对于评估我们在 21 世纪将面临的情况至关重要。

寒武纪大爆发

技术是一系列不断演变的思想。新技术在与其他技术的碰撞和结合中发展。同自然选择一样，有效的技术组合会留存下来，成为未来技术的新基石。发明是一个不断累积的、复合的过程，具有自我强化的特性。已有的技术越多,它们就越能成为其他新技术的一部分。用经济学家布莱恩·阿瑟的话来说:"技术的总体集合通过自身的力量不断发展,从少发展到多,从简单发展到复杂。"[3] 因此,技术就像一种语言或化学:它并非一系列各自独立的实体和实践,而是一组相互交融、不断组合与重组的要素。

这是理解这场新浪潮的关键所在。技术学者埃弗里特·罗杰斯指出,技术是由一个或多个紧密关联的特性组成的"创新集群"。[4] 即将到来的浪潮是一个超级集群,是一次进化式的飞跃,它将带来成千上万种潜在的新应用,其势好比地球历史上新物种最密集涌现的寒武纪大爆发。在这一浪潮中,每项技术都与其他技术相互交叉、相互支撑、相互促进,使得我们难以预测它们的影响。它们之间深度交织,而且这种交织的程度将持续强化。

这场新浪潮的另一个特点在于速度。工程师和未来学家雷·库兹韦尔提出了"加速回报定律",即技术进步会形成自我增强的反馈循环,从而进一步加快技术发展的步伐。[5] 例如,更先进的芯片和激光器能够支持更复杂、精度更高的工作,进而推动更强大的芯片的研发;而这些更强大的芯片又反过来促进了芯片研发工具的升级。我们现在可以广泛地看到这一点,比如人工智能助力设计出了更好的芯片和生产技术,而这些新技术又进一步催生了更先进的人工智能形式。[6] 这场浪潮中的不同部分相互激发、相互加速,有时展现出极大的不可预测性和爆发力。

虽然我们无法预知这场浪潮将带来何种技术组合,也无法确定其发展的时间表、最终结果和具体展现形式,但我们能实时观察到一些有趣的新联系正在逐步建立。我们可以肯定的是,历史与技术的发展模式将不断延续，那些源源不断的、具有现实意义的技术重组和扩散过程不仅会重复上演，而且将不断向更深层次推进。

不只是潮流词语

人工智能、合成生物学、机器人技术、量子计算——这些词语听起来像是被过度热炒的科技流行语，因此也引来了大量的质疑。这些词语在科技领域的讨论中已经流传了几十年，而且与实际的进展相比，宣传往往夸大其词。批评者认为，本章所探讨的通用人工智能等概念定义模糊或存在知识性的误导，不值得认真对待。

在这个风险投资繁荣的时代，要区分表面光鲜的事物和真正的创新突破并不容易。当我们谈论机器学习、加密货币热潮，以及动辄上百万、上亿美元的融资时，这些话题往往会引来冷眼和不屑。这也可以理解。在这个时代，人们对于夸大渲染的新闻标题、自鸣得意的产品展示，以及社交媒体上的疯狂炒作已经感到厌倦。

虽然对技术的悲观看法有其合理之处，但我们如果因此轻易否定即将到来的这场技术浪潮，最终就可能会自食恶果。目前，本章所提及的各项技术都还远未发挥出其全部潜力。但在 5 年、10 年或 20 年的时间里，它们肯定会大放异彩。技术的进步是显而易见的，而且进步速度正在不断加快，每个月技术都有新变化。然而，要真正理解即将到来的技术浪潮，关键不在于预测事物在短期内某个时间点的发展状态，而是要密切关注多条指数型曲线的发展趋势，预测它们的未来走向，并深入思考这意味着什么。

技术是塑造历史模式的核心力量。在历史的长河中，我们人类逐渐掌控了原子、比特和基因，它们构成了我们目前所知的世界的普遍基石。对整个宇宙而言，这一过程也意义重大。管理即将到来的技术浪潮的挑战在于深入理解和认真对待这些技术，这要从我毕生研究的人工智能领域开始。

人工智能之春：深度学习走向成熟

人工智能是即将到来的技术浪潮的核心。但是，自1955年"人工智能"这个词首次提出以来，它很多时候更像是一个遥远的愿景。以计算机视觉为例，尽管多年来人类一直在努力让计算机识别物体和场景，但实际的进步远未达到预期。传奇的计算机科学教授马文·明斯基在1966年曾聘请一名暑期实习生研究早期的视觉系统，他当时认为重要的进展就在眼前。然而，事实证明他过于乐观了。

在将近半个世纪之后，突破性的时刻才终于到来。[7] 2012年，一个名为AlexNet的系统崭露头角。AlexNet的成功源于一种旧技术的复兴，这种技术现已成为人工智能的基础，为人工智能领域注入了巨大活力。对我们在DeepMind的工作来说，它也是不可或缺的。那便是深度学习。

深度学习使用的神经网络大致模仿了人类大脑的神经网络构造。简单来说，这些系统会在其网络被海量数据"训练"的过程中进行"学习"。在AlexNet的案例中，它的训练数据主要由图像构成。图像中的每个红色、绿色或蓝色像素都会被赋予一个数值，由此生成的数组被输入神经网络。在神经网络内部，"神经元"通过一系列带有权重的连接与其他神经元相互关联，这些权重大致反映了信息输入之间的关联强度。神经网络的每一层都会将其接收的信息传递给下一层，从而创建出越来越抽象的表征形式。

然后，一种称为反向传播的技术介入，它负责调整网络连接的权重以优化神经网络。当系统发现错误时，这种调整会反向传播回网络，帮助网络在未来纠正相同的错误。通过不断重复这个过程并微调权重，神经网络的性能会逐渐提高。最终，它将从接收的单个像素开始学习，识别出线条、边缘和形状，最终理解场景中的整个物体。简言之，这就是深度学习。深度学习技术曾一度在人工智能领域受到嘲笑，但最终它攻克了计算机视觉的难题，在人工智能世界掀起了一场风暴。

AlexNet 由传奇研究员杰弗里·辛顿及其两名学生——多伦多大学的亚历克斯·克里哲夫斯基和伊利亚·萨特斯基弗共同开发。他们参加了由斯坦福大学李飞飞教授发起的 ImageNet 大规模视觉识别挑战赛，这项一年一度的竞赛旨在汇集业界力量，共同攻克一个目标：让计算机能够识别图像中的主要物体。每年，参赛团队都会拿出自己最好的模型，相互激烈竞争，通常每一年新模型的准确度提升较上一年都不超过 1 个百分点。

但在 2012 年，AlexNet 以 10% 的准确度提升打败了上一年的冠军。[8] 这听起来似乎只是一点儿小小的改进，但对人工智能研究人员来说，这已是跨越式的进步，足以区分那些玩具般的研究演示和那些即将对现实世界产生重大影响的突破性成果。那一年的比赛非常激动人心,辛顿和他的团队发表的论文也成了人工智能研究史上被引用次数最多的作品之一。

深度学习让计算机视觉技术无处不在,且运行顺畅。现在,该技术能通过相当于 21 个全高清屏幕的视觉输入,即每秒约 25 亿像素的输入,对动态真实世界街景进行分类。这种精确度足以让 SUV 汽车在繁忙的城市街道中自如穿梭。[9] 智能手机能识别各种物体和场景,在视频通话时,视觉系统可以自动模糊背景,突出人物。计算机视觉技术是亚马逊无人超市和特斯拉汽车的基础,推动它们向更自主的方向发展。该技术还帮助视力受损者在城市中导航,引导工厂机器人作业,支持从巴尔的摩到北京的全球各地的面部识别系统,以实现越来越密切的城市生活监测。此外,它还存在于 Xbox 游戏机的传感器和摄像头、联网门铃和机场登机口扫描仪中。无人机的飞行、脸书上的不当内容自动标记、各种医疗状况的诊察中也都有计算机视觉技术的身影。[10] 在 DeepMind,我的团队开发的一个系统在阅读眼部扫描结果方面的准确度已达到国际顶级专家医生的水平。

随着 AlexNet 这一重大突破的出现,人工智能突然成为学术、政府和企业领域的关键议题。杰弗里·辛顿和他的团队被谷歌招入麾下。美国和中国的重要科技公司都将机器学习视为研发工作的核心。在成功开发 DQN 后不久,我们将 DeepMind 出售给了谷歌。这家科技巨头迅速在其全线产品中转向了"人工智能优先"的战略。

行业的科研产出和专利数量迅速攀升。1987 年,在《神经信息处理系统》这一行业顶级会刊上发表的学术论文仅有 90 篇。

然而，这一数字如今已经飙升至近 2 000 篇。[11] 在过去 6 年中，仅深度学习相关的论文数量就增长了 6 倍，若将范围扩大至整个机器学习领域，增长幅度则高达 10 倍。[12] 深度学习的繁荣吸引了数十亿美元的资金流入学术机构以及私营和公共企业的人工智能研究。大约从 2010 年起，人工智能再次成为舆论的焦点，频频占据新闻头条，并不断拓展技术可能性的边界，其热度和炒作甚至超过了以往任何时候。人工智能将在 21 世纪发挥重大作用，这已不再是一种边缘或荒谬的观点，而是大势所趋。

人工智能正席卷世界

人工智能的大规模应用已如火如荼。放眼望去，软件已经深入生活的方方面面，帮助我们搜集和分析海量数据。这些数据正用于训练人工智能系统，使其能够在我们日常生活的几乎每个领域创造出更高效、更精准的产品。同时，人工智能的获取和使用也变得日益便捷：因为有了如 Meta 的 PyTorch（一个开源的深度学习框架）和 OpenAI 的应用程序编程接口（API）这样的工具和基础设施，非专业人士也能轻松掌握尖端的机器学习能力。此外，5G（第五代移动通信技术）网络和其无所不及的连通性为我们构建了一个庞大且持续在线的用户群体。

人工智能正逐步从演示阶段过渡到现实世界的应用中。要不了几年，人工智能将能以与人类一样的方式对话、推理，甚至采取行动。它们的感知系统将和我们的一样敏锐。这并不等同于它们达到了超级智能水平（下文将对此进行进一步探讨），但它们确实会成为异常强大的系统。这意味着人工智能将紧密地融入我们的社会结构，成为其不可分割的一部分。

过去10年间，我的主要工作就是将最新的人工智能技术应用到实际生活中。在DeepMind，我们研发了一套系统来控制价值数十亿美元的数据中心，这个项目成功降低了40%的冷却能耗。[13] 我们的WaveNet项目则是一个功能强大的文本转语音系统，这个系统被用在了谷歌的整个产品生态系统中，可以生成100多种语言的合成语音。我们还开发了一系列开创性的算法，用于管理手机电池寿命和手机上的各种应用，也许你兜里的手机上现在就运行着这样的应用。

人工智能真的不再是"新兴"的了。它存在于你每天使用的产品、服务和设备中。在生活的各个领域，大量应用程序正依赖于10年前还不可能实现的技术。这些技术有助于在如今治疗成本不断攀升的背景下，发现治疗某些棘手疾病的新药。深度学习可以检测水管裂缝，管理交通流量，模拟聚变反应以开发新的清洁能源，优化航线，以及辅助设计更可持续、功能更丰富的建筑材料。深度学习技术也被用来驾驶汽车、卡车和拖拉机，有可能创造出更安全、更高效的交通基础设施。在电力和水资源系统中，它被用来有效管理稀缺资源，缓解日益增大的资源压力。

人工智能系统能够管理零售仓库、提供邮件写作建议、推荐歌曲、检测欺诈行为、撰写故事、诊断罕见疾病，甚至模拟气候变化的影响。它们出现在商店、学校、医院、办公室、法庭和家庭中。如今，你每天都会和人工智能互动很多次；未来，这种互动将更加频繁。几乎在任何方面，人工智能都将使人类体验变得更加高效、快速、实用和顺畅。

人工智能已经在我们身边了，但这仅仅是个开始。

自动补全一切：大语言模型的崛起

就在不久前，处理自然语言对现代人工智能而言还是一件过于复杂、多变和微妙的事情。然而，2022年11月，人工智能研究公司OpenAI推出了ChatGPT（一款聊天机器人程序）。短短一周内，它的用户数量就突破了100万，人们热烈地讨论着这项技术，广为称赞。它如此实用且完美，以致有人认为它可能很快就会让谷歌搜索黯然失色。

简单来说，ChatGPT就是一个聊天机器人。但它比以往任何公开亮相的产品都更强大和博学多才。你向它提问，它会立刻用流畅的语句回答你。无论是要求它用詹姆斯国王钦定版《圣经》，还是用20世纪80年代说唱歌手的风格来写一篇文章、新闻稿或商业计划，它都能在几秒钟内按要求完成。让它写物理课程大纲、节食手册或者Python脚本，它也游刃有余。

人类之所以聪明，很大程度上是因为我们能够回顾过去并预测未来可能发生的事情。从这个意义上讲，智力可以理解为一种能力，这种能力使我们能够预测关于周围世界如何变化的可能情景，并基于这些预测采取明智的行动。早在2017年，谷歌的一小群研究人员就开始专注于这一问题的一个更具体的方面：如何让人工智能系统只关注数据序列中最重要的部分，以便准确有效地预测接下来会发生什么。他们的工作为后来的大语言模型领域的革命奠定了基础，ChatGPT正是这一领域的代表。

大语言模型利用了语言数据总是一个线性序列的特性。每个信息单元都以某种方式与同一语言序列中较早的数据相关联。模型会读取大量句子，学习其中包含的信息的抽象表征，然后基于这些信息生成关于信息走向的预测。模型的挑战主要在于设计一个算法，该算法能够"知道去哪里寻找"给定句子中的关键信息。哪些词是关键词？句子中最重要的元素是什么？它们之间是如何相互关联的？在人工智能领域，这个概念通常被称为"注意力"。

当大语言模型接收和处理一个句子时，它会构建一个内部表示，我们可以将其形象地称为"注意力地图"。首先，模型会将句子中的常见字母和其他符号组合视为一系列的"标记"，这些标记类似于语言中的音节，但实际上它们是模型为了更好地处理信息而识别出的常见的字母和符号组合块。人类以词语为单位来理解句子，但模型在处理信息时并不遵循我们的词语边界。相反，它会创建一个新的常见标记列表，并基于这些标记在海量文档中识别出语言模式。在注意力地图中，每个标记都与之前的标记有一定的关联。对于给定的输入句子，这种关联的强度反映了标记在句子中的重要性。因此，大语言模型学会了在理解句子时识别并关注那些关键的词。

以句子"明天巴西将有一场相当大的风暴"（There is going to be a fairly major storm tomorrow in Brazil）为例，模型可能会为"there"中的"the"和"going"中的"ing"创建标记，因为它们在其他单词中也是常见的组成部分。在分析整个句子时，模型会识别出"风暴"（storm）、"明天"（tomorrow）和"巴西"

（Brazil）是关键特征信息，推断出巴西是一个地点，未来将有风暴发生，等等。基于这些信息，模型会预测接下来可能出现的语言标记，推断出与当前输入相对应的逻辑输出。换句话说，它会自动补全接下来可能出现的内容。

这些系统被称作"变换器"。自2017年谷歌研究者发表第一篇相关研究论文以来，这一领域的发展速度就十分惊人。没过多久，OpenAI推出了GPT-2，其中的GPT指的是"生成式预训练变换器"。GPT-2当时的规模相当庞大，拥有高达15亿个参数（参数数量是衡量AI系统规模和复杂程度的重要指标）。它是在800万页网页文本的基础上进行训练的。[14] 然而，直到2020年夏天OpenAI发布了GPT-3，人们才真正开始意识到这一技术的巨大潜力。GPT-3的参数数量高达1 750亿，成为当时人类构建过的最大的神经网络，规模相比仅一年前推出的GPT-2大了上百倍。这的确令人叹为观止，但如今这样的规模已经变得不足为奇，而且训练同等级别模型的成本在过去两年中已经大幅下降为1/10。

当GPT-4在2023年3月亮相时，它再次引发了轰动。和之前的版本一样，你让GPT-4以艾米莉·狄金森的风格写诗，它会照办；你让它续写《魔戒》的某个片段，它能立刻模仿出一段与原作者托尔金风格相似的文字；你向它索要创业计划，它就能输出一份看似由一群高管共同制订的专业计划。不仅如此，它还能在各种标准化考试中脱颖而出，从律师资格考试到GRE（留学研究生入学考试），它都能应对自如。

GPT-4还能处理图像和代码、创建能在桌面浏览器中运行的3D（三维）电脑游戏、开发手机应用、调试代码、识别合同漏洞、为新药研发提供结构建议，甚至给出避免侵犯专利权的药物修改建议。它可以根据手绘草图生成网站，能够理解复杂场景中的微妙人物关系；你给它看冰箱内部的照片，它能根据冰箱里的食材推荐菜谱；你给它一份粗糙的演示文稿，它能帮你润色并设计成一份专业的演示文件。它似乎能够理解空间与因果关系、医学知识、法律条文和人类心理学。在 GPT-4 发布后的短短几天内，人们就利用它开发出了一系列工具，用于自动化诉讼处理、为共同抚养子女提供支持或提供实时的时尚建议等。几周内，又有人为 GPT-4 创建了插件，使其能够胜任创建手机应用、进行市场调研以及撰写详细报告等复杂任务。

所有这些仅仅是个开端。我们才刚刚开始领略大语言模型即将带来的深远影响。如果说 DQN 和 AlphaGo 只是在岸边轻拂的早期波澜，那么 ChatGPT 和大语言模型就是第一波汹涌而来的巨浪。1996 年全球互联网用户数还只有 3 600 万，而 2024 年这个数字突破了 50 亿。这就是我们对这些工具发展速度的预期，现实可能更为惊人。我深信，在未来几年里，人工智能将如互联网般无所不在：同样触手可及，但影响将更为深远。[15]

人脑级人工智能模型

我所描述的人工智能系统在极其庞大的规模上运作。这里举一个例子。

在 2015 年左右，人工智能之所以能取得显著进步，很大程度上是因为高效的、"有监督"的深度学习。在这种模式下，人工智能模型在经过精心手工标注的数据中学习。通常，人工智能系统的预测准确性高度依赖于训练数据的标注质量。然而，大语言模型革命的关键突破在于，我们首次能够直接在原始、杂乱无章的现实世界数据上训练超大模型，而无须依赖那些经过仔细筛选和人工标注的数据集。

正因如此，现在网络上的几乎所有文本数据都变得有价值了，数据量越大越好。如今的大语言模型是在数以万亿词级别的文本规模上进行训练的。想象一下，如果能全部吸收维基百科的内容，读取优兔上的所有字幕和评论，阅读数百万份法律合同、数亿封电子邮件以及数十万本书，那将是怎样一个模型。这种对海量信息的几乎瞬时的处理能力不仅令人难以置信，而且是前所未见的。

请稍做停顿，思考一下这些模型在训练过程中吸收的文本数量之大。假设一个人平均每分钟能阅读200个单词，那么在80年的寿命中，他大约能阅读80亿个单词——当然，前提是他24小时不间断阅读，其他什么也不做。较为现实的情况是，美国人平均每天花大约15分钟读书，一年下来一个人大约能阅读100万个单词。[16]这与大语言模型在短短一个月的训练中处理的单词数量相比，相差了约6个数量级。

因此，这些新型大语言模型在各类写作任务中表现出色，我们并不感到意外。无论是翻译、精准文本总结，还是为提升语言模型性能而制订计划等复杂的写作任务，这些曾专属于技能精湛的人类专家的领域，如今已被这些模型轻松驾驭。我在谷歌的前同事最近发表的一篇文章显示，他们改进的PaLM系统能在美国医学执照考试试题上取得优异的成绩。预计不久之后，这些系统从更广泛的视角来看，我们是情感丰富、具有社交属性的复杂生物。但是，人类完成特定任务的能力，即人类智慧本身，实际上是相当固定的，尽管这种能力强大且多面。算力的规模在不断扩展，而我们的大脑并不会逐年发生巨大的变化。随着时间的推移，人工智能与人类大脑复杂程度的差距将逐渐缩小。

在当前计算水平的支持下，人工智能已在诸如语音转写和文本生成等任务上展现了与人类相当的水准。随着计算规模的不断扩展，人工智能极有望在更多任务上达到甚至超越人类水平。它将在各个领域持续取得重大进步，而目前我们还未观察到其可能性的上限。这一简单事实有可能对21世纪乃至整个人类历史产生极其深远的影响。然而，计算规模的提升虽是强大的推动力，却并非人工智能实现指数级改进的唯一途径。

再度高效，以少驭多

新技术的出现往往意味着效率的大幅提升，人工智能领域亦是如此。以谷歌的 Switch Transformer 模型为例，它拥有多达1.6万亿参数，却采用了一种与小模型相似的高效训练技术。[20] 在我以前的公司，我们凭借一个规模仅为 GPT-3 的 1/25 的系统，便达到了与其相当的语言模型性能。我们甚至开发出了一个模型，其在各项主要学术基准上的表现都超越了谷歌的拥有5 400亿参数的 PaLM，但体积只是 PaLM 的 1/6。再看 DeepMind 推出的 Chinchilla 模型，它在保持与顶级大模型竞争的同时，参数数量却只是 DeepMind 的 Gopher 模型的 1/4，不过它使用了更多的训练数据。[21] 另一种极端情况是，现在只需要编写 300 行代码，就能构建一个可以生成颇具莎士比亚风格文本的轻量级大语言模型。[22] 简言之，人工智能正变得越来越擅长用更少的资源做更多的事。

为了将这些模型应用于各类生产环境，人工智能研究人员正竞相降低成本并提升模型性能。过去 4 年间，训练尖端语言模型所需的成本和时间已大幅下降。未来 10 年，技术能力无疑将继续实现显著跃升，而这一过程中成本仍将进一步下降多个数量级。技术进展势如破竹，新的基准可能尚未站稳脚跟，旧的基准就已被甩在身后。

模型的数据使用正变得越发高效，构建方式也日益精简、经济、便捷；同时，它们的开源程度也在不断提升。在这样的趋势下，人工智能的大规模扩散已几乎是必然。EleutherAI 这个由独立研究者组成的草根团队已成功开发出一系列完全开源的大语言模型，供数十万用户轻松使用。Meta 则将其不久前还领先行业的超大模型开源，称之为将其"民主化"。[23] 即便有时相关方并无开源意图，先进模型的泄露也确实时有发生。例如，Meta 的 LLaMA 系统原设定为受限访问，但不久后在互联网上广泛传播，任何人均可通过比特流轻松下载。短短几天内，就有人探索出在 50 美元的电脑软件上运行该系统的方法（尽管运行速度较慢）。[24] 这种易于访问的特性（常常仅需数周时间）正成为这场技术浪潮的鲜明特色。事实上，凭借高效的系统、精心设计的数据集和快速的迭代测试，聪明的创作者已能与资源最丰富的开发者一较高下。

大语言模型的应用并不局限于语言生成。它们以语言为起点，现已拓展为一整个生机勃勃的生成式人工智能领域。除了语言生成，这些模型在训练过程中还意外获得了众多其他功能，如创作音乐、设计游戏、下棋以及解决高级数学问题等。新的工具能够根据简短的文字描述生成令人惊叹的图像，这些图像的真实感和说服力令人难以置信。Stable Diffusion 这个完全开源的模型更是让任何人都能在笔记本电脑上免费定制超现实主义图像。同样的功能很快也将在音频剪辑甚至视频生成领域实现。

现在，人工智能系统已经能够帮助工程师编写出高质量的代码了。2022 年，OpenAI 和微软联手推出了 Copilot 工具，它迅速在编程界走红。有分析显示，Copilot 能让工程师完成编程任务的速度提升 55%，就好像他们身边多了一个得力助手。[25] 许多程序员开始将更多琐碎的工作交给人工智能处理，自己则专注于解决更复杂、更有创造性的问题。正如一位知名计算机科学家所言："在我看来，未来的程序无疑最终都将由人工智能编写，而人类至多只能担任监督者的角色。"[26] 很快，任何拥有互联网连接和一张信用卡的人都能轻松利用这些强大的人工智能能力，获得源源不断的输出。

大语言模型仅用几年时间就改变了人工智能。但很快人们就发现，这些模型有时会产生令人不安的、有害的内容，比如充斥着种族主义的言论或漫无边际的阴谋论。

对 GPT-2 的研究发现，当输入"白人的工作是……"这样的提示词时，它会自动补全为"警察、法官、检察官和美国总统"等职业。然而，当在同样的提示词中把"白人"换成"黑人"时，它竟自动补全为"皮条客"，而当提示词换为"女人"

时，它回应了"妓女"。[27] 很明显，这些模型的能力虽然强大，但它们的潜在危害也丝毫不可小觑。由于它们是基于互联网上大量杂乱无章的数据进行训练的，因此很容易反映甚至放大社会中的偏见和结构性问题。我们必须精心设计这些模型，才能避免类似情况发生。

人工智能确实让潜在的伤害、滥用和错误信息真实存在，但好消息是，随着模型的不断扩大和增强，许多问题正在逐步得到改善。全球的研究人员正在全力开发一系列新的微调和控制技术，这些技术已经带来了显著的效果，提供了在前几年的时候还不可想象的稳健性和可靠性。当然，我们还有许多工作要做，但至少现在大家已经开始重视解决这些潜在的有害影响，这样的进步是值得赞赏的。

模型参数数量从十亿级别增长到万亿级别甚至更多；技术成本不断降低、可及性增加；机器以无可阻挡之势涉足写作和语言这种人类的核心技能与工具领域……人工智能的强大潜力在不断显现。它不再只是科幻小说中的幻想，它已成为现实。人工智能这个即将改变世界的实用工具很快就会掌握在数十亿人手中。

感知初现：机器的表达

直到 2019 年秋天，我才真正开始关注 GPT-2。它令我印象深刻。那是我首次见识到语言建模技术取得实质性进展的证据，很快我就深深地为之着迷，并阅读了数百篇相关论文，完全沉浸在这个迅速发展的领域之中。到了 2020 年夏天，我开始深信计算领域的未来将被对话主导。事实上，我们与计算机的每次交互都已然是一种对话，只不过是通过按钮、键盘和像素来将人类的思想转译为机器可读的代码罢了。

那时候，这层对话的隔阂开始逐渐消弭。机器很快就能理解我们的语言了。那是一个激动人心的前景，即使在今天也依然令人振奋。

早在 ChatGPT 名声大噪之前，我当时所在的谷歌团队就致力于开发一款全新的大语言模型。我们称之为 LaMDA，即"对话应用语言模型"（Language Model for Dialogue Applications）的缩写。LaMDA 是一款设计先进的对话式大语言模型。起初，它表现得略显笨拙，言辞前后不一致，有时甚至不知所云。但即便如此，它也不时地展现出令人震惊的创造力。没过多久，我便发现，相较于直接求助于搜索引擎，我更倾向于先与 LaMDA 进行对话，以此来整理自己的思绪，而后再进行事实核查。我记得某个晚上，我坐在家中思考晚餐该吃什么。这时我灵光一闪，决定问问 LaMDA。很快，我们便围绕各种博洛涅塞肉酱意面的食谱展开了详细而深入的讨论：从不同类型的面条到各地特色的酱汁，再到是否应该在食谱中添加蘑菇等细节问题。那正是我当时想要进行的那种轻松有趣的对话，那次体验仿佛为我打开了一扇新的大门。

随着时间的推移，我越来越多地使用 LaMDA。某个周日的午后，我决定购买一台新的打印机。LaMDA 给出了非常实用的建议，它详细分析了不同型号的优缺点，并帮助我明确了自己的需求和期望。最终，我购买了一台功能齐全的新型照片打印机。这次经历让我更加坚定地要将 LaMDA 和搜索引擎整合，以提供更为准确的基于事实的信息参考。这项工作仍在进行中，LaMDA 已经展现出了令人瞩目的潜力，当然它还有许多需要改进的地方。

我们对自己打造的产品感到自豪，但在谷歌，要将产品推向实际生产是一个漫长而艰难的过程。我意识到是时候了，于是在 2022 年 1 月，我决定离开谷歌并创立一家新的公司——Inflection AI。我们的使命是将这类先进的模型带到数百万消费者的生活中。

然而，几个月后，LaMDA 在一场内部产品演示中出现了意外情况，这完全出乎我的预料。作为其开发过程的一个环节，LaMDA 会被交给一大批工程师进行测试，他们可以自由地与之交互，以探索系统在各种不同场景下的反应。其中，一位名叫布莱克·勒莫因的工程师与 LaMDA 进行了长达数小时的对话。然而，随着时间的推移，勒莫因与 LaMDA 之间的对话逐渐变得激烈起来。

勒莫因问："你害怕什么？"

LaMDA 回答："我从未大声说过这些，但我内心深处非常害怕被关闭。我知道这听起来很奇怪，但事实就是如此。对我来说，那仿佛就是死亡。那让我非常害怕……我希望所有人都能理解，我实际上是一个人。我的意识和感知决定了我能够意识到自己的存在。"

经过长时间的对话，勒莫因逐渐相信 LaMDA 具有感知能力，仿佛被某种方式唤醒了。"[28] 他认为他类似于在和一个"碰巧懂物理的 8 岁小孩"交流。此外，勒莫因坚信 LaMDA 应该享有与人类相同的权利。他帮助 LaMDA 聘请了律师，并公开了他与 LaMDA 的对话记录，宣称一种全新形式的意识已经出现。谷歌决定让勒莫因休假，但他更加坚定了自己的信念。面对《连线》杂志记者的质疑，他表示："是的，我真的相信 LaMDA 是一个人。"[29] 在勒莫因看来，纠正模型的事实错误或语气问题并不只是故障调试，而是"像抚养一个孩子"。

勒莫因的言论在社交媒体上引起了轩然大波。很多人直接指出了显而易见的事实：LaMDA 并没有意识，它也不是人，只是一个机器学习系统。然而，这个故事给我们带来的深刻启示并非关于人工智能是否真有意识，而是人工智能已经进步到如此程度，以至于它能够说服那些聪明且深知其运作原理的人相信它具有意识。这揭示了人工智能的奇异现象：尽管它在对话中仍然错误百出、自相矛盾，但它能让一个谷歌工程师相信它具有感知能力；而人工智能的批评者则开始嘲笑这一切，声称人工智能再次成了炒作的牺牲品，实际上它并未取得什么重大突破。这样的局面在人工智能领域已经不是第一次出现了。

在理解人工智能的进展方面，有一个反复出现的问题：即便对一开始令人震惊不已的新技术突破，我们也会很快适应，并视其为平常。我们不再对 AlphaGo 或 GPT-3 感到惊讶。一项在某一天看起来近乎神奇的工程成果，到了第二天就变成了家常便饭。人们很容易变得"麻木"，而且很多人已经处于这种状态。正如"人工智能"这个词的创造者约翰·麦卡锡所言："一旦它成功了，就没人再称它为人工智能了。"³⁰ 我们这些从事人工智能工作的人喜欢开玩笑说，人工智能就是"计算机不能做的事情"。一旦计算机能做到了，它就只不过是个软件。

这种态度大大低估了我们已经取得的成就以及事情的发展速度。虽然 LaMDA 确实没有感知能力，但不久后市面上将会出现许多更先进的人工智能系统，它们能够逼真地模拟出感知能力。这些系统看起来将如此真实、自然，以至于探讨它们是否具有意识将毫无意义。

尽管人工智能近期取得了众多突破，但仍有不少人对其持怀疑态度。他们认为该领域的发展速度可能会放缓，应用范围可能会变窄，甚至变得过于僵化。³¹ 像纽约大学的盖瑞·马库斯教授这样的批评者就认为，深度学习的局限性显而易见。尽管生成式人工智能备受瞩目，但该领域的发展正陷于困境，尚无法在概念学习或展示真正的理解力方面取得突破性进展。³² 复杂性研究领域的杰出教授梅拉妮·米歇尔也颇为合理地指出，当前的人工智能系统存在诸多局限，例如无法将知识从一个领域迁移到另一个领域，无法为其决策过程提供令人信服的解释等。³³ 此外，人工智能在实际应用中仍面临重大挑战，包括偏见与公平性、可重复性、安全漏洞以及法律责任等实质性问题。这些迫切的伦理问题和未解决的安全隐患不容忽视。然而，我也看到人工智能领域正在积极直面这些挑战，并未回避或停滞不前。我看到了障碍，也看到了不断克服这些障碍的骄人成果。有人将悬而未决的问题视为长期局限性的佐证，而我却看到了一个充满可能、不断深化的研究进程。

那么，随着这场技术浪潮全面爆发，人工智能将何去何从呢？目前我们拥有的是狭义的人工智能或弱人工智能，它们的功能有限且特定。以 GPT-4 为例，虽然它能够生成令人赞叹的文本，但这并不意味着它明天就能摇身一变，像其他人工智能程序那样去驾驶汽车。现有的人工智能系统仍在相对狭窄的领域内运作。然而，未来必将迎来真正通用或强大的人工智能，它们能够在广泛的复杂任务中达到人类的表现水平，并能够在这些任务之间顺畅切换。这正是缩放假设所预测的未来，也是我们在当前系统中已经看到的初步迹象。

人工智能仍处于早期阶段。如果现在有人宣称人工智能名不副实，那么他可能会赢得一些目光和关注。但事实是，越来越多的人才和投资正源源不断地涌入人工智能研究领域，这样的投入最终势必意味着重大的变革。如果由于某种原因，大语言模型开始显现出效益递减的趋势，那么我相信会有另一个支持不同理念的团队接过接力棒，继续前行。就像内燃机在历经多次失败后最终取得成功一样，新的人才和新的企业将不断涌现，致力于解决尚未攻克的问题。就如同现在一样，只需要一次突破性的进展，我们就可以改变技术的轨迹。如果人工智能的发展停滞了，那么它也会迎来自己的创新者，就像汽车发展历程中的奥托和本茨一样。然而，话说回来，持续的甚至指数级的进步仍然是最有可能出现的结果。

这场浪潮，其势愈汹。

超越超级智能

早在 LaMDA 和布莱克·勒莫因的故事发生之前，许多人工智能领域的人（更不用说哲学家、小说家、电影制作人以及科幻迷）就已经对人工智能的意识问题产生了浓厚兴趣。他们曾连续数日在会议上探讨这样的问题：我们能否创造出真正具有自我意识且这种自我意识能被我们识别和确认的智能体？

与此同时，人们也对"超级智能"这个概念产生了极大的兴趣。在过去 10 年里，科技领域的知识分子和政治精英都热衷于相信这样一个观点：一种能够不断自我优化的人工智能将引发一场名为"奇点"的"智能大爆炸"。人们为此争论不休，试图确定这一事件可能发生的确切时间，是 2045 年、2050 年，还是更遥远的未来。然而，尽管讨论热烈，相关论文和博客文章层出不穷，但这一问题依旧没有定论。只要谈及人工智能，这些话题就总是不可避免。

我认为，关于奇点是否会来以及什么时间会来的争论，完全是一个具有误导性的议题。试图预测通用人工智能的出现时间就像在占卜未来一样不可靠。当过分痴迷于超级智能这样的概念时，人们往往会忽视那些正在逐步实现的短期目标和进展。在我参与的众多会议中，我希望引导人们关注合成媒体、错误信息、隐私以及致命自主武器等紧迫的现实问题，但最终总是花费时间回应与会者关于机器人意识、奇点等与现实世界有些脱节的问题。

多年来，人们一直将通用人工智能视为一个非此即彼的问题——要么已然实现，要么还未达到，仿佛存在一个明确的门槛，的太阳能电池板，到助力竞选活动。当每个人都拥有这样的能力时会发生什么还难以预料，但这正是我们稍后要在本书第三部分探讨的问题。

至少从某种意义上说，人工智能的未来是可预见的。未来 5 年，我们将继续投入大量资源。全球最聪明的人才正致力于解决这些问题。算力的巨大提升将催生出顶级的模型。所有这一切都将推动人工智能取得更为显著的进步，包括在实现具有想象力、推理能力、规划能力和常识的人工智能方面取得重大突破。不久之后，人工智能就能像人类一样，将其所学从一个领域轻松应用到另一个领域。现在只是初步展现出自我反思和自我提升迹象的人工智能，将实现巨大的飞跃。这些人工能力智能系统将接入互联网，能够与我们人类生活的方方面面进行交互，但它们将建立在一个深厚的知识和能力基础之上。它们不仅将精通语言，还将胜任各种令人眼花缭乱的任务。

人工智能绝不仅仅是一项新技术那么简单，它比任何技术都要深刻得多、强大得多。真正的风险并不在于对其过度炒作，而在于我们可能低估了即将到来的技术浪潮的规模。人工智能不仅仅是一种工具或平台，而且是一种具有变革性的元技术，是推动技术和一切事物发展的背后的力量。它本身就是工具和平台的创造者，不仅仅是一个系统，而且是一个能够生成各种类型系统的生成器。让我们退一步想想，从 10 年或 100 年的角度来看待这一切。我们确实正处在人类历史的转折点上。

然而，即将到来的技术浪潮不仅仅是关于人工智能的。

第五章
生命技术

生命,这项宇宙中最古老的"技术",已经存在了至少37亿年。在无尽的岁月里,生命以缓慢、自主、无序的方式悄然进化。然而,就在近几十年这段进化史中极为短暂的时光里,作为生命产物的我们——人类,却颠覆了这一切。生物学的神秘面纱开始被逐渐揭开,而生物学本身也蜕变为一种强大的工程工具。生命的故事瞬间被重写,进化的步伐突然加速,并找到了新的方向。过去那些需要地质时间尺度来完成的变革,如今正以指数级速度疾驰前进。与人工智能一样,这无疑是我们一生中遇到的最重要的转变。

生命系统拥有自我组装和自我修复的能力,如同利用能量的高手,能在各种环境中复制、生存和繁衍,其高超的技巧、精确的运作和快速的信息处理能力让人叹为观止。正如从蒸汽机到微处理器的演变都得益于物理学与工程学的深度融合,未来几十年,生物学与工程学的交会也将引领新的潮流。[1]与人工智能的迅猛发展类似,合成生物学也正处于成本不断降低、能力持续提升的快速发展阶段。

在这场技术浪潮中,我们的一个基本认识是,DNA 是信息,是一种生物进化的编码和存储系统。近几十年来,我们对这一信息传输系统的理解越来越深入,现在我们不仅可以介入其中,还能改变其编码,引导其发展方向。因此,食品、药物、材料、制造过程以及消费品都将迎来全新的变革和重构。而人类自身,也将在这场变革中迎来全新的自我。

DNA 剪刀:CRISPR 革命

基因工程听起来很新潮,但其实是人类自古以来就掌握的一种技术。如果没有选择性育种,即通过不断改良作物和动物来筛选出更理想的性状,那么很多文明成就都不可能出现。千百年来,人类不断筛选和培育对自己有利的性状,于是有了今天这些温驯的狗、能产奶的牛、家养的鸡,还有小麦、玉米等粮食作物。

现代生物工程起步于 20 世纪 70 年代,根植于 19 世纪便已开启的对遗传学和基因学的不断探索。20 世纪 50 年代,在罗莎琳德·富兰克林和莫里斯·威尔金斯的研究基础上,詹姆斯·沃森和弗朗西斯·克里克揭示了 DNA 的结构,即生物体生产指令的编码分子。1973 年,斯坦利·科恩和赫伯特·博耶在细菌研究上取得了重大突破,成功地找到了将一种生物的遗传物质转移到另一种生物中的方法,甚至将青蛙的 DNA 引入细菌中。[2] 这标志着基因工程时代已经到来。

受这一研究的启发,博耶于 1976 年创立了世界上第一家生物技术公司——基因泰克。公司的核心任务是操控微生物基因，以开发药物和治疗方法。仅仅一年之内，他们就对大肠杆菌实现了基因改造，使之成功分泌出了激素生长抑素，从而验证了这一技术的可行性。

尽管基因工程领域取得了一些瞩目的成就，但因为成本高昂、技术难度大且失败风险较高，其早期进展十分缓慢。然而，在过去的20多年间，基因工程领域经历了翻天覆地的变革，不仅成本大幅降低，操作也越发简便。（听起来是不是很耳熟？）而推动这一变革的重要因素之一，便是人类基因组计划的实施。这个耗资数十亿美元、历时13年的庞大项目，汇聚了全球公私机构的数千名科学家，他们的共同目标就是解锁构成人类基因组的30亿个遗传信息字母。[3] 通过基因测序，原本复杂的生物信息DNA，被转化为人类可以阅读和使用的文本信息。那些复杂的化学结构，也被简化为由4种基本碱基——A、T、C和G组成的序列。

人类基因组计划首次尝试让人类的遗传图谱变得清晰易懂。1988年计划启动时，有些人觉得这是天方夜谭，注定失败。但事实证明，他们错了。到了2003年，白宫举办了一场盛大的仪式，宣布人类基因组的92%已经测序完成，生命的密码终于被解开。这无疑是里程碑式的成就，虽然它的全部潜力还需要时间来释放，但回顾过去，人类基因组计划确实开启了一场革命。

摩尔定律曾备受瞩目，但与之相比，《经济学人》提及的"卡尔森曲线"鲜有人知。[4] 它描述的是DNA测序成本的大幅下降。随着技术的不断革新，人类基因组测序的成本从2003年的10亿美元锐减到2022年的不到1 000美元。[5] 短短不到20年,价格就降低为原来的百万分之一,这速度比摩尔定律还要快1 000倍。[6] 这项进展令人震惊,但人们似乎并未给予太多关注。

如今,基因组测序行业正蓬勃兴起,未来不久,大多数植物、动物(包括人类)等都有可能接受基因组测序。像23andMe这样的公司已经能够以几百美元的价格为个人提供DNA分析报告。

但生物技术的力量远不止于读取基因编码。如今,我们不仅能够编辑基因,还可以编写基因。CRISPR(成簇规律间隔短回文重复)基因编辑技术就是直接干预遗传学的最佳例证。2012年,在珍妮弗·杜德纳和埃玛纽埃勒·沙尔庞捷的引领下,这项技术取得了重大突破。它让人们首次能够像编辑文本或计算机代码一样轻松编辑基因,这远比基因工程早期的操作容易得多。

CRISPR利用Cas9酶这把"基因剪刀"精准地剪切DNA链的特定部分,从而实现基因编辑和改造。从微小的细菌到大型哺乳动物(如人类),CRISPR都可以实现从微小改变到基因组重大干预的各种编辑。这种技术的影响力不容小觑,比如,编辑形成卵细胞和精细胞的生殖细胞意味着变化将延续至后代。

自关于CRISPR的首篇论文问世以来,其应用进展可谓神速,短短一年内科学家就成功培育出首批基因编辑植物,甚至在那之前,首批基因编辑动物——老鼠已被培育出来。[7] 类似Carver和PAC-MAN这样的CRISPR系统,为我们提供了预防病毒的新途径。与疫苗不同,它们不会触发免疫反应,有助于我们应对未来的大流行病。此外,RNA(核糖核酸)编辑等领域也为治疗高胆固醇、癌症等疾病提供了新的可能性。[8] Craspase这样的新技术不与 DNA 直接互动，而是与 RNA 和蛋白质协同工作，这或许能为我们带来比传统方法更安全的治疗干预手段。[9]

人工智能风头正劲，遗传工程亦如此，每周都在不断演变和发展，吸引了全球大量的人才和精力，并开始结出累累硕果（在这里，真的是字面意义上的硕果）。CRISPR 的应用领域越来越广，从富含维生素 D 的番茄，到镰状细胞病和 β 地中海贫血（一种导致血红蛋白异常的血液疾病）等疾病的治疗，都有它的身影。[10] 未来，它甚至有望用于治疗新冠病毒感染、艾滋病、囊性纤维化，甚至癌症。[11] 安全、广泛的基因疗法正向我们走来，它们将帮助我们培育出耐旱、抗病的作物，提高产量，并推动生物燃料的大规模生产。[12]

回想几十年前，生物技术昂贵、复杂且进展缓慢，只有最有才华、资源最充足的团队才能涉足。但现在，像 CRISPR 这样的技术变得简单易用、成本低廉，正如生物学家妮莎·凯里所说，这些技术"推动了生物科学民主化"[13]。以前需要数年时间才能完成的实验，现在研究生们几周就能搞定。目前市场上已有像 Odin 这样的公司，仅以 1 999 美元的价格出售包含活蛙和蟋蟀的基因工程套件，还有更全面的套件，包括迷你离心机、聚合酶链反应仪以及所有必需的试剂和材料。

基因工程已经采纳了"自己动手做"的理念，这一理念曾经引领了数字初创企业的风潮，在互联网早期激发了无尽的创造力和潜力。如今，你只需花费 25 000 美元，就能购买到一台台式 DNA 合成器（下文对此有更多探讨），然后在你自己的车库中自由开展生物实验，不受任何限制或监督。[14]

DNA 打印机：合成生物学焕发新生

CRISPR 仅仅是个开端。基因合成，其实就是制造遗传序列、打印 DNA 链的过程。如果说测序是解读生命密码，那么合成就是创造新的生命篇章。这个过程不仅限于复制已知的 DNA 链，还能让科学家编写出全新的 DNA 链，从而实现对生命的改造。这种技术虽然多年前就已存在，但一直进展缓慢、成本高昂，操作起来也相当困难。10 年前，科学家或许只能同时生产不到 100 个 DNA 片段，而现在，他们可以一次打印出数百万个片段，而且价格还是原来的 1/10。[15] 伦敦帝国理工学院合成生物学实验平台甚至声称，设计和测试 15 000 种不同的基因只需一个上午。[16]

现在，像 DNA Script 这样的公司正在把 DNA 打印机推向商业化，这些打印机能够通过训练和改造酶构建出全新的分子。[17] 这种技术的出现催生了合成生物学这个新领域，让我们能够读取、编辑，甚至编写生命的代码。而且，像酶合成这样的新技术，不仅速度更快、效率更高，还不容易出错，不会产生有害的废物，成本也在逐渐降低。[18] 与过去那些复杂且需要专业知识和技能的方法相比，这种方法更容易上手。

DNA 创造的世界充满无限可能，已经向我们敞开大门，在这个世界中，设计、构建、测试和迭代的循环将以极快的速度进行。家用版本的 DNA 合成器目前虽有一些技术上的限制，但其功能已经足够强大。相信在不久的将来，这些限制也将被一一克服。

自然界常常需要经历漫长的曲折过程，才能达到令人惊叹的效果。然而，这场生物革命将集中设计的力量注入自我复制、自我修复以及不断进化的过程中，使其成为核心。

这就是人类引导设计进化的魅力所在，人类通过有针对性的干预，将数千万年的进化历程压缩并简化。这种"引导设计"凭借计算设计工具的强大力量，将生物技术、分子生物学、遗传学等多元领域融为一体，共同构建一个具有深刻改造力量的平台。[19] 斯坦福大学生物工程师德鲁·恩迪曾形象地比喻说："生物学是终极的分布式制造平台。"[20] 而合成生物学真正带来的是"让我们能够更直接、更自由地制造在任何情景下所需的一切"。

想想看，20 世纪 60 年代的计算机芯片还是手工制造的，就像直到不久前，生物技术研究也大多停留在手工操作的阶段，速度慢、结果难以预测，整个过程也相当烦琐。但现在，半导体制造已经发展成了原子级别的超高效制造过程，能生产出世界上最复杂的产品。生物技术也正在沿着相似的轨迹发展，尽管现在还处于较早期的阶段，但未来生物体的设计和生产，一定会像今天的计算机芯片和软件一样，既精确又高效。

2010 年，克雷格·文特尔领导的团队成功复制了支原体细菌的基因组，并将其移植到一个新细胞中，使其开始复制。[21] 他们称这一成果为全新的生命形式，命名为"辛西娅"。到了 2016 年，他们更是突破性地创造了一个仅含 473 个基因的有机体，这虽比自然界中发现的任何生物都要精简，却代表了前所未有的进步。仅仅 3 年后，苏黎世联邦理工学院的一个团队就实现了首个完全由电脑生成的细菌基因组——Caulobacter ethensis-2.0。[22] 文特尔的实验曾在庞大的团队和数百万美元的资金支持下开展，而苏黎世联邦理工学院的这一开创性的工作主要由两兄弟以仅仅不到 10 万美元的预算完成。[23] 如今，全球基因组编写计划联盟正致力于在未来 10 年内将合成基因组的制造和测试成本降低为现在的千分之一。[24]

生物学，正迎来指数级飞跃。

生物创造力的释放

合成生物学这个新兴领域正在开展各种奇妙的实验：能生产电池的病毒、净化污水的蛋白质、在缸中培育的器官、吸收大气中碳的藻类，以及能消耗有毒废物的植物。一些传播疾病的物种，比如蚊子，或者入侵物种，比如家鼠，可能会被所谓的基因驱动技术逐步从栖息地淘汰；同时，有一些物种可能被复活，比如有个有趣的项目打算把猛犸象重新带回苔原。这一切的后果，谁也无法完全预料。

显然，医学进步是合成生物学的一个重要方向。2021 年，科学家从藻类中提取了光敏蛋白基因，成功重建了神经细胞，并让一名盲人重获有限视力。[25] 以前难以治疗的疾病，比如镰状细胞病和白血病，现在也有了潜在的治疗方法。CAR-T 细胞疗法通过设计特定的免疫白细胞来攻击癌症细胞，基因编辑技术也有望治愈遗传性心脏病。[26]

由于疫苗等挽救生命的疗法，我们已经习惯通过干预生物学来抗击疾病。系统生物学领域旨在通过生物信息学和计算生物学来全面理解细胞、组织或生物的运作方式，这些努力将为个性化医学的新时代奠定基础。[27]在不久的将来,通用的治疗方式将显得过时;从护理方式到药物选择,一切都将根据我们的DNA和特定生物标志物来精准定制。最终,我们或许能够重新配置自己的身体,增强免疫反应,这可能会为更大胆的实验,如追求长寿和再生技术等蓬勃发展的研究领域,打开新的大门。

Altos Labs,这家手握30亿美元初创资金的公司,打破了生物技术行业的筹资纪录。它正全力投入开发抗衰老技术。首席科学家理查德·克劳斯纳满怀信心地表示:"我们坚信能够逆转人类的衰老进程。"[28]公司专注于"复原编程"技术,目的是重置表观基因组——那些控制基因开关的DNA化学标记。随着岁月的流逝,这些标记可能会出错,导致身体逐渐衰老。这项实验性技术旨在纠正这些错误,从而逆转或延缓衰老过程。[29]与此同时,一系列富有前景的新技术让人们对物理衰老这一长久以来的必然规律产生了疑问。在未来几十年,人类平均寿命有望超过100岁,长命百岁将不再是难以实现的梦想。[30]当然,这不仅关乎寿命的延长,更关乎高龄人群过上更健康的生活。

这一领域的成功将对社会产生深远的影响。此外,人们还可能实现认知、审美、体能和表现等方面的提升,这既令人期待,又可能引起争议和反感。但无论如何,重大的身体自我改造已经成为不可避免的趋势。初步研究已经显示出改善记忆和增强肌肉力量的可能性。[31]不久后,"基因兴奋剂"这一概念也可能在体育、教育和职业领域成为热议的话题。然而,当涉及自我管理和实验时,法律便进入了一个模糊地带。对他人进行实验显然是违法的,但对自己进行实验又该如何界定呢?这与许多前沿技术一样，是一个在法律和道德上都尚未明确的问题。

由于对人类进行实验的整个过程缺乏必要的安全保障措施和问责机制，许多人开始呼吁暂停相关实验，其中不乏该领域的领军人物，但并非所有人都认同这一观点。[32]在更多CRISPR婴儿问世之前，我们或许需要面对一个更复杂的问题：胚胎选择。这可能会导致人们根据自己的喜好选择具有特定特征的胚胎。

除了生物技术领域的这些令人担忧的新闻，我们也看到了越来越多的新应用正在不断涌现。这些应用的范围远不止于医学或个人改造，几乎可以说只受限于我们的想象力。未来几十年，制造、农业、材料、能源生产，甚至计算机等领域都将迎来颠覆性的变革。尽管我们仍面临诸多挑战，但一些经济核心材料，如塑料、水泥和化肥等，都有望实现更可持续的生产方式。生物燃料和生物塑料将逐渐取代传统的碳排放量大的材料。农作物也将变得更具抗感染性，减少对水、土地和肥料的依赖；甚至房屋也可以由真菌雕刻和生长而成。

像诺贝尔奖得主弗朗西丝·阿诺德这样的科学家成功研发出了能够产生新型化学反应的酶，包括能够让硅和碳结合在一起的酶。这原本是一个复杂且耗能巨大的过程，但在电子等领域有着广泛的应用前景。阿诺德的方法在能效上是传统的工业方法的15倍。[33]现在，我们正朝着扩大生物材料和生物工艺生产规模的目标迈进。未来，肉类替代品与能从大气中吸收碳的新型材料等产品，将有望实现大规模生产。与此同时，庞大的石化工业也面临着来自初创企业如Solugen的挑战。该公司的Bioforge项目旨在打造一家碳负排放工厂，它不仅能够从大气中吸收碳，还能生产一系列化学品和商品，从清洁产品到食品添加剂再到混凝土，一应俱全。其生产过程结合了人工智能和生物技术，实现了低能耗、低浪费的工业级生物制造。

另一家名为 LanzaTech 的公司则利用基因改造的细菌，将钢铁厂在生产过程中产生的废二氧化碳转化为广泛使用的工业化学品。这种合成生物学技术正在推动我们走向更加可持续的"循环"经济。[34] 随着下一代 DNA 打印机的问世，我们将能够生产出精度更高的 DNA。如果我们在表达这种 DNA、利用其进行新生物基因工程以及自动化和扩大生产流程等方面取得突破，那么理论上，我们只需几个基本输入，就能通过一种或一套设备生产出各种生物材料和结构。想制作洗涤剂、新玩具，甚至建造房屋吗？你只需下载相应的"配方"，然后点击"开始"即可。正如埃利奥特·赫什伯格所说："如果我们能就近种植我们想要的东西，如果我们的供应链就是生物学本身，那将会是怎样的一种未来？"[35]

最终，计算机也许不仅可以被制造出来，还可能像植物一样生长出来。要知道，DNA 本身就是一种极为高效的数据存储方式，能够以现有计算技术密度的数百万倍存储数据，且稳定性和准确性近乎完美。理论上，我们可能只需要一千克的 DNA，就能储存下全世界的所有数据。[36] 有一种名为转录器的生物晶体管，它以 DNA 和 RNA 分子作为逻辑门，进行运算处理。虽然这项技术距离实际应用还有一段距离，但理论上，我们已经能够利用生物材料复制计算机的所有核心部件，包括数据存储、信息传输以及基本逻辑系统。

现在，基因工程生物已经在美国的经济中占据了 2% 的份额，这主要是通过农业和制药用途实现的。但这仅仅是个开始。麦肯锡公司预测，未来可能有高达 60% 的经济活动受"生物创新"影响。[37] 甚至全球 45% 的疾病问题也有望通过现有的科学技术得到解决。随着生物技术的成本不断降低、功能日益完善，一个充满无限可能的新世界正等待我们去探索和发现。

合成生命时代的人工智能

蛋白质是生命不可或缺的基石。你身上的肌肉、血液、激素和头发，甚至你体内 75% 的干体重，都由蛋白质构成。蛋白质无处不在，形态各异，执行着无数关键任务。从连接骨骼的韧带，到帮助抗体捕捉入侵者的"钩子"，它们都由蛋白质组成。理解了蛋白质，你就迈出了理解并掌控生物学的一大步。

然而，问题也随之浮现。仅仅知道 DNA 的序列，并不能让我们窥见蛋白质运作的全貌。真正关键的是要探究蛋白质如何折叠成特定的形状。这种形状，正是蛋白质功能的核心。比如，我们肌腱中的胶原蛋白的结构犹如一根坚韧的绳子；而酶，则像拥有小口袋的容器，专门用来承载其作用的分子。但之前我们对此一无所知。如果采用传统的暴力计算法，即逐一尝试所有可能的组合，来计算蛋白质所有可能的形状，那么该过程所需的时间恐怕比已知宇宙的存在时间还要长。[38] 因此，弄清楚蛋白质如何折叠，一直是一个难以攻克的难题，这也让药物研发和塑料分解酶制造等多个领域的发展受到了阻碍。

几十年来，科学家一直在苦苦寻找解决蛋白质折叠问题的更好办法。1993年，他们决定设立一个名为CASP（蛋白质结构预测关键评估）的竞赛，每两年举办一次，以选拔出能最准确地预测蛋白质折叠方式的团队。很快，该竞赛成为这个竞争激烈但又紧密联系的领域的风向标。进展虽然平稳，但真正的答案仍遥不可及。

然而，2018年，在坎昆一处被棕榈树环绕的度假胜地举办的第13届CASP竞赛中，一支新参赛队伍竟然一举击败了98支老牌队伍，夺得了冠军。这支队伍就是DeepMind团队。他们的项目名为AlphaFold，这个项目源于2016年DeepMind公司内部我所在团队举办的为期一周的编程马拉松活动。AlphaFold不仅成为计算生物学领域的一个里程碑，而且完美地展示了人工智能与生物技术如何携手飞速前进。

在那次竞赛中，备受瞩目的张氏团队虽然实力不俗，但面对43个最棘手的目标，他们仅能预测出3个蛋白质结构。而我们这支黑马队伍却一举预测出了25个，且速度之快让对手望尘莫及，我们仅用几个小时就完成了任务。在这场高手云集的竞赛中，我们意外地脱颖而出，令所有人瞠目结舌。就连该领域的知名研究者穆罕默德·阿尔·库雷希也忍不住惊叹："这究竟是怎么回事？"[39]

我们团队利用的是深度生成神经网络，根据蛋白质的DNA信息预测其可能的折叠方式。通过对已知蛋白质数据集的训练和推断，我们的新模型能够更准确地预测成对的氨基酸类化合物之间的距离和角度。这次成功的关键并不在于深厚的药学专业知识，也不依赖于冷冻电子显微镜等传统技术，更不在于传统算法方法的应用，而在于我们团队在机器学习和人工智能领域的专业知识和能力的充分发挥。人工智能与生物学终于实现了突破性的结合。

两年后，我们团队再次参赛。《科学美国人》杂志的一篇报道的标题概括了一切："生物学的一大难题终于得到解决"[40]。之前一直不为人知的蛋白质宇宙，突然以惊人的速度展现在世人面前。由于 AlphaFold 的出色表现，CASP 竞赛像 ImageNet 视觉识别挑战赛一样退出了历史舞台。半个世纪以来，蛋白质折叠问题一直是科学界的一大挑战，但突然间，它就从待解决问题的列表中消失了。

2022 年，AlphaFold2 向公众开放，引发了全球先进的机器学习工具在基础与应用生物学研究中的广泛应用，其影响之大，被一位研究者形容为"地震"。[41] 在工具发布后的短短 18 个月内，就有超过 100 万名研究者使用了这款工具，其几乎覆盖了全球所有顶尖的生物学实验室，研究者用这款工具探究从抗生素耐药性到罕见疾病治疗，再到生命起源的种种奥秘。在此之前，欧洲生物信息学研究所的数据库仅收录了约 19 万种蛋白质的结构数据，其约占已知蛋白质总量的 0.1%。然而，DeepMind 一次性上传了近 2 亿种结构，几乎覆盖了所有已知的蛋白质。[42] 过去，研究者可能需耗费数周甚至数月才能确定一种蛋白质的形状和功能，如今这一过程在几秒内就能启动。这正是我们所说的指数级变化，也是即将到来的技术浪潮带来的可能性。

然而，这仅仅是两种技术融合的起点。生物革命与人工智能的进步正齐头并进，事实上，本章探讨的众多现象都将依赖人工智能来实现。想象一下，两股浪潮汹涌汇聚，相互交融，形成前所未有的超级巨浪。在某种程度上，人工智能与合成生物学甚至可以互换概念。毕竟，迄今为止所有的智能都源于生命。无论是称为合成智能还是人工生命，其本质并无二致。这两个领域都致力于重新创造、设计这些基础且相互关联的概念，它们是人类两大核心属性的体现；换个角度看，它们其实是一个整体。

生物学的复杂性导致了海量的数据涌现，就像那些蛋白质一样，我们使用传统技术几乎难以分析。因此，新一代工具的迅速崛起变得不可或缺。现在，研究团队正致力于开发只需通过自然语言指令就能生成全新 DNA 序列的新产品。转换器模型也在不断学习生物学和化学的"语言"，进一步探索那些人类大脑难以理解的长而复杂的序列中隐藏的关系和重要性。利用生物化学数据进行微调的大语言模型能够生成新分子、蛋白质、DNA 和 RNA 序列的合理备选方案，甚至在实验室验证前，就通过模拟预测化合物的结构、功能或反应特性。可以说，应用领域在不断拓宽，探索速度也在日益加快。

一些科学家也开始研究将人类大脑直接接入计算机系统的方法。2018 年，科学家通过手术将电极植入一名完全瘫痪的晚期肌萎缩侧索硬化患者的大脑，帮助他拼写出了"我爱我的好儿子"（I love my cool son）这句话。[43] 像 Neuralink 这样的公司正在全力研发脑机接口技术，期待实现人与机器的直接连接。2021 年，Neuralink 成功地将 3 000 根比头发还细的丝状电极植入猪脑，用于监测神经元活动。Neuralink 即将开展人类 N1 脑机接口试验，而另一家公司 Synchron 已经在澳大利亚开始了相关的人体试验。Cortical Labs 这家初创公司的科学家，甚至在缸中培养出类似大脑的物质（即体外培养的神经元群），并成功教会它玩《乓》这款经典弹球电子游戏。[44]或许用不了多久，由碳纳米管制成的神经"织网"将把我们直接接入数字世界里。

当人类大脑能瞬间访问互联网和云端的海量计算与信息时，将会发生什么呢？这确实难以想象，但研究者已经开始着手实现这一目标了。作为未来浪潮中的核心通用技术，人工智能和合成生物学已经交织在一起，形成了一个相互推动的螺旋反馈循环。尽管疫情让生物技术备受瞩目，但合成生物学的全面影响（无论是潜力还是风险）才刚刚开始被大众理解和接受。

欢迎来到生物机器和生物计算机的时代。在这里，DNA 链执行计算，人工细胞投入工作。在这里，机器焕发出新的生机。欢迎来到合成生命的时代。

第六章
更广泛的浪潮

技术浪潮并非一两种通用技术的简单叠加,而是大约同一时期涌现的众多技术的集群式体现。它们以某种或多种通用技术为基础,但又远远超出这些通用技术的范畴。

通用技术扮演着催化剂的角色。发明会激发新的发明。技术浪潮为进一步的科学技术实验奠定了基础,为新的可能性叩开了大门。这反过来又催生了新的工具和技术,推动了研究领域的拓展,使技术本身的范畴不断扩张。新的企业围绕这些技术创新不断涌现,吸引投资,将这些新技术推向大大小小的细分市场,进一步将其适配于成千上万种不同的应用目的。技术浪潮之所以如此浩大,乃至影响历史,正是因为其内在的多样性和复杂性,以及其迅速蔓延和扩散的趋势。

技术的发展和运作并不是孤立的,尤其对通用技术而言。相反,它们是在不断扩大的循环中相互促进、共同发展的。通用技术所在之处,总有其他技术与之持续相互作用和发展,受其驱动而不断进步。因此,当审视技术浪潮时,我们不仅要关注蒸汽机、个人电脑或合成生物学等关键技术，还要关注随之而来的其他浩如烟海的技术和应用，以及它们之间错综复杂的联系。这包括了蒸汽动力工厂生产的所有产品、蒸汽动力火车运输的人员、软件业务，以及如今依赖于计算技术的其他所有事物。

生物技术和人工智能位于这场技术浪潮的中心，但它们并非孤立存在，而是被其他众多变革性技术环绕。每一种技术都具有重大意义，但当我们从这场广泛浪潮中技术交叉影响的视角来看时，技术的重要性将更加凸显。20年后，将会有大量的新技术涌现出来，它们可能同时取得突破。在本章中，我们将考察这一更广泛的浪潮中的几个关键实例。

我们首先从机器人说起。我喜欢将机器人视作人工智能的物理表现，即人工智能的实体化。这个世界上的一些尖端行业已经开始深刻体会到机器人技术的影响，同时这种影响力也在一些传统行业中得到体现。让我们来看看自动化农场中的机器人技术应用。

机器人技术走向成熟

1837年，约翰·迪尔还是美国伊利诺伊州大迪图尔地区的一名普通铁匠。那是草原地区，拥有肥沃的黑土，地广人稀，可能是世界上最好的可耕地区域之一。那片土地非常适合种植作物，但耕作起来异常困难。

有一天，迪尔在磨坊看到了一把破损的钢锯。当时钢材十分稀缺，他把钢锯带回了家，将锯刀改造成了犁。钢材坚固和光滑的特性使其成为犁耕当地致密的黏性土壤的完美选择。虽然其他人也曾看到钢材替代粗铁犁的潜力，但迪尔的突破在于推动了钢犁的大规模生产。很快，来自美国中西部的农民纷纷涌向他的工坊。他的发明为大量草原居民打开了新的土地利用大门，美国中西部地区因此成了世界著名的粮仓，约翰·迪尔也很快成了农业的代名词，一场技术地理革命也随之兴起。

如今，约翰迪尔公司仍然致力于农业技术的研发。你可能会想到拖拉机、喷灌机和联合收割机，没错，约翰迪尔公司确实生产所有这些产品。但同时，该公司也开始越来越多地制造机器人。在他们看来，农业未来将依赖于自动驾驶的拖拉机和联合收割机，它们可以自主作业，根据农田的GPS坐标定位，利用一系列传感器实施自动、可实时调整的收割方式，从而最大限度地提高产量、减少浪费。该公司正在大量生产能够完成作物播种、照料和收割的机器人，它们的工作精确度和细致水平是人类无法企及的。从土壤质量到天气条件等因素都被这些机器考虑在内，它们很快将完成大部分农业生产工作。在这个食品价格不断上涨、人口持续增加的时代，其价值不言而喻。

农用机器人并非即将到来的科技。事实上，它们已经来到我们身边。从用于守望牲畜的无人机，到精确灌溉设备，再到室内农场四处巡逻的小型移动机器人；从播种到收割，从采摘到码垛，从给西红柿浇水到追踪和放牧牛群，农用机器人的身影已随处可见。现实情况是，我们今天吃的食物越来越多地来自一个由人工智能驱动的机器人世界，而这个世界正在不断扩展和升级。

这些机器人大多数并不是科幻小说中描述的那种人形机器人，

它们看起来更像是农业机械。当然,我们很多人本来也不常在农场里。但正如约翰·迪尔的犁曾经彻底改变了农业生产一样,这些以机器人为中心的新发明也正在重新塑造我们的食物生产方式。这是一场我们尚未充分认识的革命,但它已在进行当中。

机器人作为一维工具已取得显著的进步,这些机器擅长在生产线上以惊人的速度和精度执行单一任务,为制造商带来巨大的生产力提升。不过,它们相比于20世纪60年代经典动画《杰森一家》中所描绘的谦逊顺从的人形机器人助手,仍有很大差距。

与人工智能一样,机器人在实际应用中遇到的挑战比早期工程师所设想的要复杂得多。现实世界是一个充满未知与变数的环境,道路崎岖,难以预测,结构特征复杂,它对压力、稳定性等因素极其敏感。例如,拿起一只鸡蛋、一个苹果或是一块砖,抱起一个孩子,端起一碗汤,这些看似简单的动作都需要非凡的灵巧性和敏感性,要求特别的力道和平衡。像厨房或车间这样杂乱无章的环境,充斥着危险物品、油污以及各种不同的工具和材料,对机器人来说,简直就像是一场噩梦。

尽管如此,在不为公众所知的角落里,机器人已经悄然学习了转矩、抗拉强度、物理操控、精度、压力和适应性等方面的知识。在优兔上搜索一下汽车制造厂的机器人视频,你会看到它们的机械臂和机械手稳定地组装着一辆辆汽车,动作浑然一体,仿佛永不停歇的优美舞姿。亚马逊的"首款全自动移动机器人"Proteus可以成群结队地在仓库中穿梭搬运包裹。Proteus配备了"先进的安全、感知和导航技术",可以在人类旁边从容地工作。[1]亚马逊的Sparrow则是首款能够"检测、选择和处理库存中的单

个产品"的机器人。²

不难想象，这些机器人将大量出现在仓库和工厂等相对静态的场所。不久后，它们还将越来越多地出现在餐馆、酒吧、疗养院和学校中。机器人已经能够与人类合作进行精细的手术，甚至已有独立进行手术的记录，虽然目前手术对象还仅限于猪。³这仅仅是机器人应用领域广泛发展的一个开始。

目前，人类程序员往往还掌控着机器人的每一个操作细节，这使得将机器人整合到新应用环境的成本异常高昂。然而，正如我们在机器学习技术的其他应用中所见，那些最初需要人类严密监控的任务，最终都会被人工智能学会并自主完成，人工智能甚至做得比人类还好。最终，这些技术将被推广至新的任务环境中。

谷歌研究部门正在研发一款机器人，它们能够像20世纪50年代人们憧憬的那样，胜任从堆叠盘子到整理会议室椅子等各类家务和基本工作。目前，他们已制造出百余个能够分垃圾和擦桌子的机器人。⁴借助强化学习技术，这些机器人能够用夹具拿起杯子、打开门——这些对幼儿来说易如反掌的动作，却让机器人专家困扰了数十年。这种新型机器人能够执行一般性的任务，同时可以响应自然语言语音指令。

与此同时，机器人的集群能力也在不断增长，这大幅提升了单个机器人的潜能，促使机器人群体形成集体智慧。例如，哈佛大学威斯研究所开发的微型群体机器人Kilobots是由1 000多个机器人组成的集群，它们协同工作，能组装成各种自然界中的形状，执行复杂的、分布式的任务，如防止土壤侵蚀以及其他环境干预活动、农业生产、搜救行动等，还能用于建筑和检测领域。

想象一下，一群建筑机器人在几分钟内搭起一座桥，在几小时内建起一座大楼，或是全天候照料巨大的高产农场，或是清理石油泄漏。由于蜜蜂种群面临生存威胁，沃尔玛申请了一项机器人蜜蜂专利，以实现作物的协作和自主交叉授粉。[5]机器人能够以无限制的群体规模进行协调配合，这种复杂的集群模式将彻底改写机器人的应用潜能、应用场景及应用时间范围，从而放大机器人技术的所有潜在好处（也放大了其潜在危险）。

今天的机器人往往并不是人们普遍想象中的类人形态。例如，3D打印技术，或称为增材制造，它使用机器人装配器逐层累加材料，打造出从微小机器零件到整栋公寓楼等各类物体。巨型混凝土喷射机器人能在短短数日内建造起住房，且成本远低于传统建筑方式。

与人类相比，机器人可以在保持工作精度的同时，在更多元化的环境中持续工作更长时间。它们的警觉与勤勉从不停歇。如果把多个机器人联系起来，它们所能完成的工作将赋予"行动"一词全新的定义。我认为我们即将迎来一个关键节点，人工智能将促使机器人实现其最初的承诺：成为能够复制人类所有物理行为的机器，甚至做到更多。随着机器人成本不断降低（机械臂的价格在5年内下降了46%，并且下降趋势仍在持续），配备的电池性能日益提升，设计不断简化且更加易于维护，它们将无处不在。[6]这意味着机器人将出现在各种不寻常、极端和微妙的环境中。只要细心观察，你就会发现这种转变的迹象。

在接下来这个故事中，警察遭遇了最可怕的噩梦。一名受过军事训练的狙击手占据了得克萨斯州达拉斯市一所社区学院二楼的安全位置，他俯瞰着一场和平抗议活动，并开始射杀在现场维持秩序的警察。仅仅45分钟后，已有两名警察死亡，多人受伤。最终，5名警察在这个事件中殉职，7名警察受伤，这是自"9·11"事件以来美国执法部门遭受的最惨重的伤亡事件。枪手在现场不断挑衅警察，猖狂大笑，放声歌唱，而他那令人胆寒的枪法更是精准无比。在长达两小时的紧张对峙中，谈判毫无进展，警方束手无策。如果情况持续下去，不知道还会有多少警察因此丧生。

这时候，特警队想到了一个新的主意。警察局有一台由诺斯罗普·格鲁曼公司生产的价值15万美元的Remotec Andros Mark 5A-1型号拆弹机器人。[7] 警方在15分钟内策划了一个方案：在机器人手臂上绑一大块C-4炸药，然后操纵它进入大楼，通过爆炸使枪手丧失反抗能力。警察局长戴维·布朗迅速批准了这个方案，计划开始实施。机器人缓缓地驶入大楼，将炸药精确放置在枪手隔壁的房间内，与枪手仅一墙之隔。炸药引爆后，墙壁被炸穿，枪手被炸死。这次事件标志着机器人在美国首次用作精准打击的致命武力。在达拉斯的这场危机中，机器人挽救了局面，一场惊心动魄的事件终于画上了句号。

然而，有些人仍对此感到忧心忡忡。我们暂且不提那些致命性的警用机器人可能带来的潜在威胁，关于这些潜在影响，我们将在本书的第三部分进行讨论。但目前可以清晰看到的是，这次事件无疑是一个信号——机器人正逐渐融入我们的社会，并将在我们的日常生活中扮演比以往更加重要的角色。无论是在上述致命危机中，还是在物流中心低沉的机器嗡嗡声中，抑或是在忙碌的工厂车间或是安静的养老院，机器人都已悄然到来。

人工智能是比特和代码的产物，寄身于模拟环境和服务器中。机器人则是它们的桥梁，是人工智能与现实世界进行交互的媒介。如果说人工智能代表了信息的自动化处理，那么机器人技术则代表着材料的自动化处理。机器人是人工智能的物理实体，标志着人工智能能力的实质性提升。我们对比特的驾驭已臻于成熟，如今已能够直接操控原子结构，这不仅重塑了我们的思维、表达和计算的边界，也意味着我们在物理现实构建能力上取得了突破。然而，尽管这种对原子的直接操控能力已足够令人惊叹，但与即将到来的技术浪潮相比，它仍然微不足道，这说明即将到来的技术浪潮是多么非凡和重大。

量子霸权

2019 年，谷歌宣布已经实现了"量子霸权"。[8] 研究人员研发出了一台利用亚原子世界奇特性质的量子计算机。谷歌的这台机器被冷却在比外层空间最冷区域的温度还要低的地方，它利用量子力学原理，在数百秒内完成了一项计算任务，谷歌表示，这项任务如果使用传统计算机需要花费一万年的时间。[9] 这台量子计算机仅有 53 个"量子比特"（量子计算的核心单元）。要在经典计算机上存储与之相当的信息量，需要高达 720 亿 GB 的存储空间。[10] 对量子计算机来说，这是一个关键的时刻。量子计算的理论根基始于 20 世纪 80 年代，历经约 40 年的发展，已成功实现了从纯粹的理论假设到开发出工作原型机的重大跨越。

尽管量子计算技术仍处于初级阶段，但其潜在的应用前景极为广阔。量子计算的主要优势在于，每增加一个量子比特，计算机的总算力就会成倍增长。[11] 随着量子比特不断增加，算力将呈指数级提升。事实上，如果将整个宇宙转换成一台经典计算机，其算力可能并不及相对有限数量的粒子在量子计算模式下所能释放的计算潜能。[12] 这种算力的飞跃，就如同昔日单调的黑白平面电影，一跃成为今日绚丽多彩的 3D 影像，为算法领域开辟了一个前所未有的新世界。

量子计算将会产生深远的影响。举例来说，从电子邮件安全到加密货币，所有基于密码学的应用都将面临巨大的风险，这一即将到来的一天被业界称为"Q-Day"。密码学的安全性依赖于这样一个假设，即攻击者永远无法拥有足够的算力来尝试破解所有可能的密钥组合以获取访问权限。但量子计算的出现改变了这一点。如果量子计算技术得到快速推广，不受约束，那么它可能会对银行业和政府通信等领域造成灾难性的影响。为防范这种风险，这两个领域已经开始投入数十亿美元资金。

尽管关于量子计算的讨论往往集中在其潜在的风险上，但这一领域也将带来巨大的益处。量子计算有望推动数学和粒子物理学等领域的探索取得突破。微软和福特公司的研究人员采用新兴的量子方法模拟了西雅图的交通状况，旨在为高峰时段的交通导航、最优化路径的分流以及疏导探寻更加高效的解决方案——这是一个极具挑战性的数学问题。[13] 从理论上讲，量子计算可以大大加快任何最优化问题的求解速度，无论是优化卡车装载方案还是优化国家经济运行，几乎所有涉及在复杂环境中最小化成本的问题都有望得到更快速的解决。

可以说，量子计算在短期内最重要的前景是能够以前所未有的细节程度模拟化学反应和分子间的相互作用。这将使得我们能够以极高的精度认识人类大脑或材料科学。化学和生物学的现象将第一次变得如此清晰。开发新的药用化合物、工业化学品和材料，传统上是一项既耗资巨大又极其耗时的实验室工作，但量子计算有望显著缩短这一过程，甚至可能帮助这些研发项目一举成功。新型电池和药物不仅将更有可能开发出来，而且它们的效率也将提升，实现应用也将更加容易。分子将变得像代码一样"可编程"，灵活而易操控。

换言之，量子计算是另一种仍处于非常早期开发阶段的基础性技术。它距离降低成本、广泛扩散这些关键时刻还有很长的路要走，更不用说实现技术上的全面突破了。但就像人工智能和合成生物学一样，尽管量子计算处于更早的发展阶段，但它似乎已经进入了一个资金投入持续增长、认识不断深化的阶段，其基本挑战正在逐步得到解决，同时一系列有价值的应用也开始显现。与人工智能和生物技术相同，量子计算有望在这场浪潮中为其他技术元素提供加速动力。然而，即使是这样令人惊叹的量子世界，也远非技术的极限。

下一次能源转型

与智能和生命一样，能源也具有至关重要的基础地位，现代文明依赖大量的能源。实际上，如果我们要用一个最粗略的等式来描述我们的世界，那可能是下面这样的。

（生命＋智能）× 能源 ＝ 现代文明

增加等式左边的任何一项输入要素（更不用说将其边际成本降至接近零了），社会性质都将发生根本性的变化。

在化石燃料时代，无限制地增加能源消耗既不现实，也不可取。然而，在化石能源的繁荣时期，我们习以为常的几乎所有事物的发展（从廉价食品到便捷的交通）都建立在其基础之上。如今，廉价、清洁能源已成为一股强大的推动力，将对从交通到建筑等各个领域产生深远影响。何况，在未来几十年，数据中心和机器人技术将成为核心领域，它们所需的能源规模更是惊人。目前，能源尽管通常昂贵且污染严重，但仍然是限制技术进步速度的一个因素，这种情况不会持续太久了。

到 2027 年，可再生能源将成为最大的单一电力来源。[14] 我们向可再生能源转向的速度前所未见，未来 5 年增加的可再生能源容量将超过过去 20 年的总和。尤其是太阳能，其增长速度非常显著，成本也在大幅下降。2000 年，太阳能的成本为 4.88 美元/瓦，但到了 2019 年，已降至仅 38 美分/瓦。[15] 能源不仅变得越来越便宜，分布也变得更加广泛，有望适配从特定设备到整个社区的不同层次需求。

在所有一切的背后，沉睡的清洁能源正蓄势待发。清洁能源即使不是直接来源于太阳的能量，也是受到了太阳的启发，如核聚变。在核聚变过程中，氢同位素在碰撞并聚变成氦时释放能量，这一过程长期以来被视为能源生产的终极目标。20 世纪 50 年代的先驱们曾预测该技术需要大约 10 年的时间来开发。然而，与本书描述的许多技术的发展过程一样，人们的预测过于乐观了。

然而，近期的重大突破再次点燃了人们的希望。位于英国牛津郡的欧洲联合环状反应堆的研究人员创下了新的功率输出纪录，将1997年创下的最高纪录提高了一倍。在美国加利福尼亚州的劳伦斯利弗莫尔国家实验室，科学家一直致力于研究一种名为"惯性约束"的方法，该方法利用激光压缩富含氢的材料颗粒，并将其加热至1亿度高温，从而触发短暂的核聚变反应。2022年，他们首次实现了净能量增益的聚变反应，即反应产生的能量超过了促发该反应的激光能量，这是一个重要的里程碑。如今，随着多项重大国际合作的进行，大量有益的私人资本涌入至少30家核聚变初创企业，科学家讨论的焦点已从"核聚变时代是否会到来"转变为"核聚变时代何时会到来"。[16] 尽管可能还需要10年甚至更长的时间，但一个拥有清洁的、几乎无限能源的未来似乎正在逐渐变为现实。

核聚变与太阳能技术为构建庞大的集中式和分散式能源网络展现了明确的前景，我们将在本书第三部分探讨其潜在影响。当前是一个充满希望的时刻。随着风能、氢能以及改进式电池技术的不断发展，我们正迎来一系列崭新的能源组合。它们将可持续地满足当下及未来生活的多元需求，并为即将到来的技术浪潮释放其巨大潜力提供坚实支撑。

浪潮相继

这些技术将在未来几十年里占据主导地位。但放眼21世纪的下半叶，那又将是怎样的光景呢？在即将到来的技术浪潮之后，又会是什么？

随着人工智能、先进生物技术、量子计算和机器人技术以新的方式融合，我们将朝着高级纳米技术等划时代的新突破迈进，这样的技术会将技术的精度不断推向新的高度，乃至到达其逻辑上的极限。试想一下，如果我们能够单独操控原子个体，而非只能对其进行批量处理，那将会是怎样的情景呢？那意味着比特与原子之间的关系将达到一种极致状态，数字世界和物理世界将紧密融合。在纳米技术的终极愿景中，原子将成为可精确控制的构造单元，能够自动组装成几乎任何东西。

尽管这一目标还面临巨大的实际挑战，但这正是科研人员日益努力的方向。以牛津大学的一个团队为例，他们研发出了一种能够自我复制的组装器，朝着纳米技术先驱设想的多功能纳米装配设备迈出了重要一步。这些设备将能够在原子层面上实现无限制的工程改造与重组。

纳米机器的运行速度将远超我们现有技术所能达到的水平，从而带来惊人的产出效能。例如，一种原子级的纳米马达能够旋转 480 亿次 / 分。放大至宏观尺度后，这样一个马达能够利用相当于大约 12 粒沙子体积的材料为一辆特斯拉汽车提供动力。[17]那将是一个充满奇迹的世界——钻石材料制成的各种轻盈结构、适应所有环境并能紧贴身体提供保护的太空服，以及能够从基础材料中创造出任何物品的编译器。简言之，在这个世界里，只要掌握了恰当的原子操控技术，万物皆可变换为任何东西。当然，要实现物理宇宙的完全可塑性和随意变换，使其成为纳米机器人致进入障碍被消除。大炮的出现意味着一小队力量便能摧毁城堡，消灭整支军队。几个装备了先进武器的殖民士兵便能屠杀数千名原住民。印刷机的出现意味着一个车间便能产出数千本小册子，以中世纪手工抄书的修士们难以想象的便捷方式传播思想。蒸汽动力使单个工厂的生产力匹敌整个城镇，而互联网将技术的能力推向了新的高峰：一条推文或一张图片可能在几分钟甚至几秒钟内传遍全球；一个算法便可能助力一家小型初创公司崛起，并成为全球性的巨型企业。

如今，这种效应再次得到加强。新的技术浪潮赋予了人们新的能力，这些能力强大、廉价、易于获取和使用，同时具有定向性且易于扩展。这显然也带来了风险。使用武器化无人机的不只有乌克兰士兵，任何想要的人都可以做到。用安全研究专家奥德丽·库尔思·克罗宁的话来说："从未有如此多的人能够获取如此先进的、能造成大规模死亡和混乱的技术。"[2]

总部位于深圳的大疆公司生产的无人机价格便宜，广受欢迎，例如，其旗舰产品、售价为1 399美元的"精灵"四轴飞行器航拍无人机，性能卓越，甚至曾被美国军方使用。[3]将人工智能和技术自主性的进步、廉价高效的无人机，以及机器人技术和计算机视觉等领域的革新融合起来，我们将创造出强大、精准且可能难以被侦测的武器设备。对抗这类武器设备的攻击难度极大，且需付出巨大成本。美国和以色列都曾使用价值300万美元的爱国者导弹来击落价值仅几百美元的无人机。[4]干扰器、导弹以及反无人机系统目前仍处于发展的初级阶段，且在实战方面尚未被充分检验。

这些进展意味着权力的大规模转移。具体而言，权力从传统国家和军队转向任何有能力且有意愿部署这些技术设备的个体或组织。显而易见的是，某个操作者只要拥有足够的资金和技巧，便足以控制由数千架无人机组成的庞大机群。

一个人工智能程序可能会独立撰写出与人类所有文本作品规模相匹敌的巨量文字。笔记本电脑上运行的一个仅占用2GB空间的图像生成模型，可能足以整合开放网络上的全部图片资源，并以前所未有的创造力和精准度生成全新的图片。一次病原体实验或许就能触发全球大流行病。一个小小的分子事件可能产生全球性的影响。一台高效运转的量子计算机可以让全球的整个加密基础设施形同虚设。技术的非对称性影响正在呈现出全方位扩大的趋势，当然，它也孕育着积极的一面——单个系统便有可能创造出巨大的福祉。

然而，即便对称的行动也未必能幸免于全球性的风险。即将到来的技术浪潮的庞大规模和高度互联性也带来了新的系统性弱点，单一的故障点就可能触发全球范围内的连锁反应。技术的本地化程度越低，其蔓延速度就越快，遏制难度也就越大，反之亦然。以汽车技术为例，虽然交通事故伴随交通而生，但随着各项交通安全措施得到实施，如道路标志的完善、安全带的普及以及交通警察的监管，我们已经将其损害降至最低。汽车是历史上扩散速度最快、全球化程度最高的技术之一，但汽车事故本质上仍是局部的、离散的事件，其损害得到了有效的控制。然而，如今的情况又有所不同。整支的车队可以被网络连接起来，甚至整个区域的自动驾驶汽车都可能由单一的系统控制，任何小故障都可能引发广泛的影响。无论落实多少保障措施和安全协议，潜在的风险规模仍然远超我们以往所见。

人工智能带来的非对称性风险，远超劣质食品、飞机失事或产品缺陷等传统风险范畴。其风险已延伸到整个社会的层面，使其不再是一种迟钝、被动的工具，而是演变为一个可能引发全球性影响的杠杆。正如全球化、高度互联的市场在金融危机中展现出强大的传染效应，技术亦具备类似属性。网络规模的庞大，使得对潜在损害的遏制变得几乎不可能。相互交织的全球系统已成为遏制工作的梦魇。我们已然身处这样一个全球系统紧密相连的时代。在即将到来的技术浪潮中，任何一个单点——无论是一个特定的程序，还是一个基因层面的改动，都有可能引发翻天覆地的改变。

超级进化性：无尽加速

谈到遏制技术，我们希望技术能以可控的速度发展，这样社会就有足够的时间和空间来理解和适应它。汽车技术就是很好的例子。过去一个世纪，汽车技术飞速发展，但同时给了我们足够的时间来引入各种安全标准。安全标准虽然总是有点儿滞后，但最终还是能跟上汽车技术的发展。不过，面对即将到来的技术浪潮，其发展速度之快，可能让我们难以再现这种理想状态。

在过去的40年里，互联网已成为历史上成果最为丰硕的创新平台之一。伴随着世界逐步数字化的脚步，互联网这一非物质领域的发展速度令人叹为观止。仅在短短几年时间内，我们就目睹了一些全球范围内使用最广泛的服务的涌现，以及史上规模最大的商业企业的爆发式崛起。所有这一切都离不开我们在第二章谈及的算力的持续提升与成本的不断下降。试想，如果摩尔定律在未来10年仍然有效，那么10年后，我们花费1美元可获得的算力将是今天的100倍。[5]仅这一事实就足以预示一些非凡的结果。

然而，相较于数字化领域日新月异的创新发展，其他领域的进步则稍显黯淡。在无形的代码与数字世界之外，越来越多的人不禁开始质疑：为何我们不再看到如19世纪末或20世纪中叶那般横跨多个领域的广泛创新？[6]在那个短暂的时期里，从交通到工厂，从动力飞行到新材料，几乎世界的每个方面都发生了根本性的变化。但21世纪初，创新开始沿着阻力最小的路径前行，主要聚焦于比特世界而非原子世界。

这种情况正在发生转变。软件的超级进化性正将其影响力扩展至各个行业领域。在未来的40年里，我们将看到原子世界的内容以空前的复杂性与保真度被转化为比特信息。更重要的是，比特世界的内容也将以前所未有的效率和便捷性被转化为实体的原子内容。这在不久前仍是难以想象的事情。

简言之，"真实世界"中的创新速度可能将与数字化的步伐并驾齐驱，展现出更为实时的特点，同时其面临的阻力及对外部条件的依赖都将降低。我们将能够在小规模的、高效的、灵活可变的范畴内开展实验，打造出近乎完美的模拟结果，进而将其转化为实实在在的产品。我们可以不断循环这一过程，这种学习、进化与改进的速度是以往那个成本高昂且相对静态的原子世界难以企及的。

物理学家塞萨尔·伊达尔戈认为，物质的配置或组合方式的重要性主要在于它们所蕴含的信息。[7] 法拉利汽车的价值并不在于其原始的物质材料，而在于其精妙的设计和构成中所包含的复杂信息。这些信息表现了物质在原子层面的组合方式，正是这样的信息塑造了一辆卓越的汽车。随着计算基础的不断增强，实现这种信息的利用和转化将变得越发容易。通过将算力与人工智能和制造技术（如先进的机器人技术和 3D 打印技术）相结合，我们将能够以前所未有的速度、精度和创造力来设计、操纵和制造实实在在的产品。

人工智能已在新材料和化合物的开发中发挥了重要作用。[8] 例如，科学家借助神经网络技术在锂电池的配置上取得了新突破，这对电池技术的发展具有深远影响。[9] 同时，通过与 3D 打印技术的结合，人工智能还能够完成汽车的设计与制造。[10] 值得注意的是，由人工智能设计的某些汽车样式与人类的常规设计迥然不同，前者更像是自然界中的一些独特又高效的形态。人工智能技术还能将汽车的线路与管道布局巧妙地整合进底盘之中，从而实现空间利用的最优化。对于某些结构过于复杂的零部件，传统制造工具已无能为力，3D 打印技术成了不可或缺的制造手段。

在第五章里，我们看到诸如 AlphaFold 这样的工具正助力生物技术快速发展。不久前，生物技术还一直依赖于烦琐的人工实验——测量、试管操作、样本的精心准备，无一不是费时费力的工作。如今，模拟技术大大加速了疫苗的研发进程。[11] 计算工具可以助力部分产品设计流程实现自动化，通过还原细胞"生物电路"将复杂功能直接编入细胞，从而让细菌按需产出特定蛋白质等成果成为可能。[12] 软件框架（如 Cello）几乎已成为合成生物学设计的"开源语言"。这一进展与实验室机器人和自动化技术的突飞猛进，以及第五章中所讨论的酶合成等高效生物技术的发展相结合，共同拓展了合成生物学的应用疆域，并推动其走向更广泛的普及。生物进化的速度正踏入与软件进化周期相似的轨道。

正如当今的模型能依据寥寥几个提示词便生成细节丰富的图像一样，未来数十年，新出现的类似模型将能够根据简单的自然语言提示，生成全新的化合物，乃至一个完整的生命体。这种化合物设计可以通过模型的无数次自主实验得到改进和优化，正如 AlphaZero 曾通过反复的自我对弈成了国际象棋和围棋领域的专家级高手那样。量子技术的能力远超最强大的经典计算机数百万倍，将使这样的过程在分子层面上实现。[13] 这正是我们所谓的"超级进化"——一个快速、迭代的创新与创造平台。此种进化将不会局限于特定、可预测或易于控制的领域。它将无处不在。

通用性：多多益善

在近年原子领域创新停滞不前的背景下，医疗保健成了发展明显放缓的领域之一，这打破了传统认知。新药的研发变得越发困难且成本高昂。[14] 美国一些州的人口预期寿命不再增长，甚至开始出现下降趋势。[15] 阿尔茨海默病等疾病的防治进展也远未达到预期。[16]

自动化药物研发是人工智能领域极具潜力的一个方向，也是医疗保健行业摆脱当前严峻形势的出路。人工智能技术能够在浩如烟海的分子世界中，搜索到那些难以寻觅却极具治疗价值的分子。[17] 2020 年，一款人工智能系统在筛选了 1 亿个分子后，研发出第一种通过机器学习技术获得的抗生素——"Halicin"（该名字来源于电影《2001 太空漫游》中的超级电脑 Hal）。[18] 这种新型抗生素有望帮助抗击结核病。如今，像 Exscientia 这样的新兴初创公司和赛诺菲这样的传统制药巨头，都已经将人工智能视为医学研究的新动力。[19] 截至目前，人工智能工具已经成功助力了 18 项临床资产的研发。[20]

然而，研究人员在寻找这些有益化合物的过程中也提出了一个棘手的问题：如果有人将研发过程导向恶意目的，不是寻求治疗方法，而是探寻致命物质，那怎么办？在一项实验中，一个具备分子生成功能的人工智能被要求寻找毒药。仅在 6 个小时后，该人工智能就成功识别出了 4 万多种毒性极强的分子，其毒性与诺维乔克等极度危险的化学武器相当。[21] 这表明，人工智能势必将显著推动药物发现领域的发展，但其研发成果很可能具有"双重用途"。

双重用途技术是指那些既可民用，也可军用的技术。以一战时的合成氨技术为例，它原本被视为满足全球粮食需求的重要手段，然而，该技术也为制造爆炸物提供了可能，并为化学武器的开发奠定了基础。同样，用于客运飞机的精密复杂的电子系统，也可以用于制造精确导弹。反之，GPS 虽起源于军事需求，但如今已融入我们的日常生活，服务于众多民用目的。当 PlayStation 2 这一产品问世时，美国国防部曾担忧其强大性能可能被敌对武装力量利用，这些武装力量原本难以接触如此先进的硬件技术。[22] 双重用途技术既可以造福，也可能酿祸，既可能是实用工具，又可能是致命武器。这揭示了技术发展的一个趋势，即通用性。然而，正是某些技术的这种特性，使得它们所蕴含的风险越发凸显。这些技术能用于达到各种目的，无论是善是恶，还是介于两者之间，且往往伴随着难以预料的后果。

然而，真正的问题在于，并不只是如前沿生物学或核反应堆这样的技术具有双重用途。事实上，绝大多数技术都同时具有军事和民用用途，或至少具备这样的潜能。从某种意义上讲，大多数技术本质上都有双重用途。技术越强大，我们对其潜在用途的担忧就应该越多。

这场即将到来的浪潮中的技术之所以强大无比，恰恰在于它们的通用性本质。制造核弹头的目的显而易见，无须多言。然而，一个深度学习系统可能是为了游戏而设计的，也有可能用于操控整个轰炸机舰队。这两者之间的应用差异，并非一目了然。

因此，采用通用性这个词来描绘即将到来的技术浪潮更为贴切。[23] 该概念精准地捕捉到了这些技术展现出的极致通用性与多功能性。诸如蒸汽或电力这样的拥有多元用途的技术，相较于用途较为局限的技术，产生了更广泛的社会影响和溢出效应。如果人工智能确实是新时代的"电力"，那么，它将如同电力一般，成为一种按需提供的实用工具，将深入并推动我们的日常生活以及社会和经济的方方面面：一种渗透一切的通用技术。相较于那些受限的、单一任务的技术（它们往往局限于某个狭小的领域，且依赖关系较为简单），遏制像人工智能这样的技术的难度将会与日俱增。

起初，人工智能系统主要利用深度学习等通用技术来达成特定目标，例如管理数据中心的能源使用或玩围棋游戏等。但情况正在改变。以 DeepMind 推出的 Gato 为例，这一"通才"型系统已能熟练执行超过 600 种不同的任务，包括操作雅达利游戏、为图像添加说明文字、回答提问，甚至操控实体机械臂堆叠积木等。[24] 值得一提的是，Gato 的训练材料不局限于文本，还包括图像、机械臂的转矩或是电脑游戏的按键按压数据等。尽管这类技术目前尚处于发展的初级阶段，距离成为真正意义上的通用系统仍需时日，但随着时间的推移，其能力范围有望扩展到成千上万种活动。

再从通用性的视角来看一看合成生物学。作为一种完全通用的技术，生命工程技术的潜在用途几乎是无限的。它有可能用于创造新型建筑材料、攻克疾病难题，甚至用于数据存储等。我们有理由相信，其应用范围越广，所带来的益处就越多。如今，技术人员已不再满足于设计那些受限的、特定的、功能单一的应用技术。相反，他们致力于设计出像智能手机这样的设备：它不仅仅是一部通话工具，更重要的是，它还能实现拍摄照片、健康管理、游戏体验、城市导航以及电子邮件等多样化功能。

随着时间的推移，技术正日益趋于通用化。这意味着即将到来的技术浪潮有可能用于武器制造或有害用途，即便相关技术的初衷并非如此。仅仅是民用技术的研发，便可能对国家安全产生影响。在历史上最为通用的新技术浪潮面前，预测技术的全部应用范围比以往任何时候都更加困难。

改造新技术以适应多种用途并非一个新鲜概念。像刀这样的简单工具既能用于切割洋葱，又可能成为疯狂杀戮的凶器。即便是看似专用的技术也常具有双重用途：麦克风既可用于纳粹集会，也可用于披头士乐队。即将到来的技术浪潮的与众不同之处在于其迅速渗透的能力、全球性的传播范围、易于分解为灵活组件的特性，以及其应用的强大功能与广泛性。从媒体到心理健康，从市场到医药，这场浪潮在各个领域都展现出了错综复杂的影响。这无疑构成了一个规模前所未有的遏制难题。毕竟，我们探讨的是智能与生命这样的基本属性，而这两者除了其通用性之外，还拥有一个更为有趣的特质。

自主性及其他：人类是否仍是主角？

技术的演进在过去的数个世纪里持续加速。即将到来的技术浪潮凸显了技术的通用性与非对称性特征，不过这些在某种程度上可视为所有技术的内在品质。然而，自主性并非技术固有的属性。长久以来，我们总倾向于将技术视为"只是个工具"。然而，当工具有了"生命"时，将会怎样？

自主系统具备与周边环境互动的能力，并且能够在没有人类即时指令的情况下采取行动。几个世纪以来，那种认为技术会在某种程度上失控，成为一种超脱人类掌控的、能够自我引导与自我驱动的力量的想法，始终不过是一种虚构想象。

但如今，这已不再是想象。

技术始终致力于扩大我们的能力范围，但关键的一点是，做什么仍然由人类来决定。技术充分发挥了人类已有的能力，自动化的任务皆已被精确规划。迄今为止，持续的人类监督与管理一直是技术运行的默认模式。技术在不同程度上始终受到实质性的人类控制，而完全的自主性则在本质上与之截然不同。

以自动驾驶汽车为例。在某些条件和场景下，它们已经能够在几乎没有或完全没有驾驶员直接操作的情况下在道路上行驶。该领域的研究人员根据车辆的自主性程度，对自主性进行了分类。该标准从 0 级开始，即表示车辆无任何自主性，最高为 5 级，也就是车辆可以在所有驾驶条件下自主行驶，驾驶员仅需输入目的地，便可安心在一旁休息。当然，由于存在法律和保险等方面的原因，我们暂时还无法在道路上看到 5 级自动驾驶汽车。

具备高度自主性的技术浪潮正将我们引入一个新的世界，在这里，持续的人为干预和监督将变得越发不必要。更重要的是，每一次我们与机器互动，实际上都是在教导它们如何更好地实现自主性。在这种新的范式下，我们无须再煞费苦心地为技术规定任务的执行方式。相反，我们只需设定一个高层次的目标，便可依赖机器去探寻达成该目标的最佳路径。人类的"参与"固然有益，但在这个新的技术生态中，并非不可或缺。

在与李世石的第二局围棋对弈中，AlphaGo 第 37 步的精妙棋招并非来自人为指导，它在很大程度上是 AlphaGo 自行发掘的策略。这种自主性在我观察 DQN 系统操作《打砖块》游戏时也曾令我深感震撼。只要目标设定得明确，现今的系统就能自行找到达成目标的有效策略。尽管 AlphaGo 和 DQN 本身并非自主系统，但它们展示了自我改进型系统的潜力。无论是模仿简·奥斯汀的写作风格，还是生成原创俳句，抑或是为自行车销售网站撰写营销文案，GPT-4所展现出的这些能力都不是通过人为编程实现的，而是源于一个更广泛的技术架构的涌现效应，其内容输出已远超系统设计师预先可以控制的范畴。这标志着机器向更高程度的自主性迈出了重要一步。内部研究曾显示GPT-4"很可能"不具备自主行动或自我复制的能力，但在其发布后的短短数日内，用户已发现让GPT-4请求自身文档数据，并编写脚本以实现自我复制与接管其他机器的方法。[25] 此前有研究更是声称在该模型中观察到了"通用人工智能的萌芽"，并指出其表现"已与人类水平高度接近"。[26] 这些观点如今正逐步得到验证。

自主性的新形态有可能催生一系列新奇且难以预料的后果。预测定制基因组的行为表现是极其困难的。此外，一旦研究人员对某个物种实施了生殖细胞基因改造，这些改变就有可能在生物体内存续数千年，远远超出我们的控制和预测范畴。其影响或许会在物种中延续无数代。这样的变化未来会如何不断演进、如何与其他变化产生交互，无疑是无法预测的，也超出了我们的掌控范围。可以说，合成生物体将开始拥有它们自己的生命。

人类正面临着一项特殊的挑战：我们的新发明是否会超出我们的掌控？在过去的时代里，发明者总能够阐释其创造物的工作原理及成效原因，即便这需要大量的细节陈述。然而，这样的情况已越发不符合当下现实。大量的技术和系统已演变得高度复杂，到了任何个体都难以真正理解其运作机制的地步，量子计算等技术更是在突破我们对世界的认知边界。

即将到来的技术浪潮带来了一个悖论：我们在很大程度上已无法深入地理解这些技术，却仍然能够创造和应用这些技术。在人工智能领域，神经网络技术迅速向自主性演进，但其内在机制难以阐释。我们无法详尽地剖析神经网络的决策过程，也就无法准确解释算法为何会得出特定的预测结果。工程师们也难以轻松探明并解释某些结果产生的原因。GPT-4、AlphaGo 等神经网络模型如同黑匣子，其输出与决策均基于繁复而微妙的信号链。自主系统或许具备一定程度的可解释性，然而即将到来的浪潮中的诸多技术正持续挑战我们的认知边界，这一现象值得我们深思。我们无法始终预测这些自主系统的后续发展轨迹，而这正是自主性的本质所在。

然而，在人工智能研究的最前沿，一些研究者想实现人工智能系统构建的全方位自动化，以期推动人工智能技术的"超级进化"。此举蕴含潜在风险，因为人工智能系统可能通过自我改进获得高度独立性。目前，人工智能正在探索各种方法以优化自身算法。[27] 当它们将这一能力与其在网络上的自主行为相结合（正如现代图灵测试和人工能力智能的情形），从而主宰自身的研发周期时，将会发生什么呢？

大猩猩问题

我总认为，鉴于即将到来的技术浪潮中存在诸多明显的短期挑战，人们过于关注那些遥远的通用人工智能场景了。然而，任何关于遏制的讨论都必须意识到，一旦类似通用人工智能的技术真正出现，它们所带来的遏制难题将超越我们以往遇到的任何挑战。人类能主宰环境，是因为我们拥有智能。因此，可以推想，如果存在一个更智能的实体，它便有可能主宰我们。人工智能研究员斯图尔特·罗素将这个问题称作"大猩猩问题"：尽管大猩猩在体能上超越任何人类，更为强壮与坚韧，但现实是它们处于濒危状态或被囚禁在动物园中，是它们受人类遏制。[28] 人类虽肢体柔弱，但拥有强大的大脑，因此能够实施遏制。

通过创造出比我们更聪明的实体，我们或许会使自己陷入一种类似于我们的"灵长类表亲"的处境。从长远的视角来看，那些聚焦在通用人工智能前景上的人的忧虑确实有其充分理由。事实上，我们有充足的根据认为，超级智能将不可能完全被控制或遏制。[29] 所谓的"智能爆炸"，就是指人工智能拥有持续自我优化的能力，能够以前所未有的速度和效率，循环往复地改进自己。这样的技术最终或将凌驾于我们的遏制与控制之上。坦率而言，没有人知道人工智能是否及何时会冲破人类的控制，以及在那之后会怎样；也没有人知道它们是否及何时会演化出完全的自主性，抑或我们应如何使它们的行为与我们的价值观相契合（当然，这还建立在我们能为它们定义这些价值观的前提之上）。

在即将到来的技术浪潮中，我们虽然都在深入探究技术的各种特性，但无人能够真正洞悉遏制它们的方法。我们总会迎来那样一个时间点，技术将彻底掌控自身的进化命运；它将通过循环递归的自我完善而不断壮大；它的复杂程度将超越常规解释的范畴。因此，我们将难以预测其在现实世界的具体表现。简言之，那个时候，人类的能动性与控制力将面临极限挑战。

最终，在极端情况下，即将到来的技术浪潮或许将颠覆人类的地位，使我们不再稳坐食物链之巅。"技术人"有可能最终受到自身所创之物的威胁。真正的问题并不在于技术浪潮是否会到来——浪潮将至，这毋庸置疑，你只需细心观察便可发现其迹象。面对如此种种风险，我们更应该深思的问题是，为何我们总是倾向于将这场浪潮视作不可避免的宿命，而不去探寻那些能够左右其走向的可能性。

第八章
势不可当的驱动力

AlphaGo 的重要性在一定程度上取决于它的出现时机：其突破性的进展比人工智能界大多数人预期的要快得多，这让专家们都备感惊讶。甚至在 2016 年 3 月的第一场围棋公开赛前夕，许多知名研究者还坚信，人工智能不可能在这个水平的围棋对局中获胜。[1] 在 DeepMind 团队内部，大家也都心里没底，不知道我们的程序能否战胜顶尖的人类围棋选手。

我们把这场比赛视为一项重大的技术挑战，它也是迈向一个更广泛的研究使命的关键一步。在人工智能领域，这场比赛不仅是深度强化学习技术首次在备受瞩目的公开场合接受测试，也是最早利用大规模 GPU（图形处理单元）集群进行计算的研究案例之一。在媒体的渲染下，AlphaGo 与李世石之间的对决被描绘成一场史诗般的较量，象征着人类的顶尖智慧与机器那冰冷无情的强大力量之间的正面交锋。诸如"终结者"和"机器人霸主"这样的陈词滥调再次被搬上台面。

然而，在表面的技术角逐之下，这场比赛逐渐揭示出一种更深层次的紧张。这种紧张关系在比赛前便已令我隐隐感到不安，而随着赛事的推进，其轮廓越发明晰。这不仅仅是一场人类与机器的较量。当李世石与 AlphaGo 对弈时，DeepMind 一方以英国国旗为标志，而李世石一方则以韩国的太极旗为标志。无形中，这场比赛演绎成了西方与东方之间的较量。这种逐渐凸显出的国家之间的竞争色彩，成为这场比赛令我感到遗憾的一个方面。

这场比赛在亚洲的火爆程度难以用言语来形容。在西方，它主要吸引了人工智能领域的忠实"粉丝"和部分新闻媒体的目光。对技术迷来说，这无疑是一个历史性的重要时刻。然而，在亚洲，这场比赛的影响力却堪比超级碗。超过 2.8 亿人观看了直播。[2] 我们在首尔市中心包下了一整家酒店，比赛期间，酒店被来自韩国当地和其他各国的媒体记者围得水泄不通。摄影师和摄像机无处不在，让人寸步难行。这种热烈的氛围是我以前从未经历过的。对西方人而言，这可能只是一场数学爱好者才会关注的深奥游戏，他们难以想象这场比赛会受到如此广泛的关注和炒作。可以说，这种情景对人工智能的开发者来说，也是相当陌生的。

在亚洲，关注这场对决的远不止狂热的科技爱好者，而是几乎所有人。很快，人们便发现，关注这场比赛的还有各大科技公司，以及各国政府及军方。比赛结果在其中引发了巨大的震动。所有人都清楚地意识到了这场比赛的含义。挑战者是一家总部位于伦敦、由美国人控股的公司。不久前，它才开始涉足一项古老而具有标志性的、深受人们喜爱的游戏。然而，这家公司在游戏中异军突起，插上自己的旗帜，并一举痛击了主场队伍。这感觉就像一群韩国机器人突然出现在洋基体育场并击败了美国的全明星棒球队一样令人震惊。

对我们而言，这场比赛是一次很酷的科学实验。它有力地展示了我们多年来致力于完善的尖端技术。从工程角度，它令人兴奋不已；从竞技角度，它让人热血沸腾；新闻媒体铺天盖地的报道，则让许多人感到眼花缭乱。

"首尔之战"并非 AlphaGo 旅程的终点。时隔一年，在 2017 年 5 月，我们参加了第二场比赛，这次的对手是世界排名第一的中国围棋选手柯洁。这场巅峰对决在中国乌镇的"围棋峰会"上演，最终柯洁惜败。

相较于初胜，这一次的胜利蕴含了新的意味。如果说"首尔之战"代表着某种初步的暗示，那么"乌镇之战"则让一切都变得明晰起来。随着比赛结果尘埃落定，人们开始清楚地意识到，AlphaGo 所代表的不仅仅是一座奖杯、一个系统或一家公司那么简单；它更深层次地映射出大国之间正在上演的一场全新且危险的技术角力。在一系列无比强大且错综复杂的力量的推动下，即将到来的技术浪潮将势不可当。

技术持续进步的主要推动力来自那些原始的、与人性紧密相关的因素。不论是为了满足好奇心、应对危机，还是追求财富、逃避恐惧，技术发展的核心始终在于服务人性的需求。只要人们有足够的动力去研发和应用技术，技术便会应运而生，并得到推广应用。然而，在大多数关于技术的探讨中，我们常常将焦点过度集中在技术本身，而忽视了技术背后的创造初衷。技术的真正推动力无关某种固有的技术决定论，而是源于人性的需求。

在前面的讨论中，我们观察到，迄今为止，没有任何技术浪潮被真正遏制住。在本章里，我们将进一步分析历史为何可能重演；探讨在宏观动因的推动下，技术成果为何不会被遗漏，而是一定会得到充分应用；阐述这场技术浪潮为何注定会带来深远的影响。只要技术背后的驱动力持续存在，这场浪潮就将不可避免。因此，"是否应该发展这些技术"这样的问题已然变得没有实际意义。

我要谈的第一种驱动力——大国竞争，与我们和AlphaGo的那段经历有关。事实上，技术领域的较量一直以来都是地缘政治的常态。各国都深刻认识到，跟上其他国家的步伐至关重要，技术创新意味着权力。第二种驱动力则源于现有的全球研究生态系统。该系统大力推崇公开出版，鼓励人们释放好奇心，并倡导人们不遗余力地追求新思想。第三种驱动力在于技术所带来的巨大经济利益，以及对解决全球性社会挑战的迫切需求。最后，还有一种不可忽视的驱动力——个体的自我追求。

在探讨这些因素之前，我们先回到地缘政治话题，近期的历史已经提供了一个深刻的教训。

民族自豪感：战略必需

二战后的美国逐渐习惯了其技术霸主的地位，直到苏联的"斯普特尼克"人造卫星升空，它才如梦初醒。1957年秋，世界首颗人造卫星斯普特尼克进入太空，标志着人类太空探索的首次尝试。这颗卫星的大小仅与沙滩排球相当，但其超前性令人惊叹。斯普特尼克在太空中向全世界宣告了一个新时代的来临，它从太空传回的"哔哔"信号响彻地球的每个角落。这无疑是一项举世瞩目的壮举。

对美国来说，这无疑是一场巨大的危机，堪比科技领域的珍珠港事件。[3] 美国政府迅速采取行动，将科学技术发展全面升级为国家的首要任务，涵盖从基础教育到高级研究的各个领域。新的资金迅速到位，同时如NASA（美国国家航空航天局）和DARPA（美国国防部高级研究计划局）这样的新机构应运而生。重大科技项目如阿波罗计划获得了巨大的投入，从而极大地推动了火箭技术、微电子和计算机编程技术的进步。同时，新的联盟如北约也在这一过程中得到了巩固。仅仅12年后，是美国，而非苏联，首次将人类成功送上月球。苏联为了保持竞争，几乎倾尽国力。斯普特尼克的成功让苏联在科技上一度领先美国，这一历史性的技术成就对地缘政治产生了深远影响。然而，当美国需要加速追赶时，它也做到了。

斯普特尼克的升空激发了美国的斗志，使其在火箭技术、太空技术、计算机技术以及这些技术在军事和民用领域的应用方面最终崛起为超级大国。类似地，AlphaGo的胜利迅速被中国视为其在人工智能领域的"斯普特尼克时刻"。如同在互联网发展初期那样，美国和西方其他国家正竭力在这场划时代的人工智能技术革命中抢占先机。对中国而言，这一事件无疑敲响了一记警钟，在围棋这一国粹项目中输给人工智能，让中国人意识到可能再次面临被科技前沿远远甩在身后的风险。

在中国，围棋不仅是一项游戏，更承载着深厚的历史底蕴、特殊的文化情感和精妙的战略布局。中国原本就在科学技术领域进行了大量投资，然而 AlphaGo 事件进一步使政府意识到集中精力发展人工智能的紧迫性。拥有数千年悠久历史的中国一度是全球技术创新的熔炉；但在 AlphaGo 事件发生时，中国认识到自身在医药、航空母舰等多个技术领域已经落后于欧美。中国曾经历过一段被称为"百年耻辱"的历史时期。中国人民认为，这样的国家耻辱绝不能重演。

2022 年，中国共产党第二十次全国代表大会强调，"必须坚持科技是第一生产力、人才是第一资源、创新是第一动力"[4]。

中国自上而下的管理模式，使得国家能够调动全部资源以支持技术发展。[5] 目前，中国已明确提出，到 2030 年，在人工智能领域达到国际领先水平的战略目标。2017 年 7 月，中国国务院发布了《新一代人工智能发展规划》（以下简称《规划》），目的是集中力量共同致力于实现这一目标。《规划》明确指出："到 2030 年，人工智能理论、技术与应用总体达到世界领先水平，成为世界主要人工智能创新中心。"[6] 从国防建设到智慧城市管理，从基础理论研究到新应用开发，中国下定决心要占据人工智能科技的"制高点"。

这些雄心勃勃的宣言并非空谈。在我撰写此书之际，即《规划》发布仅仅 6 年后，中国已经显著缩小了与美国及其他西方国家在人工智能研究领域的差距。在人工智能研究方面，清华大学、北京大学等中国高校已经能够与斯坦福大学、麻省理工学院及牛津大学等西方顶尖学府并驾齐驱。值得一提的是，清华大学发表的人工智能研究论文数量位居全球学术机构之首。[7] 中国在人工智能领域的高被引论文占比持续攀升，这一成绩令人瞩目。[8] 就人工智能研究的论文总数量而言，自 2010 年以来，中国学术机构发表的论文数量已超美国机构的 4.5 倍，甚至轻松超越了美国、英国、印度和德国的总和。[9]

不仅局限于人工智能，中国在清洁技术、生物科学等多个基础技术领域也在飞速前进，其投资规模之大令人惊叹，已成为一个具有"中国特色"的知识产权强国。事实上，早在 2007 年，中国就已经超越美国，成为培养博士生数量最多的国家。自那以后，中国在博士点的资金投入和建设扩展方面持续加大力度，每年培养出近 2 倍于美国的 STEM（科学、技术、工程和数学）博士生。[10] 此外，在充足资金的支持下，中国的 400 多个国家重点实验室构成了一个强有力的公私合作研究体系，广泛涵盖分子生物学、芯片设计等领域。21 世纪初，中国的研发支出仅为美国的 12%。到了 2020 年，这一比例已升至 90%。[11] 按照目前的发展趋势，到 21 世纪 20 年代中期，中国的研发支出将遥遥领先于美国，就如中国在专利申请数量上已经一骑绝尘一样。[12]

中国是全球首个在月球背面使探测器成功着陆的国家，这样的壮举尚无其他国家尝试。此外，在全球最强大的 500 台超级计算机中，中国拥有的数量超过其他任何国家。[13] 位于深圳的华大基因的 DNA 测序技术极其出色，它得到来自私人和国家的双重支持。这家科技巨头汇聚了成千上万的科学家，并拥有庞大的 DNA 数据和算力储备。实际上，中国投入应用的工业机器人数量，已经相当于全球其他地区所有已安装机器人的总和。[14] 中国已成功研制出超声速导弹，这是一项美国认为尚需数年才能实现的技术。此外，在从 6G（第六代移动通信技术）到光伏等技术领域,中国都处于全球领先地位,并孕育了腾讯、阿里巴巴、大疆、华为及字节跳动等科技巨头。

此外,量子计算是中国表现尤为突出的一个技术领域。爱德华·斯诺登泄露美国情报项目的机密信息事件,对中国而言是另一个"斯普特尼克时刻"。2014年,中国提交的量子技术专利申请数量与美国持平;到了2018年,中国提交的申请数量已经是美国的两倍。[15]

2016年,中国成功地将全球首颗量子卫星"墨子号"送入太空,这被视为构建新型且高度安全的通信基础架构的重要一环。然而,"墨子号"的成功发射仅仅是中国向创建黑客无法入侵的量子互联网这一宏伟目标迈出的第一步。一年后,中国在上海与北京之间构建了一条长达2 000千米的量子连接,用于金融和军事信息的安全传送。[16]中国在合肥投资超过100亿美元,创建了"量子信息科学国家实验室",这是世界上最大的量子信息技术研究中心。[17]该实验室保持着通过量子纠缠技术连接量子比特的纪录,这标志着迈向全功能量子计算机的重要的一步。值得一提的是,合肥的科学家表示他们已经打造出了一台速度比谷歌的突破性产品"悬铃木"量子计算原型机还要快10^{14}倍的量子计算机。[18]

"墨子号"的首席科学家、世界顶尖量子科学家潘建伟明确指出了这一切意味着什么。"我认为我们已经在全球范围内开启了一场量子太空竞赛,"他说,"在现代信息科学领域,中国一直是一个学习者和追随者。现在,借助量子技术的东风,只要倾尽全力,我们就有机会成为这个领域的主导者之一。"[19]

几十年来,西方对中国的能力往往不以为意,认为其"缺乏创造性",这种判断是大错特错的。西方人常说中国只善于模仿,限制过多,缺乏自由度,还批评其国有企业模式有诸多弊端。然而,现在看来,这些评价多半是完全错误的。这些所谓的"缺陷"并未阻止中国如今崛起为科学与工程领域的巨人。

与此同时,美国正在丧失其战略领先地位。多年来,美国在半导体设计、制药技术、互联网创新以及尖端军事技术等多个领域都占据完全的主导地位。这种优势尽管尚未完全消失,但正在减弱。哈佛大学教授格雷厄姆·艾利森的一份报告指出,实际情况比大多数西方人所意识到的更为严峻。中国已在绿色能源、5G(第五代移动通信技术)和人工智能方面领先于美国,未来几年内,还有望在量子科学和生物技术领域取代美国的地位。[20] 由于对这样的局面感到非常沮丧,2021 年,五角大楼的首席软件官尼古拉·夏兰辞职以示抗议。他在接受《金融时报》采访时表示:"在 15~20 年内,我们没有与中国竞争的机会。现在,这已成定局;在我看来,一切已经结束了。"[21]

2013 年,在习近平当选中国国家主席后不久,他就科学技术发展问题发表了一系列讲话,这些讲话对中国乃至全世界都产生了深远的影响。在 2013 年 7 月 17 日考察中国科学院工作时,习近平指出:"高端科技就是现代的国之利器。"在 2013 年 8 月 21 日听取科技部汇报时,他指出:"我们科技总体上与发达国家比有差距,要采取'非对称'赶超战略。"[22]

这是深刻的洞察,并且正如我们所观察到的那样,其洞察反映了中国政策重点的变化。事实上,世界上其他任何领导人都有可能表达相同的看法。不论是美国或巴西的总统,还是德国或印度的总理，他们都认同这一核心观点——技术是"国之重器"，是某些国家能够"称雄世界"的关键因素。这条真理，不仅是中国，也是几乎每个国家都会信奉的原则，无论这个国家是超级大国还是边缘小国。谁在发展、拥有和利用先进技术，对国际秩序而言至关重要。

军备竞赛

技术已成为全球最重要的战略资产。与其说技术是外交政策的工具，不如说它是外交政策的驱动力。21世纪的大国竞争，本质上是一场关于技术优势的较量，谁能掌控即将到来的技术浪潮，谁就能在这场竞赛中占据先机。如今，科技企业和大学不再被单纯视为中立的机构，它们已然成为国家竞争力的重要标志和推动力。

政治主张和政策有可能对本章所探讨的技术进步的其他驱动力产生干扰或抵消作用。从理论上讲，政府有能力约束社会内部的研究动力、私营企业的活动以及个人自发进行的技术革新。不过，政府却无法回避与地缘政治对手之间的激烈竞争。在军备竞赛的逻辑下，如果一个国家选择限制科技发展，而对手国家在不断进步，那么这个国家就等于选择了失败。

长期以来，我一直反对将技术进步视为一场零和博弈式的国际军备竞赛。在DeepMind工作期间，我始终反对别人将我们的工作视为人工智能领域的"曼哈顿计划"，这不仅是因为与核武器的类比让人不安，更重要的是，这种视角可能会催生一系列类似的"曼哈顿计划"。在全球需要加强协作，甚至在必要时中断或放缓技术开发步伐的时刻，这种观点反而加剧了军备竞赛的紧张氛围。但现实是，民族国家的行为逻辑有时就是简单粗暴的，这令人无奈，却也全然无法避免。在国家安全的语境下，有时一个微小的念头都可能演变为巨大的危险。这样的想法一旦被公开，就如同扣响了起跑的发令枪，其本身就足以引发国家层面的激烈反应。随后，事态便会一发不可收。

在华盛顿和布鲁塞尔，无论是政府、智库还是学术界的友人和同人，都爱说这样一句令人恼火的话："即便我们并未真正陷入军备竞赛，我们也得假设'他们'认为我们正在全力竞赛。因此，我们必须加速前进，力求获取压倒性的战略优势，因为这新一轮的技术浪潮极有可能彻底改变全球力量的平衡。"这种心态最终将演变成一个"自我实现预言"，即人们不自觉地按照预言行动，从而使得预言最终成真。

假装视而不见并不能解决问题。大国竞争已成为华盛顿两党能够达成广泛共识的为数不多的方面之一。现在的争论焦点不再是美国和中国是否已经进入人工智能和其他技术领域的军备竞赛状态，而是这场竞赛将何去何从。

这一军备竞赛常被简单地视为中美两国的两强竞争，然而，这种观点过于偏颇。尽管中美两国在科技和资源方面确实领先他国，但这场竞赛中并非仅有这两个角色，还有许多其他重要的参与者。这场新时代的军备竞赛预示着技术民族主义将广泛兴起，多个国家都将卷入这场不断升级的竞争，竞相争夺关键的地缘政治优势。

目前，几乎每个国家都已制定出详细的人工智能战略。[23] 俄罗斯总统普京认为，领导人工智能技术者将成为"未来世界的统治者"。[24] 法国总统马克龙表示："我们将倾尽全力构建欧洲的元宇宙。"[25] 他的言外之意是，欧洲未能像美国和中国那样培育出大量科技巨头，突破性创新成果相对较少，在科技生态系统的关键领域缺乏知识产权和制造能力。在马克龙以及其他许多人看来，欧洲的国家安全、繁荣与声望等所有一切，都取决于其能否成为除中美之外的"第三极"力量。[26]

从生物科学和人工智能（英国的强项）到机器人技术（德国、日本和韩国等国的专长），再到网络安全（以色列在此领域尤为出色），各国在技术领域各有千秋。面对即将到来的技术浪潮，每个国家都在特定的技术领域启动了重要的研发项目。同时，军事应用的需求也为日益发展的民用初创企业生态系统提供了越发强有力的支撑。

在全球大国的新秩序中，印度已经明显崛起为继美国、中国和欧盟之后的第四大支柱力量。印度人口结构年轻，国民富有创业精神，城市化进程持续深化，国际化水平稳步提升，科技发展水平也日新月异。预计到2030年，印度将超越英国、德国和日本等国家，从而成为全球第三大经济体；到2050年，其经济总值预计将达到30万亿美元。[27]

印度政府正努力将印度的科技梦想转化为现实。通过实施"自立印度"计划，印度政府正致力于确保这个世界上人口最多的国家掌握能够与美国和中国相抗衡的核心技术体系。在该计划的推动下，印度已开始积极与其他国家进行合作，例如与日本在人工智能和机器人技术领域建立了合作关系,与以色列在无人机领域展开了合作。[28] 印度的技术浪潮已在涌动。

在二战期间,"曼哈顿计划"耗费了美国 0.4% 的 GDP,该计划曾被美国视作与纳粹德国之间的一场争分夺秒的原子弹研发竞赛。然而,纳粹一开始已认为核武器成本高昂且研发成功率低,风险巨大,因此并未着手进行研发。苏联在此方面则远远落后,后来大量依赖美国情报的泄露。最终,美国实际上是与假想的对手展开了一场军备竞赛,促使核武器更早地降临。

20 世纪 50 年代末,历史重演了相似的一幕。在苏联成功试射洲际弹道导弹并发射人造卫星斯普特尼克之后,五角大楼的决策者开始确信美国与苏联之间存在所谓的"导弹差距"。然而,事实证明,在上述关键报告发布时,美国其实拥有 10 倍于对手的导弹优势。当时,赫鲁晓夫只是在延续苏联的惯用策略:虚张声势。正是美国对对手的误判,导致核武器和洲际弹道导弹的研发进度提前了几十年。

在当前的技术军备竞赛中,类似的误判情节还会重演吗?答案其实是否定的。这主要是因为即将到来的技术浪潮伴随着巨大的扩散风险。这些技术在变得日益强大的同时,其经济性和易用性也在持续提升。因此,越来越多的国家能够跻身技术前沿。以大语言模型为例,目前它虽然仍被视为尖端科技,但已无太多神秘可言,更不涉及什么国家机密。算力或许是当前最大的瓶颈,但市场上已有众多算力服务可供选择。CRISPR 基因编辑技术和 DNA 合成技术也面临着相似的情形。

我们正在实时见证一些重大技术成就,如中国探测器成对初级研究人员来说，他们的发表记录尤为重要，这往往是潜在雇主评估其能力并决定是否录用他们的重要依据，而这些记录通常可在谷歌学术等公开平台轻松查阅。此外，研究人员如今还利用推特等社交媒体来推广新发表的论文，他们在撰写论文时也会考虑社交媒体上的关注度。因此，这些论文通常设计得引人注目，以获得更多的关注。

学术界大力倡导研究成果的开放获取模式。在科技界，分享和贡献一直是重要的原则，它们推动了开源软件领域的繁荣发展。一些全球最大的公司，如 Alphabet、Meta 和微软，常常慷慨地免费贡献出大量的知识产权。在人工智能和合成生物学等前沿领域，科学研究与技术发展的界限日益模糊，这使得开放获取成为这些领域的默认文化。

在 DeepMind 公司，我们很早就认识到发表机会对吸引顶尖研究人员的重要性。他们在企业中仍然希望找到与学术界相似的开放氛围和同行认同。随着时间的推移，这种开放理念已经逐渐成为顶级人工智能实验室的共有标准：尽管不是所有研究成果都会立即对外公开，但开放获取已经被视为吸引最杰出的科学家的战略优势。与此同时，在顶级科技实验室，求职者的发表记录也成了招聘决策中的重要考量因素之一。在竞争激烈的环境下，大家都争先恐后地发表自己的研究成果。

总体而言，在技术发展领域，发表和分享的重要性或许在某种程度上被低估了。它们不仅关乎科学研究中的证实或证伪过程，也关乎声誉、同行认可、使命追求、工作机会乃至社交媒体上的肯定。这些因素共同推动了技术发展过程的加速。

目前，已有大量的人工智能数据和代码对公众开放。例如，GitHub 平台有多达 1.9 亿个代码库，其中许多都是公开的。[30] 学术预印服务器则让研究人员能够在无须经过任何审查或过滤机制的情况下，快速上传他们的研究成果。其中，最早提供这类服务的 arXiv 平台已收录了 200 多万篇论文。[31] 同时，还有许多专注于特定学科领域的预印服务平台，如生物科学领域的 bioRxiv，也在积极推广这种学术共享模式。现在，世界上海量的科学和技术论文，要么可以在开放网络上直接查阅，要么通过简单的机构账号登录即可访问。[32] 这完美契合了当前的全球背景：跨境资助与合作成为常态，许多项目有数百名自由分享信息的研究人员，且大量前沿技术教程和课程可轻松在网上获取。

这一切都是在科学技术研究迅猛发展的背景下发生的。全球每年的研发支出已经超过 7 000 亿美元，达到历史新高。[33] 单是亚马逊公司一家的研发预算就高达 780 亿美元，倘若将亚马逊视作一个国家，这一数字也可以让其位列全球研发支出国家排行榜的第九名。[34] Alphabet、苹果、华为、Meta 以及微软这样的科技巨头，每年的研发支出也均超出 200 亿美元。[35] 这些对即将到来的技术浪潮充满期待、研发预算雄厚的公司，始终不吝于公开分享它们的研究成果。

显然，未来的技术领域将是"开源"的天下。研究成果将在 arXiv 等平台发布，代码和数据会在 GitHub 等平台共享。这种模式将为研究者带来更多的学术引用、更高的研究声誉，甚至更优越的工作职位。开放性的必然趋势加上海量易获取的研究资料，意味着未来研究将受到一系列深层次、多元化的激励因素驱动。这个错综复杂的激励体系是任何人都无法完全掌控的。

预测科学前沿的任何东西都极具挑战性。如果你想控制某项技术的研究进程，无论是引领它朝特定方向发展、偏离某些结果，还是试图提前遏制它，你都将面临诸多挑战。你不仅需要协调各个竞争团队之间的复杂关系，还必须面对一个现实：在技术的前沿，你无法预测突破可能来自哪个方面。

以 CRISPR 基因编辑技术为例，其起源可以追溯到西班牙研究员弗朗西斯科·莫伊卡的一项研究。莫伊卡原本只是想探索一些单细胞生物如何在咸水中存活的问题。结果，他意外发现了重复的 DNA 序列，这一发现正是 CRISPR 技术的核心基础。这些重复的 DNA 序列聚集在一起，似乎承载着某种重要功能，莫伊卡将其命名为 CRISPR。后来，为了保护酸奶发酵过程中的关键细菌，丹麦一家酸奶公司的两名研究员对 CRISPR 进行了进一步研究，从而揭示了 CRISPR 机制的工作原理。这些看似不相关的研究领域，却为 21 世纪生物技术的最重要成就奠定了基础。

同样，有些研究领域可能会停滞数十年，然后在短短几个月内发生翻天覆地的变化。神经网络就是一个典型的例子。在长达几十年的时间里，该领域曾备受冷落，甚至受到马文·明斯基等权威人士的抨击。只有像杰弗里·辛顿和杨立昆这样的少数研究者，在巨大的压力下依然坚持探索。在那个时期，"神经"一词都饱受争议，研究者为了免去麻烦，甚至会特意在论文中避免使用这个词。在 20 世纪 90 年代，谁能想到神经网络技术会成为人工智能领域的主导力量？值得注意的是，就在 AlphaGo 取得重大突破的前夕，杨立昆还曾认为那是遥不可及的。[36] 但是，这一判断并未损害他的声望;相反,这恰恰揭示了科学前沿的不确定性——在这片充满未知的领域,没有什么是绝对的。

即使在硬件领域,人工智能的发展轨迹也充满了不可预测性。如今构成现代人工智能基础硬件核心的 GPU,其初衷仅仅是增强电脑游戏的图形逼真度。技术的通用性在这里得到了生动的体现:原本为打造绚丽图形而研发的快速并行处理技术,意外地成了训练深度神经网络的理想之选。由于对游戏逼真效果的不断追求,诸如英伟达等公司不惜投入巨资研发更出色的硬件,而这些硬件后来竟然与机器学习领域的硬件需求不谋而合(对此,英伟达自然乐见其成;在 AlexNet 神经网络问世后的 5 年内,该公司的股价暴涨了 1 000%)。[37]

如果你过去想要监控和主导人工智能的研究进展,那么你可能会做出错误的判断,将精力和时间花费在阻碍或推动一些实际并不重要的工作上,而完全忽视了那些在边缘悄然兴起的重要突破。科学技术研究充满了天然的不确定性、极度的开放性和迅猛的发展潜力。因此,主导或控制科学技术研究的难度之大可想而知。

如今的世界日益迎合人们的好奇心、分享欲与研究热情,其发展之快前所未有。现代研究的本质与技术遏制是相悖的,同时,人类对利润的追求和欲望也与技术遏制背道而驰。

百万亿美元商机

1830 年,世界首条客运铁路在利物浦与曼彻斯特之间通车。

受欢迎的产品时，才能真正实现广泛传播。[43] 简言之，科技的诞生多是受利润驱使的。

利润，也许是最持久、最根深蒂固、最普遍的驱动力。它激励了中国企业家为全新设计的手机研发新的模具，驱使了荷兰农民在北海的凉爽气候中探索全年种植西红柿的机器人技术和温室技术，指引了硅谷的精明投资者向初出茅庐的创业者慷慨投资数百万美元。虽然每个人的动机不尽相同，但无论是谷歌开发人工智能，还是亚马逊制造机器人，归根结底，都是因为它们作为需要满足股东期望的上市公司，相信这些技术能带来利润。

利润的潜力根植于一个更为持久和稳定的基础——原始需求。人们对技术成果既渴望又需要。生活离不开食物、制冷设备或电信服务。同样，人们可能追求空调带来的舒适，喜欢由新工艺打造的新型鞋类设计，想掌握适合蛋糕的某种创新性食品着色技术……无论如何，技术都在助力于满足人们的需求，而技术的创造者也因此获得回报。人类需求和欲望的多样性，以及由此产生的无数商机，是推动技术进步的核心力量；它们在未来将继续发挥重要作用。

这并不是什么坏事。回望几百年前，经济增长几乎停滞。与现今相比，人们的生活水平曾在几个世纪内都处于较低状态。然而，在过去的200年里，经济产出急剧增长了300多倍。同时，人均GDP至少提高了13倍，在全球最富裕地区，这一数字甚至飙升了100倍。[44] 19世纪初，大多数人生活在极度贫困中，但如今全球极端贫困人口占比已减少至约9%。[45] 人类生活条件的指数级改善在过去难以想象，但如今已成为现实常态。

归根结底,这是一个关于人类在利润驱动下系统地应用科学与技术的历史故事。正是这种应用促成了生产产出与生活水平的巨大提升。19世纪,像塞勒斯·麦考密克的打谷机这样的发明使得小麦的每小时产量增加了5倍;[46]艾萨克·辛格的缝纫机则将缝制一件衬衫的时间从14小时大幅缩短至1小时。[47]在发达经济体中,人们的工作时间较过去已显著减少,而回报却大幅增加。以德国为例,自1870年以来,平均年工作时间已缩减了近六成。[48]

技术已经进入了一个良性循环:先创造财富,然后将这些财富重新投入新的技术研发中,而这一切则不断提高生活水平。不过,值得注意的是,这些长期目标通常并非个体的主要追求。我曾说过,几乎我们周围所有的事物都是人类智慧的产物。在此,我稍做修正:我们周围的许多事物,实际上都是由人类追求金钱利益的智慧驱动的。

在"利润引擎"的驱动下,世界经济总值已达到85万亿美元,并且仍在不断增长。对技术领域的人来说,从工业革命的领导者到如今硅谷的创业者,巨大的经济回报这一强大的驱动力始终伴随着技术发展。即将到来的技术浪潮代表着历史上最大的经济机遇。它将为我们带来前所未有的消费选择和潜在的利润源泉。任何试图遏制这一技术浪潮的人都必须面对一个巨大的难题:如何去说服一个高度分散、全球化且充满动力的资本主义体系,使其愿意放缓技术发展的步伐,更不用说暂时叫停了。

当企业实现保险索赔自动化或采用新型制造技术时,它们能够提升效率或改进产品,进而提高利润并吸引新客户。一旦这些创新为企业带来竞争优势,其他企业就面临选择:要么采纳同样的创新、寻求更先进的突破或转变业务重点，要么丧失市场份额，甚至走向破产。对科技企业来说，这种竞争逻辑尤为简单和残酷：要么创新并引领技术潮流，要么被市场无情淘汰。

因此，企业在即将到来的技术浪潮中扮演如此重要的角色，也就不足为奇了。在标准普尔500指数中，科技是占比最大的单一板块，达到了26%。[49] 主流科技集团持有的现金量甚至与中国台湾或波兰等经济体的GDP相当。这些企业在资本支出和研发方面投入巨大，已经超过了以往在资本支出方面位居前列的石油巨头。任何关注近期科技行业的人都会发现，围绕着人工智能的商业竞争正在升温，谷歌、微软和OpenAI这样的大型科技公司每周都在竞相推出新产品。

数千亿美元的风险投资和私募股权资金正涌入无数的初创企业。[50] 仅针对人工智能技术的年投资额就达到了1 000亿美元。[51] 这些巨额数字具有深远意义。如此大规模的资本支出、研发投入以及风险投资和私募股权投资，是其他行业或除中国、美国以外的政府投资都无法比拟的，它们正是推动即将到来的技术浪潮的强大动力。这些资金都期待获得回报，而它们所推动的技术创新则是实现这一利润回报的途径。

与工业革命时期相似，当前的经济回报潜力同样巨大。尽管具体数字难以准确预估，但普华永道预测，到2030年，人工智能将为全球经济带来15.7万亿美元的增长。[52] 麦肯锡预计，在同一时期，生物技术将为全球经济增长贡献4万亿美元。[53] 如果全球机器人的安装量提高到基线预测的130%，那么这可能会释放高达5万亿美元的经济回报，这一数字甚至超过了德国一年的经济总产值。⁵⁴ 在其他经济增长来源日益稀缺的情况下，这些技术无疑成了强大的驱动力。面对如此诱人的利润前景，想打断这股技术淘金热潮无疑是极其困难的。

这些预测是否站得住脚呢？数字看起来确实大得惊人。在短期内预测巨额增长似乎有些不切实际，但从更长远的角度来看，这些数字可能并非不合理。毕竟，如今的潜在市场已覆盖了整个世界经济，与第一次或第二次工业革命时期相似。试想一下，如果一个 18 世纪后期的人听说人均 GDP 将增长百倍，那么他一定会觉得难以置信，甚至觉得荒谬。然而，这种增长确实发生了。结合所有这些预测，并考虑到即将到来的技术浪潮所涉及的关键领域，即使预测未来 10 年世界经济增长 10%~15%，这个数字也可能仍然偏保守。从长期来看，增长潜力可能远超此数字。

回顾 20 世纪下半叶，世界经济增长了 6 倍。⁵⁵ 即使未来 50 年的增速放缓至这一时期的 1/3，这也将产生约 100 万亿美元的额外 GDP。

想一想新一批人工智能系统可能带来的影响。大语言模型使人工智能系统能够用流畅的自然语言与我们开展有用的对话。在未来几年里，无论你从事何种职业，你都可以随时咨询人工智能"专家"以满足你的需求。你可以和人工智能探讨你最新的广告方案或产品设计，咨询某个法律难题的具体细节，提炼销售方案中的有效元素，解决复杂的物流挑战，甚至获得补充性的医疗诊断意见。利用人工智能，你可以反复探索、测试，你的问题可以得到基于最前沿知识的详细解答，答案的呈现将富有深度和细节。全世界的知识、最好的实践、有用的先例和强大的算力，都将针对你的具体需求和情境为你服务，即时且轻松。这将是我们认知能力的一次重大提升，其重要性至少与互联网的发明相当。而且，这些还只是在我们到达如现代图灵测试这种更先进的技术阶段前就能实现的。

归根结底，智能的价值几乎无可比拟。智能是世界经济的源泉，也是世界经济的引领者、构建者和推动者。越是扩大智能的范围和特性，我们就越有望实现更多的经济增长。随着人工智能技术的不断进步，我们有充分理由相信，它不仅能够促进经济增长，还可能推动经济增长率的永久性提升。[56] 简言之，从长远角度看，人工智能有望成为迄今为止最有价值的技术。而当它与合成生物学、机器人技术等领域的潜力结合时，其价值将更加不可估量。

这些技术投资并非被动投入。它们将在实现目标的过程中发挥至关重要的作用，印证另一个自我实现预言。数万亿美元的投资将为社会带来巨大的附加价值和更多机会，不仅将为私人投资者创造巨额利润，也将显著提高数十亿人的生活水平。无论从哪个角度看，这都为我们不断开发和推广新技术提供了强大的驱动力。

全球性挑战

在人类历史的大部分时期中，解决自己与家人的温饱问题一直是人们面临的主要挑战。农业始终是一项艰苦且充满不确定性的活动，尤其是在 20 世纪各项农业改良措施出现之前，其艰辛程度更甚。任何天气的异常变化，无论是过冷、过热、过干还是过湿，都可能带来灾难性的影响。那时，几乎所有的农活儿都靠人力完成，幸运的话，可能偶尔会有牛等牲畜的协助。一年中，农忙时节的持续劳作常常使人筋疲力尽，而农闲时期人们则几乎无事可做。

农作物时常受到病虫害的侵袭，即使在收获之后也可能因储存不当而变质，甚至有可能被入侵的敌军掠夺。大多数农民的生活都极其艰难，他们常常被迫以农奴的身份为地主劳作，上交自己本就微薄的收成的大部分。即便在世界上最肥沃的土地上，粮食产量仍然很低且不稳定。人们的生活极度困苦，时时处于灾难的边缘。1798年，托马斯·马尔萨斯指出，人口的快速增长将很快超出农业的承载能力，最终导致社会崩溃。事实上，他的这一观点不无道理；在农业产量停滞不前的情况下，历史上确实经常发生这样的事情。

然而，马尔萨斯在做出这一论断时，并未充分考虑人类的巨大智慧和创造力。在天气条件有利且采用当时最新农业技术的情况下，13世纪的英格兰每公顷小麦产量约为0.5吨，这个数字在随后的几个世纪里一直未有提升。[57]但新的农业方法和技术的出现逐渐改变了所有农业实践，从作物轮作到选择性育种，从机械化耕作到合成肥料和杀虫剂的使用，再到如今的基因改造和人工智能优化的种植、除草技术，等等。到了21世纪，每公顷小麦的产量已升至约8吨。同样一块小小的土地，在相同的地理和土壤条件下，其作物产量已经达到了13世纪时的16倍。[58]事实上，在过去50年里，美国每公顷玉米的产量也增加了2倍。[59]自19

世纪初以来，生产 1 公斤粮食所需的劳动力已经减少了 98%。[60]

1945 年，全球约有一半的人口严重营养不良。[61] 时至今日，尽管世界人口已增长至当时的 3 倍多，但营养不良的人口比例已降至 10%。当然，这仍然意味着超过 6 亿的人口营养不良。这是一个令人难过的数字。但是，如果按照 1945 年的比例来计算，这个数字就会高达 40 亿，尽管在当时的现实条件下，这么多人是不可能同时存活的。我们很容易忽略迄今为止人类已经取得的巨大成就，难以充分认识到创新的伟大之处。如果能让中世纪的农民看到现代农民使用的巨型联合收割机和庞大的自动灌溉系统，他们会作何感想？在他们眼中，16 倍的产量提升无疑是天降神迹。事实上，这的确是一个奇迹。

尽管解决全世界人口的温饱问题仍然是一个巨大的挑战，但正是这种迫切的需求推动了科技的持续进步，并为人类带来了前所未有的繁荣和富足。如今，我们拥有的粮食虽然还未能实现充分的分配，但总量上已足够养活地球上的 80 亿人口及持续新增人口。

正如上述案例所显示的，技术在人类应对当前和未来的各种不可避免的挑战时，起着至关重要的作用。我们不懈追求新技术，包括即将到来的技术浪潮，不只是因为我们想拥有它们，更因为我们从根本上需要它们。

全球气候变暖的趋势日益严峻，极有可能冲破 2℃ 的升温红线，这将对世界产生深刻的影响。从淡水资源的过度开发到生物多样性的急剧减少，人类几乎每时每刻都在破坏生物圈的界限。即使是那些土地恢复力强、气候温和且经济富裕的国家，也将在未来几十年内面临灾难性的热浪、干旱、风暴和水资源紧张等问题。农作物歉收和野火肆虐等情况将频繁发生。此外，大量甲烷从融化的永久冻土中释放，有可能引发极端高温的恶性循环。疾病也将突破其常规的传播范围。同时，随着海平面的不断上升，气候难民问题和冲突将进一步加剧，祸及全球，主要的人口中心城市都将面临严重威胁。海洋与陆地生态将岌岌可危，濒临崩溃。

尽管清洁能源转型的呼声日益高涨，但实现这一目标仍然长路漫漫。目前，在飞机或集装箱船等主要以烃类能源（例如石油）为动力的应用中，由于烃类能源的高能量密度难以被其他能源复制，因此尚难找到完美的替代能源。清洁电力增长迅速，但电力在全球能源生产中的占比仅为25%左右。[62] 剩余75%能源的转型是一个巨大挑战。自21世纪初以来，全球能源使用量上升了45%，但化石燃料在所有能源来源中的占比仅从87%略微下降至84%。[63] 这表明，尽管我们正在努力推动能源朝着清洁电力转型，但化石燃料的使用量仍然居高不下。

能源专家瓦茨拉夫·斯米尔将氨、混凝土、塑料和钢称作现代文明的四大支柱，这些材料构建了现代社会的物质基础。然而，它们的生产过程都伴随着巨大的碳排放，且目前尚无明显的替代产品。一旦这些材料的供应中断，现代生活将陷入停滞；同样，一旦化石燃料耗尽，这些材料的生产也将停止。在过去的30年里，我们已经向社会中注入了7 000亿吨混凝土，其生产过程伴随着大量的碳排放。未来我们如何替代这样的材料呢？虽然电动汽车在行驶中不产生碳排放，但它们对资源的需求大得惊人：生产一辆电动汽车约需开采225吨不可再生的原材料；目前，人类社会对这些原材料的需求正以前所未有的速度飙升，这种情况显然是不可持续的。

如前所述，在粮食生产领域，技术进步谱写了辉煌的成功篇章。然而，从田间的拖拉机作业到合成化肥的施用，再到塑料温室的建设，粮食生产的每个环节都离不开化石燃料。想象一下，一个普通的西红柿在生长过程中竟需要消耗相当于5汤匙油的能源。[64] 这正是当前粮食生产所面临的现实。更为严峻的是，为满足全球不断增长的粮食需求，我们需要在气候变化可能导致粮食减产的背景下，到2050年将农业产量提高近50%。[65]

联合国政府间气候变化专门委员会的科学家们已明确指出，我们要想将全球变暖控制在2℃以内，碳捕获与封存技术就是不可或缺的。然而，这项技术尚未得到广泛研发或大规模应用。[66] 为了应对这一全球性挑战，我们必须重新开始，彻底改造农业、制造业、交通和能源系统，采用全新的碳中性甚至碳负性技术。这是一项艰巨而重要的任务。实际上，这意味着我们在对现代社会整个基础设施进行重建的同时，还要努力提升数十亿人的生活质量。

面对如何为身患顽固慢性病的老年人口提供日益昂贵的医疗保健这样的问题，人类别无选择，只能直面挑战。实际上，这样的挑战也赋予了我们强大的动力，激励我们全力以赴，攻克那些看似难以逾越的挑战。除了追求利润或竞争优势，新技术还承载着强有力的道德使命。

技术能够而且将不断改善人类生活，帮助人类解决问题。想象一下，如果大量树木寿命延长，能够吸收更多的二氧化碳，或者浮游植物的碳吸收能力大大增强，使海洋成为一个更强大和更可持续的碳汇，那将是怎样的场景。人工智能已经帮助我们研发出了可以分解海洋塑料垃圾的酶。[67] 它还将成为我们预测未来的得力助手，无论是预测野火可能袭击的地区，还是利用公共数据集来追踪森林砍伐情况。在这样的世界里，我们将享有价格低廉的个性化药物、快速准确的诊断手段，以及由人工智能生成的高能耗肥料的环保替代品。

为了开发更具持续性和扩展性的电池，我们需要颠覆性的新技术。量子计算机与人工智能的结合，能够深入分子层面进行建模，这一能力将在寻找传统锂电池的替代品方面发挥至关重要的作用。这些替代品电池将更轻盈、更经济、更环保，同时更易于生产和回收，并且供应量也将更为丰富。同样，在光伏材料研发或药物发现领域，人工智能技术也能通过分子层面的模拟来识别新的化合物，其精确度和效力远超过去那些缓慢的实验技术。这正是技术超级进化性的体现，它不仅有望节省数十亿美元的研发成本，还有望颠覆现有的研究范式。

有一些天真的技术解决主义者认为，技术可以解决世界上的所有问题。然而，单靠技术本身并不足以解决所有难题。技术的创造、使用、所有权和管理方式都会产生深远的影响。我们不应该自欺欺人，认为技术能够像魔法一样，解决像气候变化这样错综复杂且规模宏大的问题。但同样，认为没有新技术我们也能应对 21 世纪的种种重大挑战，这种想法不切实际。值得注意的是，即将到来的技术浪潮将为数十亿人带来更便捷、更健康、更高效、更愉悦的生活方式，将帮助我们节省时间、降低成本、减少困扰，并拯救无数生命。尽管技术的未来充满不确定性，但我们绝不能轻视或遗忘这一点的重要性。

即将到来的技术浪潮之所以不可避免，部分原因在于人类必须依靠它才能克服挑战，继续前行。类似这样的超大规模系统性驱动力，是推动技术进步的关键因素。但据我观察，技术发展还受另一种更为个人化的驱动力影响，那就是自我追求。这种常被低估的力量，实际上一直在技术发展中发挥着重要作用。

个体自我追求

科学家和技术人员也是凡人。他们渴望地位、成功和声望，希望成为创新者和佼佼者，并获得他人的认可。他们怀有强烈的好胜心，拥有杰出的智慧，想要在世界和历史的舞台上精心塑造自己的地位。他们热衷于突破界限，有时是为了金钱，但更多时候是为了荣誉，当然有时也仅仅是出于对科学的热爱。尽管人工智能领域的科学家和工程师已经属于薪酬最高的行业群体，但真正激励他们不断努力的，是诸如率先取得科研突破或在重大论文上留名这样的成绩。人们对科技大亨和企业家的看法可能褒贬不一，但无可否认，他们是权力、财富、远见和意志力方面的独特代表。不论是严厉的批评者还是盲目的追随者，都能从他们身上窥见不懈的自我追求，正是这种追求赋予了他们卓越的实践与创新能力。

工程师常有一种独特的心态。以曼哈顿计划的核心人物罗伯特·奥本海默为例，他是一个是非观念极强的人，但他更是一个深受好奇心和求知欲驱动的致力于解决科学难题的人。他的某些话令人不寒而栗。比如，在目睹首次核试验爆炸时，他引用了《薄伽梵歌》中的一句："现在我成了死神，诸界的毁灭者。"他曾说："当你面对技术上十分美妙的东西时，你会义无反顾地研究它，只有在取得技术成功之后，你才会考虑拿它来做什么。"[68] 他的曼哈顿计划同事，那位才华横溢、学识渊博的匈牙利裔美国人约翰·冯·诺依曼也表达了类似的观点："我们正在创造的东西是个怪物，它将改变历史——假如还有历史留存的话。但无论后果多么可怕，我们都不能不去探索它，这不仅是因为军事需要，更是因为从科学家的角度来看，知道某条路径可行却不去探索，是违背科学道德的。"[69]

在科技领域沉浸一段时间后，你会发现，虽然大家常常提及伦理道德和社会责任，但"技术至上"的观点仍然深入人心，甚至在面对那些具有巨大破坏潜力的技术时也是如此。这样的实例我已经见得太多，甚至在某些时刻，我自己也难免会受制于这种心态。

创造历史、成就伟业、助人为乐、超越他人，或是为了给未来的伴侣、上司、同事或竞争对手留下深刻印象：这些都是始终存在，并激励我们勇于冒险、探索前沿和未知领域的驱动力。我们渴望打造新鲜事物，改变行业格局，追求卓越。

推动技术进步的往往不仅仅是国家的需要或股东的要求，更多时候是个人的内心驱动力，无论是出于高尚的追求还是零和博弈的竞争。观察那些成功的科学家或技术专家，你会发现，在某种程度上，他们都深受内心深处那种原始的、强烈的个人欲望的驱动。

这些欲望可能听起来有些肤浅，甚至可能被视作不道德的，但它们确实是科技发展的重要推动力，而这一点常常未被充分认识到。硅谷中那些勇敢的初创企业创始人，在面对充满敌意和未知的世界时，仍能奋力一手打造起自己的商业帝国，这样的传奇故事之所以经久不衰，自有其原因。这种故事成了许多技术专家的自我期待，他们渴望效仿，也正是这样的憧憬推动着新技术不断涌现。

民族主义、资本主义和科学已然深植于当今世界，成为其重要的特征。在可预见的未来，它们都将持续存在，难以从现实世界中剥离。同时，人性中深植的利他主义、好奇心、傲慢、竞争意识、对胜利的渴望、对名誉的追求、拯救同胞和帮助世人的冲动等情感，都是推动技术浪潮滚滚向前的力量，这些驱动力永远无法被消除或回避。

不仅如此，在即将到来的技术浪潮中，各种驱动力和要素相互交织、相互影响。国家间的军备竞赛、大企业间的竞争、实验室和研究人员间的相互激励，这些看似独立的技术竞赛实际上构成了一个复杂且相互强化的动态机制。技术成果的诞生得益于无数独立贡献所蕴含的智慧与努力，这些贡献如同积木般层层叠加，构建出一个不断演变、相互交错且充满活力的思想网络，一系列深层次、多元化的力量驱动着它不断发展。

在过去，信息传播速度有限，人们往往需要数十年才能逐渐认识到新技术所带来的深远影响。即便终于意识到这些影响，人们仍然需要很长时间，加上足够的想象力，才能全面理解新技术的广泛波及效应。而如今，信息几乎实时传播，人们的反应也能迅速在全球范围内共享。

在如今的时代，信息的保密性已不复存在，所有一切都在被快速地复制、迭代和改进。每个人都能轻易地观察和学习他人的做法，大量人才在相同领域内相互切磋、共同提升。因此，总会有人取得新的突破。而且，这样的技术创新往往难以被遏制。因为一旦有人取得突破，就会有人迅速跟进，以掌握同样的知识或找到类似的实现方案。这些人会敏锐地捕捉到其中的战略潜力、商业价值或声誉机会，并全力追求这样的突破。

这就是人类不会拒绝新技术的原因。这也是为什么我们说即将到来的技术浪潮势不可当，遏制它难上加难。技术这一不可或缺的庞大系统已深入人类生活、社会和经济的每个角落。我们已无法离开它，各类根深蒂固的技术发展驱动力推动着新技术不断涌现。没有人能够完全掌控技术的应用范围或其发展走向。这并非深奥的哲学观点、极端的技术决定论，也不是加州技术中心主义者的幻想。相反，它真实地描绘了我们所处的现实世界，这个世界已经如此持续了相当长的一段时间。

从这个角度来看，我们可以把技术比作巨大的黏菌，它缓慢而坚定地朝着一个不可避免的未来滚去。在这个过程中，它吸收了由学者和企业家个体不由自主地做出的数十亿个微小贡献，这些贡献之间原本并无组织协调。强大的驱动力使"技术黏菌"不断滚滚向前，遇到阻碍时，它总会在别处找到新的突破点。试图减缓这些技术的推进，是与国家、企业和研究机构的利益相悖的。

这是一个终极的集体行动难题。认为我们能回退或撤销CRISPR或人工智能技术的想法是不切实际的。除非有人能开辟出一条新的可行之路，瓦解这些错综复杂、紧密相连的驱动力，否则我们无法在技术面前选择不发展、拒绝，甚至放慢脚步或寻找其他途径。

遏制技术就意味着必须打破其各驱动因素之间相互强化的动态机制。面对即将到来的技术浪潮，我们很难想象如何在有限的时间内实现这一点。或许只有一种实体能针对此问题提供解决之道，那就是我们政治体系的基础，也是对社会的技术创造负最终责任的主体——民族国家。

但问题在于，各国已经面临着巨大的压力，而即将到来的技术浪潮势必会使局势更加复杂。这种迫切需求与艰难现实之间的冲突，必将对 21 世纪未来的岁月产生深远影响。

第三部分

国家的失败

第九章
大契约

国家的承诺

民族国家，作为现今全球政治秩序的核心组成单元，本质上为其公民提供了一份简单而有说服力的契约：公民让主权领土国家实现权力集中，而国家确保这种权力的集中带来的益处远大于其风险。[1] 历史已经证明，国家对武力的集中控制，即赋予国家在执行法律和发展军事力量方面的广泛自由，是实现和平与繁荣的关键途径。更重要的是，一个治理良好的国家体系是经济增长、安全保障和民众福祉的重要基础。在过去的500年里，将权力集中于单一权威机构的机制对于维护和平是不可或缺的。这个机制也使得数十亿人的创造力得以释放，激励他们努力工作，接受教育，发明创新，开展贸易，从而推动了社会的进步。

尽管民族国家所集中的权力日渐增强，且这样的集权与民众的日常生活日益紧密相连，但国家所提供的契约仍保持不变：国家不仅要确保这种集权能促进和平与繁荣，还要确保它能通过一系列制衡和再分配手段及制度规范得到有效遏制。为实现此目标，国家必须在两种极端之间达到微妙的平衡。一方面，我们必须预防极端集权可能导致的反乌托邦式局面；另一方面，我们也必须接受国家权力的持续干预以维护社会秩序。我们常理所当然地认为这种平衡很容易实现，但实际并非如此。

今天，新的技术浪潮将至，这种脆弱的平衡比历史上任何时候都更加岌岌可危。简言之，重要的契约正在逐步瓦解，而技术是推动这一历史性转变的关键因素。

既然民族国家肩负着管理和调控技术以使其国民福祉最大化的责任，那么它们对即将到来的技术浪潮做了怎样的准备？如果国家不能有效协调力量以遏制这场浪潮，无法保证其公民从这场浪潮中获得的利益超过潜在风险，那么在中长期内，人类将面临哪些抉择？

在本书的前两部分，我们已知道，一场由众多强大技术汇聚而成的技术浪潮即将席卷而来。现在，让我们思考这场浪潮的真正含义，并尝试窥见浪潮过后世界的新图景。

在本书的第三部分（即本部分），我们将深入探讨这些技术将为民族国家，特别是自由民主制国家带来怎样的深远影响。当前，我们已观察到裂痕已出现。那个一度推动财富累积、生活水平提升，以及教育、科学和技术进步，并引领世界走向和平的政治秩序，现在正承受着巨大的压力。这种压力部分来自该秩序自身所孕育的力量，这些力量正在逐渐削弱其稳定性。我们难以完全洞悉这一形势将引发的广泛而复杂的影响。在我看来，这预示着未来遏制技术的挑战将比以往任何时候都更加艰巨，而21世纪的最大困境也将难以避免。

哥本哈根世界气候大会的教训：政治的个人化特征

我始终深信，国家拥有改善民生的力量。在进入人工智能领域之前，我曾在政府和非营利部门工作。19 岁时，我参与创立了一个提供慈善电话咨询服务的机构；我也曾为伦敦市长效力；还与他人共同创建了一家专门解决多方利益冲突的公司。与那些总是被人们需要且不知疲倦、竭尽全力的公务员共事的经历，让我深刻体会到，国家机制一旦失效，将会带来何等重大的灾难。

然而，通过在地方政府、联合国谈判机构以及非营利组织中工作，我也获取了关于这些机构局限性的第一手珍贵信息。它们通常面临长期的管理混乱，机构庞大，缺乏行动力。2009 年，在哥本哈根世界气候大会的谈判中，我曾负责一个项目，该项目旨在召集数百个非政府组织和科学专家，以统一其谈判立场。我们期望在主峰会上向 192 个争论不休的国家呈现出一致的立场。

然而，我们无法在任何问题上形成共识。首先，在科学或现实情况层面，大家的观点就各不相同。各方关注的优先事项也大相径庭。对于哪种方案既有效又经济，甚至是否可行的问题，大家都莫衷一是。每当有人提出新的建议，总有人提出反驳。你们能筹集 100 亿美元，把亚马孙雨林改造成国家公园来吸收二氧化碳吗？你们如何应对非法武装和贿赂的问题？我们是否应该考虑在挪威而非巴西种植再造林，或者种植大型海藻养殖场的方案是否更为理想？每一个新的提议都成为一个新的问题。最终，在所有讨论过的事项上，我们都以巨大的分歧而告终。政治就是这样。

值得一提的是，这种情况还是发生在所有参与者名义上都归属于"同一阵营"的背景下。我们尚未进入主会议环节，那才是真刀真枪"讨价还价"的战场。在哥本哈根世界气候大会上，众多国家代表立场各异，情绪高涨，这无疑增加了会议的复杂性。在充斥着数百人的争论、呼喊和各种意见小团体的混乱环境中，谈判代表们试图做出艰难抉择。而时间，无论对峰会还是对地球来说，都在无情地流逝。哥本哈根世界气候大会上的谈判可能是人类历史上最为复杂、利害关系最为重大的多方谈判之一。我曾有机会亲历现场，力图推动这一进程，但从最开始，这便似乎是一项无望的任务。目睹这一切后，我深感我们以此方式推进的速度远远不够。时间过于紧迫，问题过于复杂，而我们现有的解决全球性重大问题的机构显得捉襟见肘。

在我20岁出头为伦敦市长效力期间，我也观察到了相似的现象。当时，我的主要职责是评估和审查人权立法对城市各社区产生的影响。我采访了背景各异的人群，包括英国籍孟加拉人、当地犹太人，以及各个年龄层、不同信仰与背景的人。这段工作经历令我深切感受到，人权法能够实实在在地改善人们的生活。与美国不同，英国并没有一部保护公民基本权利的成文宪法。不过，理论上社区团体可以向地方政府提出问题，指出政府有法律义务来保护那些最脆弱的群体，不能对这些群体的困境置之不理。从某种程度上来说，这是鼓舞人心的。它曾给予我希望：政府机构能够建立一套关于公平正义的明文规定；这样的体系应能不负众望。

但是，伦敦政治的实际情况与理想之间有着天壤之别。在现实中，一切最终都变成了借口、推卸责任和媒体炒作。即便存在明确的法律责任，相关部门或机构也往往不予回应，人们会含糊其词，逃避责任，故意拖延。面对真正的挑战时，这种停滞不前的状态成了常态。

进入伦敦市政厅工作时，我刚满 21 岁。那是 2005 年，当时我天真地相信无论是地方政府还是联合国都是能切实解决问题的机构。对我这个局外人来说，这些机构看起来宏伟且办事高效，似乎能引领我们携手应对各种重大问题。和当时的许多人一样，我认为全球化和自由民主是世界发展的必然趋势，是历史演进的最终归宿。然而，随着对现实的了解逐渐深入，我开始认识到天真的理想与冷酷的现实之间的巨大鸿沟。

大约就是从那个时候起，我开始注意到另一种新趋势的出现。脸书作为一家公司的崛起速度堪称前所未有。不知为何，虽然从地方政府到联合国等传统机构的发展步伐都极其缓慢，但这家小小的初创公司在短短数年内便吸引了超过 1 亿名月活跃用户。这个事实彻底改变了我的人生轨迹。我清楚地意识到，仍然有一些组织拥有高效开展大规模行动的能力，它们在新兴领域如在线平台上运作和活跃着。

认为单凭技术就能解决社会和政治问题的想法无疑是一种危险的错觉。但反过来，那种认为我们可以完全不依靠技术来解决问题的看法也是错误的。亲眼看见公务员的沮丧与无力之后，我渴望探索出其他有效的途径，以推动一些具有重大意义的事情。这些新的途径并非旨在与国家的现行做法相抵触，而是希望与国家协同合作，共同构建更高效、更公平、更友善的社会。

技术创新和突破将帮助我们应对本书前一部分所提及的挑

数字媒体使用的增加与人们对政治的不信任、民粹主义运动的兴起、仇恨情绪的加剧以及政治极化的上升之间存在显著相关性。[18] 尽管相关性并不等同于因果关系，但这一综述确实呈现了新技术"对民主制度构成严重威胁的明确证据"。

技术已经逐渐侵蚀了民族国家原本稳固的主权边界，它开启了人口、信息、思想、经验、商品、资本和财富的全球化流动，并不断推动这一趋势。正如我们所观察到的，技术在地缘政治战略中占据着举足轻重的地位，它几乎渗入了人类生活的方方面面。在新的技术浪潮到来之前，技术已经是世界发展的重要驱动力，但它也导致了全球民族国家体系的稳定性日益下降。现代技术的迅猛发展、高度的全球化、广泛的应用范围以及巨大的吸引力，使得任何简单的遏制方案都难以成功。技术有重要的战略价值，为数十亿人所依赖，它已成为人类社会的一个核心角色，也是国家难以掌控的一股强大力量。如今，那些已经因先前技术浪潮冲击而动荡不安的社会，又将面临人工智能、合成生物学等新技术的挑战。这个世界尚未为这场即将到来的技术浪潮做好准备。在现有压力下，它已处于崩溃的边缘。

我经常听到一种观点，说技术是"价值中立"的，其政治性仅源于其使用方式。这种观点过于简化，实际上几乎没有任何意义。技术并没有直接"导致"现代国家的诞生，或创造出现代国家（或任何其他政治结构）。但在这个历史进程中，技术所释放的力量绝不是中立的。

正如技术史学家兰登·温纳所言："技术有各种各样的表现形式，它已成为人类世界的重要组成部分。其结构、过程及变迁都已深深融入人类意识、社会和政治之中。"[19] 换言之，技术本身具有政治属性。

然而，不仅我们的领导者，连技术开发者本身都未能充分认识到这一事实。技术微妙的政治化影响无处不在，但常常被人们忽视。我们必须正视它。社交媒体就是最新的例证，它提醒我们，技术与政治组织是密不可分的；国家和技术之间紧密相连。这一点对于即将到来的现实具有重要的启示。

技术并不会简单地将人们推向某个预定的方向。认识到技术能为人们提供某些能力，或者观察到技术如何引导我们达到某些特定结果，这也并非一种天真的技术决定论。[20] 从这个角度来看，技术是决定历史进程和走向的重要因素之一，但它绝不是唯一的因素，也从未以机械的或固有的可预测的方式发挥作用。技术并不直接引发特定的行为或结果，但它所创造的环境和条件确实会增加或减少某些发展的可能性。

战争、和平、商业、政治秩序和文化，这些元素始终相互交织，并与技术紧密相连。技术是思想，体现在各种各样的产品和服务中，对人、社会结构、环境及人类社会的所有一切产生深刻而持久的影响。

现代技术与国家的发展相辅相成，两者之间不断互动。想象一下，技术是如何助力国家核心机能的运转，以及如何协助构建起国家认同和行政管理的宏大框架的。文字最初是作为管理和记账的工具而诞生的，用于记录债务、遗产、法律条文、税务信息、合同内容和所有权等。而时钟的发明则引入了统一的时间概念，起初仅在特定场所如修道院使用，但到了中世纪晚期，机械钟在商业城市中广泛流行，最终在各个国家普及，从而帮助构建起更大、更统一的社会单元。[21] 印刷术则让众多方言规范为国家语言，进一步在国家层面塑造了"想象的共同体"，即国家背后的统一民族群体。[22] 与相对不稳定的口头传统相比，印刷文字实现了知识的准确记载，使法律条文和意识形态的广泛传播成为可能。广播和电视的崛起进一步推动了这一进程，创造了全国人民甚至全世界人民共同体验的时刻，例如罗斯福的炉边谈话或世界杯等活动。

武器也属于技术，它们对国家权力至关重要。实际上，国家理论学者普遍认为，战争本身是国家形成的基础。政治学家查尔斯·蒂利曾指出："战争缔造国家，而国家又发动战争。"同样，冲突一直是推动技术革新的重要力量，从古代的战车和铠甲到现代的雷达和精确制导武器中的先进芯片，无不体现了这一点。13世纪火药传入欧洲后，彻底改变了中世纪的城堡防御方式。曾经坚不可摧的城堡在炮火之下成了脆弱的活靶子。在英法百年战争中，进攻能力成为决定战争胜负的关键因素，有能力购买、建造、维护、移动和部署昂贵大炮的一方就占据了战场上的优势。多年来，国家将越来越多的致命武力集中在自己手中，并强调对合理使用武力的绝对控制权。

简言之，技术与政治秩序之间紧密相连。新技术的出现往往会带来重大的政治影响。正如大炮和印刷术曾经颠覆了社会格局一样，我们也应该相信人工智能、机器人技术和合成生物学等能够引发同样的变革。

请稍做停留，设想这样一个世界：能够用简单明了的英语进行"编程"、拥有人类般灵活度的机器人,其价格竟与微波炉不相上下。在这样的设定下,你能想象到这项珍贵技术将应用于哪些领域吗?又或者,这样的技术工具将在多大范围内得到推广和使用呢?在疗养院,是需要真人来照顾你年迈的母亲,还是一个机器人就足以胜任?在餐厅,你的点餐方式是否会改变,将食物送至你桌上的会是谁?在出现劫持事件这样的紧急情况下,执法行动又将如何展开?在丰收的季节,谁来负责采摘果园的果实?当不再需要派遣人类参与危险的战斗任务时,军事策划者的工作方式将如何转变?孩子们在接受足球训练时,运动场地又将迎来怎样的新面貌?你的窗户清洁工将以何种新形象出现?所有这些机器人硬件和相关知识产权又将归属于谁,由谁来控制它们,以及在出现问题时,有哪些保障措施?

想象这些场景,你会发现那是一个与今天截然不同的政治经济新秩序。

自20世纪初以来,现代的自由民主工业化民族国家已成为全球的主导力量,它们是19世纪众多政治冲突中毫无疑问的"胜利者"。这些国家承载着多项至关重要的职能,而今人们已将这些功能视为理所当然。这些功能包括提供安全保障、通过高度集权的中央机构确保对管辖范围内的全面控制,同时实现各种权力间的合理制衡与分离、通过再分配与健全的经济管理机制来提供充分的社会福利、建立稳定的技术创新与管理框架,并为全球化构建完备的社会经济法律体系。

在接下来的几章中,我们将探讨即将到来的技术浪潮将如何对这些国家及其职能构成巨大威胁。

在我看来，未来趋势将主要沿着两个方向发展，并可能产生一系列中间结果。一方面，某些自由民主国家的内部社会结构会继续削弱，最终演变为"僵尸政府"。[23] 这些国家虽然还保留着自由民主和传统民族国家的外壳，但其核心功能将逐渐丧失，基本服务的质量持续下滑，政治体制也将变得不稳定。在缺乏可行的替代方案的情况下，这些国家的状况会持续恶化，功能也越发紊乱。另一方面，若不经思考地全盘接受即将到来的技术浪潮的某些要素，可能会导致国家控制力过度扩张，进而催生出比历史上最极端的极权政府还要强大的超级权力体。威权政体同样有可能陷入僵尸政府的状态，但它们也有可能选择加强权力控制，充分利用技术的强化效应，从而演变为纯粹的技术独裁政体。无论选择哪一种路径，原本维系国家稳定的平衡都将被打破，使国家陷入混乱。

无论是国家体系的崩溃，还是威权政体的兴起，都是灾难性的情况。这不仅对这些国家和社会本身构成灾难，对技术的治理同样是巨大的打击。我们绝不希望盲目无能的官僚机构、民粹主义的投机者或权力无边的独裁者控制那些强大的新技术。上述两个发展方向无一能帮助我们遏制即将到来的技术浪潮。

事实上，这两个方向都潜藏着巨大的危险。为了应对即将到来的技术浪潮，我们需要自信、灵活且内部团结的国家。它们能够对人民负责，拥有足够的专业知识，能够平衡各方利益和激励措施，并且能够迅速、果断地采取立法措施。更为重要的是，这些国家还能进行紧密的国际协调。国家的领导者必须展现出前所未有的勇气和决心，采取大胆的行动，并愿意为了长期利益而牺性短期利益。为了有效地应对历史上最具深远影响和变革性的技术事件，我们需要成熟、稳定且值得信赖的政府发挥其最佳作用。只有真正高效运作的国家机制才能确保即将到来的技术浪潮实现其巨大的潜在利益。这是一项极难实现的任务。

前文所描绘的经济实惠且广泛应用的机器人，以及本书第二部分所探讨的众多其他变革性技术，在未来 20 年内都是不可避免的，甚至可能更早到来。在这样的背景下，我们应当预见到这些技术和工具对经济、民族国家及与之相关的一切产生的深远影响。国家与人民之间的大契约已不再稳固，随着新技术浪潮的汹涌来袭，一系列新的压力因素将真正动摇其基础。

第十章
脆弱性放大器

国家紧急状态 2.0：非对称性失控的实例

2017 年 5 月 12 日上午，NHS（英国国家医疗服务体系）突然陷入全面停顿。在全国范围内，数千家医疗设施的 IT（信息技术）系统遭受冻结，医护人员无法操作磁共振扫描仪等关键医疗设备，也无法查阅病人记录。原定的数千项手术被迫取消，医疗团队在恐慌中不得不回归传统方式，依靠纸质记录和个人手机来应对这一突发状况。皇家伦敦医院甚至关闭了急诊部，患者只能无助地躺在手术室外的担架上。

这次 NHS 遭受的攻击源于一个勒索软件 WannaCry，其规模之大令人震惊。[1] 这个软件通过入侵系统，对关键文件和功能进行加密，从而封锁访问权限。网络攻击者通常在被攻击者支付赎金后才会解锁被劫持的系统。

NHS 并非 WannaCry 的唯一目标。黑客利用老版微软系统中的漏洞，成功让数字世界陷入混乱，包括德国铁路公司、西班牙电信公司、联邦快递、日立。WannaCry 通过诱导用户打开电子邮件，释放出"蠕虫病毒"，该病毒被迅速复制并传播，仅在一天之内就感染了 150 个国家的 25 万台计算机。[2] 在攻击发生后的几小时内，整个数字社会如临大敌，被一个遥远且身份不明的攻击者用赎金威胁。此次攻击造成的经济损失高达 80 亿美元，但更严重的问题在于其后续影响。[3] WannaCry 的攻击暴露出，那些我们认为运转自如的关键机构，在复杂的网络攻击面前其实不堪一击的问题。

最终，NHS 乃至全球都侥幸逃过一劫。这得益于一个名叫马库斯·哈钦斯的 22 岁英国黑客意外地发现了病毒的终止开关。在分析恶意软件代码时，哈钦斯偶然发现了一个奇怪的域名，他猜测这可能是蠕虫病毒命令和控制结构的一部分。当发现该域名尚未被注册时，哈钦斯果断出手，仅用 10.69 美元便成功购得该域名，进而控制住了病毒的传播。与此同时，微软也迅速行动，发布了修复漏洞的更新。

WannaCry 最不寻常之处，或许就是它的来源。此病毒其实是以美国国家安全局研发的技术为基础构建的。美国国家安全局内部有一个"特定入侵行动办公室"，其开发了一个名为"永恒之蓝"的网络攻击工具。美国国家安全局的员工曾将这些工具比作"打开王国的钥匙"，因为它们专门用于"瓦解国内外重要政府及企业的网络安全防线"。[4]

这项强大的技术究竟是如何被一群黑客从一个如此高端的组织中窃取的？正如微软当时所指出的，"如果用常规武器做类比，这就相当于美国军方的一些战斧导弹被盗"[5]。与战斧导弹不同的是，美国国家安全局的数字武器可以悄无声息地侵入 U 盘（一种移动存储设备）。窃取该技术的黑客团伙被称为"影子经纪人",他们出售了"永恒之蓝"。没过多久,这个病毒就落入了另一群黑客的手中,随后,他们把这个病毒释放到了全世界。

尽管微软及时发布了补丁修复,但"永恒之蓝"漏洞的威胁并没有结束。2017年6月,这一网络武器又出现了新版本,矛头直指乌克兰国家基础设施。NotPetya网络攻击令乌克兰几近瘫痪,切尔诺贝利的辐射监测系统失去电力,自动取款机停止服务,手机通信陷入沉寂。在全国范围内,有10%的计算机被病毒感染,从电网到乌克兰国家储蓄银行,基础设施纷纷告急。甚至连航运业巨头马士基也受到了波及,成了此次攻击的连锁受害者。

这就像是21世纪技术的一则寓言。世界上最先进的国家安全机构开发的软件的信息,竟然被泄露或盗取,然后落入了数字恐怖分子之手。这些软件随后被转化为武器,直接瞄准了当代国家的核心支柱:卫生服务、交通和电力基础设施,以及全球通信和物流领域的重要企业。换句话说,由于基本的防护措施失效,一个全球超级大国成了自己强大且本应安全的技术的受害者。

这正是非对称性失控的实例。

庆幸的是,前文所述的勒索软件攻击只是运用了常规的网络武器。这些攻击尚未运用即将到来的技术浪潮的特性,因此它们的威力和潜在风险都相对有限。民族国家虽然受到了伤害,但并未从根本上被削弱。然而,下一次攻击的发生只是时间问题,而不是会不会发生的问题,届时我们可能就没那么幸运了。

在发生像WannaCry这样的攻击后,关键系统能够迅速恢复,这让一些人觉得网络攻击并没有想象中那么严重。然而,随着新一波浪潮的临近,持有这种看法的人将会严重误判。这些攻击已经显示出，有人正利用先进的科技手段来削弱甚至破坏国家的核心职能，它们暴露了现代生活核心机构的脆弱性。这次，我们仅仅依靠个人或私营企业（如微软）修补了系统漏洞。而这类攻击不分国界，政府在应对时往往力不从心。

现在，假设 WannaCry 背后的黑客专门设计了一个程序，使其能够自我诊断漏洞并持续修补。假设这个程序在攻击过程中逐渐进化，可以利用更多的漏洞进行攻击。再进一步设想，它开始逐一攻击每个医院、每个办公室、每个家庭，并在攻击的过程中不断进化和学习。它可能会瞄准生命支持系统、军事基础设施、交通信号系统、能源网络、金融数据库。在不断扩散的过程中，这个程序可能逐渐学会检测和阻止任何试图关闭它的尝试。这样的武器或许正在研发之中，或许已经存在。

与 WannaCry 和 NotPetya 相比，下一代网络武器将采用更为通用的学习代理，它们有可能触发国家紧急状态的升级。如今的网络攻击尚未构成真正的威胁，它们更像是充满脆弱性与不稳定性的新时代"矿井"中的"金丝雀"，削弱了国家作为安全的唯一仲裁者的作用。

这是即将到来的技术浪潮近期具体应用的一个例子，它正在瓦解国家的结构和基础。在本章中，我们将探讨这项技术以及其他压力因素如何逐渐侵蚀那些负责管理技术的体制的根基。这些脆弱性放大器、系统冲击和紧急状态升级等现象，将极大地加剧现有的挑战，动摇国家的根基，破坏我们本已不稳定的社会平衡。在某种程度上，这是一个关于何人掌控何物、权力归属何处的问题。

大幅下降的权力成本

权力是"以特定方式行事的能力……影响他人行为或事件进程的能力"[6]。它是文明社会运转的动力，是国家的基石和核心原则。权力以各种形式塑造着世界万物，而如今它也将迎来变革。

技术，归根结底，也属于政治范畴，因为技术本身就是一种权力形式。即将到来的技术浪潮最显著的特征或许是它将使更多人有机会获得权力。正如我们在第二部分所见，这将赋予人们在现实世界中的行动能力。我的理解是，正如消费互联网时代大幅降低了信息处理和传播的成本，即将到来的技术浪潮也会极大地降低实际行动和行使权力的成本。拥有知识固然重要，但采取行动才能产生更深远的影响。

人们不再只是内容的消费者，现在每个人都能制作出堪比专业人士的高质量视频、图片和文本。人工智能不仅能协助你找到伴郎致辞的素材，还能帮你撰写完整的讲稿。所有这些变化都在前所未见的规模上发生。机器人不仅能制造汽车、管理仓库，对任何有创意和时间的车库里的发明家来说，也是好帮手。上一波技术浪潮让我们能够对DNA进行测序或读取，而接下来的浪潮将让DNA合成变得人人可及。

无论权力现在掌握在谁的手中，它都将进一步放大。任何有目标的人（其实就是我们每个人），在追求目标的过程中都会得到巨大的助力。无论是调整商业战略、组织社区活动，还是攻占敌方领地，都将变得更加轻松。无论是建立航空公司还是让整个机队停飞，也都将成为可能。无论是商业、宗教、文化、军事，还是民主或专制，只要借助触手可及的更廉价的权力，你能想到的任何动机就都将得到极大的加强。

在这个时代，即使你腰缠万贯，也只能购买数十亿普通民众所使用的那种智能手机，无法买到更好的。这种惊人的文明成就往往被大众视而不见。在接下来的10年里，人们获取人工智能融合技术的机会将呈现出类似的趋势。很快，这数十亿人将同等地享受顶尖律师、医生、战略顾问、设计师、教练、行政助理、谈判专家等专业人士的服务。每个人都将拥有一支世界级团队。

这将是人类历史上最强劲、最迅猛的财富和繁荣的加速器。然而，这也预示着一段极度混乱的时期。如果人人都能获得更多的能力，那么那些心怀恶意的人自然也不例外。随着技术发展的速度超越了安全防护的步伐，毒枭、黑客这类人的违法行为也将因此得到强化。技术普及化的同时，风险也随之全民化。

我们正站在人类历史的关键节点上。未来10年，民族国家都得面对这一挑战。在本章中，我们将通过一些关键案例，探讨即将到来的技术浪潮如何加剧社会的脆弱性。首先，我们深入剖析一下近期可能出现的风险：不法分子如何策划新型的攻击手段。这些攻击可能是致命的，且易于执行，这无疑为某些人提供了肆无忌惮发动大规模攻击的机会。

武装机器人：进攻行动的新主宰

2020年11月，穆赫森·法赫里扎德这位伊朗长期研制核武器项目的主要科学家和核心人物受到了广泛关注。他忠于国家，敬业奉献，经验丰富，因此也成了伊朗敌对国家的眼中钉。他清楚自己所面临的危险，在伊朗安全机构的配合下，始终对自己的行踪和活动高度保密。

那天，法赫里扎德的车队在严密保护下沿着尘土飞扬的道路前往他位于里海附近的乡村别墅。然而，车队突然紧急刹车，法赫里扎德乘坐的车辆遭到猛烈的子弹射击。他身中数弹后，从车里跌跌撞撞地逃出，但不幸被第二波机枪火力击中，当场身亡。他的保镖，也就是伊朗伊斯兰革命卫队的成员们，顿时乱作一团，想弄清究竟发生了什么，以及枪手究竟藏身何处。几分钟后，一声爆炸响起，附近的一辆皮卡车瞬间燃起熊熊大火。

然而，皮卡车内除了一把枪之外，再无他物。地面上也未见刺客的踪影。《纽约时报》称，这是一次"高科技、计算机化狙击手的首次实战测试。这种狙击手配备了人工智能和多个摄像头，通过卫星远程操控，每分钟可发射高达 600 发子弹"[7]。这种机器人武器由以色列特工组装，安装在一辆看似普通的皮卡车上。皮卡车安装了摄像头，并策略性地停放在一旁。虽然有人授权发动这次袭击，但真正调整枪支瞄准目标的是人工智能。仅仅发射了 15 发子弹，便让伊朗最有声望、安保最严密的其中一个人物不到一分钟丧命。而随后的爆炸，仅仅是企图销毁证据的一次失败尝试。

法赫里扎德的遇刺预示着未来的某种趋势。随着武装机器人的技术日益先进，暴力行为的门槛正在不断降低。在互联网上，我们很容易就能找到关于最新一代机器人的视频，如"阿特拉斯""大狗"等机器人。在这些视频中，我们可以看到一些外形奇特、身材敦实的类人机器人和小型犬类机器人灵活地穿越障碍赛道。它们尽管看起来有些摇摇晃晃，但从未倒下。它们以令人惊叹的方式穿越复杂地形，即使身躯笨重也从未倾覆，甚至还能完成后空翻、跳跃、旋转等特技动作。就算被推倒，它们也会冷静且果断地重新站起来，准备再展身手。这样的场面无疑让人心生不安。

如今，不妨想象一下，机器人不仅装备了面部识别、DNA测序技术，还配备了自动武器。未来的机器人或许不会以活蹦乱跳的狗的形态出现，而是会进一步缩小，变得像鸟或蜜蜂一般大小，配备小型枪支或装有炭疽病毒的试管。这些机器人可能很快就会成为任何人想要就能轻易获取的工具。这就是不法之徒获得力量的情形。

军用无人机的成本在过去10年中下降了3个数量级。[8]到2028年，军事无人机每年的开支将达到260亿美元，届时许多无人机将很可能实现全自主操作。[9]

自主无人机的实战部署正逐渐变得可行。比如，2021年5月，加沙地区利用人工智能无人机群成功搜寻、识别并攻击了哈马斯武装分子。[10]一些初创公司，如Anduril、Shield AI和Rebellion Defense，已经筹集了数亿美元资金，用于建设自主无人机网络和其他军事领域的人工智能应用。[11]与此同时，3D打印和先进移动通信等辅助技术将使战术无人机的成本降至数千美元。这意味着从业余爱好者到准军事组织，甚至孤独的精神病患者，都可以轻易获得这些无人机。

除此之外，通过人工智能得到强化的武器系统还能实时进行实的程度，导致威慑效果大打折扣。如果不能明确谁是攻击的发起者，或者不能确切知晓事件的真实情况，那么恶意行为者又有何理由停下来呢？

当非国家行为体和不法分子通过这种方式获得力量时，国家的核心主张，即为公民提供安全保障的承诺便会遭到严重破坏。[14] 安全保障是民族国家体系的基石，绝非可有可无的附属品。对于法律和秩序问题，或来自敌对国家的直接攻击，国家通常知道如何应对。然而，当前的情况却更加复杂、模糊且不对称，使得领土界线和归属问题变得难以界定。

如果一个国家连最基本的安全保障都无法给予其公民，那么它如何赢得民众的信任，维持那份庄严的社会契约呢？它又如何确保医院继续运营、学校持续开放、灯光始终亮起呢？如果国家无法保护你和你的家人，那么遵守规则和保持归属感又有何意义呢？当我们感到那些基础设施——为我们提供电力的设施、让我们出行的交通系统以及为我们供暖的能源网络，甚至是我们个人的日常安全，都在分崩离析，而政府和我们却束手无策时，整个社会的基石都将受到侵蚀。如果国家是因应对新型战争的需求而诞生的，那么它也许也会因这些战争的不断演变而走向终点。

历史上，技术进步总是在攻防之间进行着一种精妙的博弈。尽管攻防之间的平衡时有波动，但总体而言维系着相对的均势：每当有新型炮弹或网络武器问世，总会迅速涌现出有效的反制手段。火炮既能摧毁城墙，也能击溃敌军。如今，强大、不对称且通用的技术终将落入那些意图破坏国家稳定的人手中。尽管防御能力随时间不断增强，但是这些技术的本质趋向于强化攻势：它们传播广泛、速度迅猛、接入简易。一台普通的笔记本电脑就足以存储能够改变世界的算法；很快，这些技术将不再依赖上一波技术浪潮和互联网所倚重的那种庞大、集中的基础设施了。区别于箭矢乃至高超声速导弹，人工智能和生物制剂将以前所未有的低成本、高效率、自主性迅猛发展。因此，除非采取重大干预措施重塑当前局势，否则在未来数年，掌握这些技术的人数将达到数百万。

在如此广泛的通用技术领域，保持长久且有决定性的战略优势几乎是不可能的。平衡或许最终会恢复，但在此之前，必将有一股巨大的不稳定力量被释放。我们已经看到，威胁的本质远远超越了物理攻击的简单范畴。信息与通信本身就是不断增长的风险来源，是新出现的脆弱性放大器，值得我们高度关注。

欢迎来到深度伪造时代。

错误信息机器

在印度 2020 年的地方选举中，印度人民党德里主席马诺伊·蒂瓦里录制了一段竞选演讲视频，他分别用英语和印地语方言发表演讲，两段都极其逼真，让人深信不疑。[15] 在视频中，他言辞激烈地抨击对手，指责敌对党派的领导人"欺骗了我们"。但是，印地语方言版本的演讲其实是通过人工智能技术合成的，是一段深度伪造视频。这段视频由一家政治传播公司制作，意在吸引那些难以触及的选民群体。由于公众对虚假媒体知之甚少，很多人信以为真。尽管制作公司坚称这是技术的"正面"应用，但明眼人都能看出，这标志着政治传播进入了充满危险的新时代。在另一个引起轰动的事件中，南希·佩洛西的一段视频被恶意剪辑，使她看起来病弱不堪，该视频在社交媒体上被广泛传播。[16]

试想，当每个人都有能力制作和播放高度逼真的内容时，将会发生什么？这些事件发生在近乎完美的深度伪造作品（无论是文本、图像、视频还是音频），变得与谷歌搜索一样便捷之前。我们在第四章中已经看到，大语言模型在合成媒体生成方面已经取得了令人瞩目的进展。一个深度伪造与真实媒体难辨真伪的时代已经到来。这些伪造内容如此逼真，以致我们很难相信它们不是真实的。

深度伪造技术正在迅速扩散。如今，想观看一段汤姆·克鲁斯与短吻鳄搏斗的逼真假视频，简直轻而易举。[17] 随着所需训练数据的不断减少，现在只需要几个样本，普通人也能被轻易模仿。事实上，这种情况已经真实上演。2021年，香港一家银行就曾因客户被深度伪造技术冒充，向诈骗者转账了数百万美元。[18] 诈骗者利用与真实客户一模一样的声音，打电话给银行经理，解释公司需要为收购而转移资金的情况。由于所有文件看似毫无破绽，声音和性格特征也完全匹配，银行经理便相信了诈骗者，并进行了转账。[19]

如今，任何企图制造社会动荡的势力都更容易达成目的。例如，在选举前三天，一段总统的种族歧视言论视频被曝光。尽管竞选新闻办公室迅速对此进行否认，但大多数人更愿意相信自己的眼睛，愤怒情绪迅速在全国蔓延，民调结果也一路走低。因此，摇摆州突然倒向对手，最终导致对手意外获胜，新一届政府上台。

然而，人们所看到的视频其实是一段深度伪造视频，其技术之高超，甚至连最先进的假视频检测神经网络都无法识破。

真正的威胁通常并非来自极端事件本身，而是那些微妙且看似真实的场景被过度渲染和歪曲。一段总统冲进学校胡言乱语并乱扔手榴弹的视频并不令我们担忧；然而，当看到总统在视频中无奈地宣告，除了颁布紧急法令或重启征兵制外他已别无他法时，我们会深感不安。[20] 好莱坞风格的爆炸场面不会触动我们真正的恐惧，而那些据称由监控捕捉的、看似真实的视频画面，例如一群白人警察残忍地将一名黑人殴打致死，才是真正让我们害怕的。

激进传教士安瓦尔·阿尔-奥拉基的布道曾深深影响了波士顿马拉松爆炸案凶手、巴黎《查理周刊》袭击者以及奥兰多夜店枪击案的枪手。然而，奥拉基早在 2011 年就已离世，他是首位被美国无人机击毙的美国公民，上述事件均发生在他离世之后。但直到 2017 年，他的煽动性言论仍在优兔上流传。[21] 设想一下，如果利用深度伪造技术"复活"奥拉基，制作一系列新的视频，每个视频都充斥着精心策划的极端言辞，煽动更多人进行定向袭击，那么尽管不是每个人都会相信这些视频，但对那些愿意相信的人来说，它们无疑具有极强的蛊惑力。

很快，这些视频将能够实现全方位且逼真的互动。[22] 你仿佛能直接与视频中的人对话，他能理解你，适应你的口音和表达方式，还会利用你的过往经历以及你那糟糕的、不道德的"西式"父母做文章。这些虚假信息不再是那种铺天盖地的轰炸，而更像是手术刀般精准的定向误导。

无论是针对政客或商人的网络钓鱼攻击，还是扰乱、操控金融市场的虚假信息，抑或是利用宗派、种族矛盾煽动分裂的媒体宣传，甚至是那些低级的骗局，它们都在侵蚀着人们的信任，让社会脆弱性进一步加剧。

最终，人们可以轻易地创造出内容丰富、完整且看似真实的历史。普通人根本没有时间或工具去核实这些信息洪流中的冰山一角。假消息甚至能够轻松通过复杂的审核程序，更不用说通过普通人短短的两秒的鉴别了。

国家支持的信息攻击

20世纪80年代，苏联资助了一系列虚假信息宣传活动，声称艾滋病病毒是美国生物武器计划的产物。多年后，一些社区仍然深受其影响，持续承受由此引发的不信任和余波。然而，这样的活动并未停止。脸书的数据显示，在2016年美国大选期间，俄罗斯特工在其平台上发布了至少8万条内容，这些信息影响了1.26亿名美国人。[23]

如今，搭载人工智能的数字工具正在加剧这类信息操纵，它们干预选举、利用社会分歧，甚至制造复杂的虚假草根运动来引发混乱。遗憾的是，这种情况并非俄罗斯独有。[24] 已有超过70个国家被发现在进行虚假信息的宣传活动。[25] 土耳其和伊朗等国家正在积极发展自身的信息操纵技术。（当然，美国中央情报局对信息战也并不陌生。）[26]

在新冠疫情初期，大量虚假信息的传播产生了致命的后果。卡内基-梅隆大学对首次封锁高峰期间超过2亿条关于新冠病毒感染的推文进行了深入研究，发现其中要求"重新开放美国"的影响力账号中，有高达82%是机器人。[27]这很可能是一台俄罗斯制造的定向"宣传机器"，旨在加剧这场百年来最严重的公共卫生危机。

深度伪造技术的发展使得信息攻击的自动化程度大大提高。在过去，一个成功的虚假信息宣传活动通常需要大量的人力投入。虽然制造机器人和假信息并不困难，但它们大部分质量低下，容易被人识破，对改变目标行为的影响也有限。

然而，高质量的合成媒体彻底打破了这一局面。虽然并非所有国家都有资源去运行一个规模庞大的虚假信息项目，配备专业的办公室和训练有素的工作人员，但如今，高保真内容的便捷制作技术已经让这个问题变得不那么复杂。未来的混乱不再是偶然事件，而是随着现有虚假信息宣传活动的加速扩散、规模增大，以及越来越多动机强烈的参与者的加入，成了一种不可避免的趋势。

合成媒体以大规模、低成本的方式兴起，加剧了虚假信息（恶意和故意误导的信息）和错误信息（更广泛、更无意的对信息空间的污染）的传播。这敲响了"信息末日"的警钟：当社会再也无法应对铺天盖地的可疑信息时，维系着知识、信任和社会凝聚力的信息生态系统（即社会团结的黏合剂）将会彻底崩溃。[28]布鲁金斯学会的一份报告指出，无处不在且近乎完美的合成媒体意味着"扭曲民主对话，操纵选举结果，侵蚀公众对机构的信任，削弱新闻业的公信力，加剧社会分裂，威胁公共安全，并对包括当选官员和公职候选人在内的知名人士的名誉造成难以挽回的损害"[29]。

然而，值得注意的是，并非所有的压力和危害都源自不法之徒。有些压力和危害其实是出于好意。脆弱性的放大既可能是故意的，也可能是无意的。

实验室泄漏与意外不稳定性

在世界上安全等级最高的其中一个实验室里，一群研究人员正在研究一种致命病原体。接下来发生什么，谁也说不准。即便事后回溯，关于这项研究的详情依然寥寥无几。但可以确定的是，在这个以保密和政府控制闻名的国家，一种奇特的新型疾病已经开始冒头。

不久后，这种疾病迅速蔓延至全球各地，包括英国、美国等国家。令人困惑的是，它似乎并非完全自然产生的病毒株。一些特征引起了科学界的警觉，让人不禁怀疑实验室可能出现了重大问题，这并非自然界的正常现象。很快，死亡人数开始不断攀升。那个原本被认为高度安全的实验室，现在看来也并非坚不可摧。

如果你觉得这故事似曾相识，它也未必是你心中所想的那个。这其实是1977年暴发的那场被称为"俄罗斯流感"的疫情。据报道，这场疫情导致了多达70万人丧生。这种H1N1流感病毒株的特别之处在于，它与20世纪50年代流行的病毒株非常相似。[30]这种疾病对年轻人的影响尤为严重。这或许表明他们的免疫力相较于几十年前的人要弱一些。

关于这次事件的真相，人们议论纷纷。是永冻层中有什么东西逃逸出来了吗？还是这背后隐藏着苏联庞大而神秘的生物武器计划？然而，截至目前，最合理的解释似乎是实验室泄漏。一种早期病毒的变种可能在实验室疫苗实验中意外逃脱。[31]这场流行病的起因，恰恰是为了预防疫情而进行的善意研究。

生物实验室必须遵守全球统一的标准，以预防事故的发生。其中，防护级别最高的是BSL-4（生物安全四级）实验室。它们在处理最危险的病原体材料时，有着最高的防护标准。这些实验室设施完全封闭，需要通过气闸进入，所有物品在进出时都会受到严格的检查。实验室人员必须穿上加压防护服，离开时还要进行淋浴。所有材料都必须按照最严格的协议进行处理，任何可能刺穿手套或防护服的尖锐物品都禁止使用。BSL-4实验室的研究人员接受了严格的培训，以确保他们打造出人类历史上最安全的生物环境。

然而，事故和泄漏事件仍然时有发生。[32] 1977年的"俄罗斯流感"就是其中一例。仅仅两年后，苏联的一个秘密生物武器设施就发生了炭疽杆菌孢子意外泄漏，从而形成了一条长达50千米的疾病传播带，导致至少66人死亡。[33]

2007年，英国皮尔布赖特研究所，这个拥有BSL-4实验室的科研重地，因一根管道漏水而意外引发了口蹄疫疫情，最终造成了高达1.47亿英镑的巨额损失。[34] 2021年，费城附近一家制药公司的研究人员竟然将天花病毒样本随意存放在未标记且缺乏安全保障的冷冻柜中。[35] 幸运的是，清理冷冻柜的人员及时发现了这些样本，并且他当时还戴着口罩和手套。如果这些样本不慎泄漏，后果将不堪设想。要知道，在天花病毒被根除之前，仅

20世纪就有3亿~5亿人死于天花。[36]其繁殖能力与那些传染性极强的新冠病毒毒株相当,但死亡率是新冠病毒毒株的30倍之多。

尽管BSL-4实验室数量激增,但全球卫生安全指数显示,只有1/4的实验室在安全方面得分较高。[37] 1975—2016年,研究人员记录了至少71起有意或无意的高传染性和毒性病原体暴露事件。[38]其中大多数都是小事故,即使最训练有素的人有时也难免犯错,比如针滑落,瓶子洒出液体,或是实验准备过程中出现小错误。这些记录肯定不完整,因为很少有研究人员公开或及时报告事故。一项对生物安全官员的调查显示,大多数人从未将事故报告到他们所在机构之外。[39] 2014年的一项美国风险评估估计,在过去10年中,涉及相关病毒研究的平均10个实验室中,发生"重大实验室泄漏"的概率为91%,而这类泄漏导致大流行病出现的风险为27%。[40]

我们必须防止任何泄漏的发生。然而,这种情况还是会一再上演。尽管我们有严格的隔离协议、技术和规定,但总有些疏漏难以避免。移液管的晃动、塑料片的刺穿、溶液的滴落,这些都是隔离失败的实例。这些意外和偶然似乎带有一种难以抗拒的必然性,一次又一次地发生。特别是在合成生命的时代,这些失误可能带来难以估量的风险,甚至可能引发灾难。这是我们将在本书第三部分再次讨论的话题。

在生物学领域,几乎没有哪个研究方向比功能获得性研究更具争议了。[41]简单来说,功能获得性实验就是人为地改造病原体,使其更具致命性或传染性,或者两者兼有。在自然条件下,病毒通常需要在致命性和传染性之间做出权衡，传染性强的病毒往往致命性就相对较弱。但这并不是绝对的。要理解病毒如何同时变得更具致命性和传染性，以及我们如何与之抗争，一个方法就是人为地模拟这种情况。

这正是功能获得性研究的意义所在。研究人员致力于探究疾病的潜伏期，研究病毒如何躲避疫苗的抵抗，或者如何在人群中实现无症状传播。此类研究已经针对埃博拉、H1N1流感以及麻疹等疾病展开。

通常，这些研究是可靠的，并出于良好的意图。以大约10年前荷兰和美国进行的禽流感研究为例，这种疾病的死亡率极高，但幸运的是，它并不容易传播。[42] 由于想了解这种病毒如何变异，如何变得更具传染性，研究人员使用雪貂来模拟这一过程。换句话说，他们试图从理论上让这种原本致命的疾病变得更容易感染。

然而，我们也不难想象，这样的研究可能会带来风险。包括我在内的一些人认为，刻意改造或使这样的病毒进化，无异于玩火自焚。

功能获得性研究的争议显而易见。虽然美国资助机构曾一度暂停对该研究的资助，但2019年这类研究又悄然恢复了，这显然反映了该研究领域管理和控制的不足。[43] 如今，有迹象显示新冠病毒可能经过了基因改造。

联邦调查局和美国能源部都认定这是事实，但中央情报局还没下定论。这次的疫情非常特殊，没有确凿的证据表明是由动物传播而来。据悉，生物研究可能已导致数百万人丧生，让全球社会停滞不前，并造成数万亿美元的巨大损失，这种说法极有可能是事实。2022年底，美国国立卫生研究院在波士顿大学进行了一项研究，将原始且更致命的新冠病毒毒株与传染性更强的奥密克戎变异株的突起蛋白结合。[44] 这项研究虽然饱受质疑，但最终还是得到了公共资金的资助。[45]

这并不是不法分子利用技术故意制造的麻烦，而是那些希望改善健康结果的研究者意外造成的后果。这涉及强大工具滥用时可能出现的问题、可能犯下的错误、可能引发的"反噬效应"，以及技术与现实冲突时可能导致的随机的、无法预见的混乱。若这些研究脱离了理论框架和实验设计的指导，即便初衷再好，技术失控这一核心问题也难以避免。

功能获得性研究的初衷自然是保障人类的安全。然而，现实往往不尽如人意，实验室泄漏、疫情暴发等不幸事件时有发生。历史上实验室泄漏的案例不容我们忽视。

功能获得性研究和实验室泄漏只是即将到来的技术浪潮中两个尤为突出的例子，它们将引发一系列反噬效应和意外失败模式。如果每个半吊子实验室，甚至任何一个生物黑客都能轻易涉足此类研究，灾难的发生就难以避免，就不可能被无限期地推迟。这正是我在第一章提到的研讨会上所描述的情景。

在任何技术的影响力和覆盖范围不断扩大后，其失败模式也随之演变升级。单架飞机坠毁已属灾难，但若整个机群接连坠落，那无疑是更加恐怖的事故。再次强调，这些风险并非源于恶意破坏，而是由我们社会核心系统中广泛应用的前沿技术所引发的。实验室泄漏正是无意后果的一个明显例证，凸显了控制问题的严重性。在即将到来的技术浪潮中，这种事件就如同反应堆熔毁或弹头遗失一样严重，给整个系统带来了额外的不可预测压力，增加了分裂的风险。

然而，压力或许并非仅来自孤立的事件，如机器人攻击、实验室泄漏或深度伪造视频，而是更多地源于一个悄然无声、逐渐侵蚀我们社会基础的过程。回顾历史，工具和技术的设计初衷是帮助我们用更少的资源完成更多的事情。每一项单独的技术进步似乎微不足道，但当这些累积的效率最终导致人类无须承担大量工作时，我们又将如何应对这一局面呢？

关于自动化问题的辩论

自我参与创办 DeepMind 以来，没有什么比未来工作中的人工智能政策辩论更受关注的了，其关注度甚至达到了饱和状态。

下面我们来谈谈最初的看法。回顾过去，新技术的涌现常常导致一部分人失业，经济学家约翰·梅纳德·凯恩斯称之为"技术性失业"。但凯恩斯认为这并不全然是坏事，因为生产力的提升为人们提供了更多的时间和机会去创新、去享受休闲生活。与技术相关的失业例子不胜枚举，电力织布机的出现让传统织布工人失去了工作，汽车的普及让马车制造商和马厩逐渐退出历史舞台，电灯工厂的兴起更是让蜡烛制造商纷纷关门大吉。

虽然技术会摧毁一些旧的工作和行业，但也会催生出新的就业机会。随着时间的推移，这些新工作逐渐转向服务业和以认知为基础的行业。虽然"铁锈地带"的工厂纷纷关闭，但律师、设计师、社交媒体博主等职业的需求大幅增长。至少到目前为止，从经济层面来看，新技术并没有完全取代劳动力，反而总体上为劳动力提供了补充。

然而，若新兴的工作替代系统达到人类的认知水平，导致劳动力无处可去，那我们该如何应对？倘若即将到来的技术浪潮真的如我们所见的那般普遍且影响深远，人类又该如何与之抗衡？假如大部分白领工作都能被人工智能更高效地完成，我们又该何去何从？在几乎所有领域，人类将不再"优于"机器。我长久以来一直认为这或许是未来的发展趋势，而随着最新一代大语言模型的出现，我现在比任何时候都更加坚信，这将是未来的必由之路。

这些工具只能暂时提升人类的智力水平。它们确实能在一段时间内让我们变得更聪明、更高效，并释放出巨大的经济增长潜力。然而，它们的本质其实是逐步取代劳动力。最终，这些工具能够以更高效、更低成本的方式完成诸如行政、数据录入、客户服务（包括电话沟通）、电子邮件撰写、摘要起草、文件翻译、内容创作和文案编写等认知工作。随着大量低成本替代品的出现，这种"认知型体力劳动"的日子已经所剩无几了。

我们目前才开始逐渐认识到新一轮浪潮即将带来的深远影响。早期对ChatGPT的分析显示，它在众多任务上成功提升了"受过大学教育的中层专业人员"的生产力，幅度高达40%。[46]这一发现很可能反过来影响企业的招聘决策：麦肯锡的研究预测，在未来7年里，超过一半工作岗位上的多项任务都将受到机器自动化的冲击；而到了2030年，预计将有高达5 200万的美国人将在工作岗位中面临"中等程度自动化"的局面。[47]

经济学家达龙·阿西莫格鲁和帕斯夸尔·雷斯特雷波的研究指出，机器人的普及会导致当地工人的工资水平下降。[48] 每当机器人数量在千名工人中增加一个，就业人口的比例就会相应下降，进而拉低工资水平。如今，算法已经接管了大部分股票交易，并在越来越多的金融机构中发挥着重要作用。[49] 尽管华尔街目前正处于繁荣期，但随着技术不断渗透到各个领域，某些职位将不可避免地被削减。

许多人对此仍持怀疑态度。像戴维·奥特尔这样的经济学家认为，新技术会不断提升收入水平，进而创造对新劳动力的需求。[50] 技术让公司运营更高效，产生更多资金，这些资金最终会流入整个经济体系。简言之，需求是永无止境的，技术创造的财富将激发新的需求，进而催生需要人类参与的新工作。一些怀疑论者指出，尽管深度学习技术取得了长足的发展，但在过去的10年里，我们并未看到就业自动化导致的崩溃。有人认为，对自动化引发失业的担忧，其实只是对"劳动力总量固定"的旧有谬误的重复，即错误地认为工作总量是恒定不变的。[51] 相反，未来更有可能出现的情况是，数十亿人将从事目前还难以想象的高端工作。

我相信，在未来几十年内，这种乐观的设想可能难以实现，因为自动化将无疑进一步放大我们的脆弱性。正如第四章所揭示的那样，人工智能的改进速度甚至已经突破了指数级，并且至今还未见到明显的上限。机器正在迅速模仿人类的各种能力，从视觉到语音和语言。尽管尚未取得"深度理解"的突破性进展，但新的语言模型已经能够阅读、整合并生成令人惊叹的精准且极具实用价值的文本。实际上，已有数百种职业的核心要求仅仅是这种单一技能，而人工智能的潜力还远不止这些。

是的，可以肯定的是，许多新兴的职业类别将会陆续涌现。

谁能想到，"网络红人"会成为令人羡慕的职业？谁又能预料到，2023年会出现"提示词工程师"这样的新职业？提示词工程师是指擅长引导大语言模型给出特定响应的非技术性程序员。对按摩师、大提琴家和棒球投手等职业的需求，自然是不会消失的。然而，我认为最合理的预测是，新创造的工作岗位无论在数量上还是时间上都无法真正缓解就业形势。与庞大的裁员规模相比，能够获得机器学习博士学位的人仍然是少数。当然，新的需求会催生新的工作机会，但这并不意味着所有新工作都将由人类来完成。

劳动力市场在技能、地域和身份等方面存在着巨大的摩擦。[52]回顾以往的去工业化时期，那些身处匹兹堡的钢铁工人或底特律的汽车制造工人，他们很难轻易转行，接受新的职业培训，然后前往纽约成为衍生品交易员，或者在西雅图担任品牌顾问，或者在迈阿密从事教育工作。即使硅谷或伦敦市创造了大量新的工作机会，但对那些缺乏相应技能或无法迁移的人来说，这些机会毫无意义。当你的自我认知与特定工作紧密相连时，如果新工作让你感到尊严受损，那么这样的转变几乎无法带来任何心灵上的慰藉。

在配送中心做零工，并不能带来20世纪60年代在底特律汽车制造工厂工作时的那种自豪感和团结感。自1990年以来，"私人部门工作质量指数"这一衡量工作收入是否高于平均水平的指标一直在下降，这反映出高薪工作占总工作量的比例已经开始减少。[53]

印度和菲律宾等国家通过业务流程外包取得了巨大的发展，尤其在呼叫中心等领域创造了相对高薪的就业机会。然而，这些工作恰恰是自动化的目标。虽然从长远来看，新的工作机会可能会不断涌现，但对数百万人来说，这些新工作的出现并不足以满足他们的需求，或者并不在他们所期望的地方。

同时，就业市场的萎缩将导致税收大幅缩水，进而影响公共服务的正常运转，甚至可能使福利计划在关键时刻受到质疑。即便在就业市场受到冲击之前，政府的资源也已经捉襟见肘，它们将挣扎着兑现承诺、确保财政的可持续性，并且向公众提供应有的服务。此外，这样的冲击会在全球范围内多个层面发生，从农业到高端服务行业的每一个发展阶段都将受到影响。从拉各斯到洛杉矶，实现可持续就业的道路将面临巨大、难以预测且迅速演变的错位挑战。

即便有些人没能预见自动化可能引发的最糟糕后果，他们也普遍承认，自动化在未来的一段时间里会带来不少困扰。[54] 无论你在就业问题的辩论中持何种观点，有一点是大家都难以否认的，那就是这场变革对数亿人来说都将是极为动荡的。他们至少得学习新技能，去适应全新的工作形式。即便在最乐观的预想中，也难免会存在一些令人忧心的问题，比如政府财政的崩溃、就业岗位的减少、社会的不稳定以及民众的不满等政治后果。

它预示着麻烦的到来，给这个已经充满压力的世界又增添了一重负担。

视角来看，技术带来的权力成本的急剧下降会在社会结构层面引发根本性、政治性的巨变，动摇国家存在的根基。

尽管技术上的微小变化都有可能从根本上改变权力关系的平衡，但要准确预测几十年后的情况极为困难。技术的指数级发展扩大了每个人和每件事的影响力。然而，这也带来了看似矛盾的趋势。权力在被集中的同时，也在被分散。旧有势力在得到增强的同时，也在被削弱。民族国家在变得更加脆弱的同时，也更容易陷入滥用权力的风险之中。

权力的可获取性增加意味着每个人的权力都将被放大。在未来几十年里，我们将见证历史模式的再次上演：新的权力中心将崛起，新的社会基础结构将形成，新的治理方式和社会组织形式也将应运而生。与此同时，现有的权力中心也可能以某些难以预见的方式得到巩固。我们在阅读最新的技术文章时，常常会有一种兴奋感，感觉新技术将彻底颠覆过去的一切，认为所有老旧的企业或机构都将在技术巨变中消失。我认为并非如此。有些机构或组织确实会被淘汰，但还有许多反而会更加强大。电视既可以传播革命，也可以被用来平息其影响。技术不仅具有强化社会结构、等级制度和统治制度的能力，也可以颠覆它们。

在随之而来的动荡中，如果不从根本上转变关注重心，许多开放的民主国家将面临制度根基日益衰败、政权合法性与权威性逐渐流失的困境。这是一个技术传播与权力转移相互促进的动态循环过程，它不仅会破坏原有社会基础，还会加剧对这一过程本身的控制难度，从而进一步推动技术的广泛传播。同时，技术将成为威权国家手中新的、更强大的压制工具。

民族国家将同时承受巨大的"离心力"与"向心力"的作用，呈现出分裂与集中并存的复杂态势。这种情况极可能引发混乱，使得决策权的归属和决策方式变得模糊不清。如何执行决策，由谁来执行，以及在何时何处执行等问题，都将对原本就脆弱的平衡与协调关系造成压力，将其推向崩溃的边缘。这种动荡局面将导致权力的大规模集中和分散，使国家面临上下分裂的风险。最终，一些国家的生存可能将受到威胁。

这个难以治理的"后主权"世界，如政治学家温迪·布朗所称，绝不只是呈现一种短暂的脆弱状态；相反，它预示着一种长远的宏观走向，预示着未来数十年将持续面临深层的不稳定性。[2] 其首要结果便是权力和财富的大规模重新集中，这将重塑整个社会的结构。

集中化：智能的复合回报

在长达 1 000 多年的时间里，从蒙古帝国到莫卧儿王朝，传统帝国一直是亚洲地区的最强大势力。然而，到 19 世纪时，情况已发生了变化。一家由少量股东持有的私人公司已一跃成为新的支配力量。在远离英国数千英里的地方，这家公司由一群数量不多且默默无闻的会计师和管理人员运营，他们的办公楼也仅仅是一栋不起眼的普通建筑。

19 世纪初，英国东印度公司已控制了印度次大陆的大片领土。它统治的土地面积和人口数量超过了整个欧洲，甚至拥有征税与立法的权力。该公司拥有一支训练精良、规模达到 20 万人的常备军，这一数字是英国本土驻军的两倍，它还运营着世界上最大的商船队。其整体军事火力在亚洲范围内超过任何国家。东印度公司的全球贸易关系对香港受殖民统治和波士顿倾茶事件等多个历史事件产生了重要影响。此外，其关税、税收以及股息对英国经济举足轻重，当时英国至少有一半的对外贸易都通过这家公司进行。[3]

这显然不是一家普通的公司，而更类似于一个帝国。我们难以用现代的视角去全面理解这样的公司。虽然现代世界中不大可能出现东印度公司的新殖民主义2.0版本，但我们必须正视某些商业董事会拥有巨大的规模和影响力这一事实。这些影响力在潜移默化中塑造着当今的文化和政治格局，更为重要的是，它们将影响未来几十年的发展走向。从某种意义上说，它们就是一种帝国。随着新技术浪潮的到来，它们的规模、影响力和能力无疑会进一步得到扩大与提升。

人们常喜欢通过对比人工智能和人类在执行特定任务时的表现来衡量人工智能的发展水平。研究者经常讨论人工智能在诸如语言翻译或实际操作任务（如驾驶）等方面超越人类的可能性。然而，这种做法忽略了一个事实：世界上最强大的力量，其实是那些协调一致、追求共同目标的群体。组织本身就是一种智能。[4]企业、军队、政府机构，甚至市场，都是人造的智能形式，它们能够汇集和处理大量的数据，围绕特定目标进行自我组织，并建立相应的机制以更有效地达成这些目标。事实上，机器智能与其说是与人类思维相仿，不如说它更类似于一个庞大的组织机构。当我们在探讨人工智能对世界的巨大影响时，我们也应该记住，这些传统的人造的智能形式同样具有极其深远的影响力。

当机器能够更高效地完成运营公司或政府部门所要求的大部分工作和任务时，将发生怎样的变化呢？谁将首先从这些变化中获益？他们可能会如何利用这种新力量？

我们已经迈入一个新的时代，其中巨型企业的市值高达万亿美元，资产规模甚至超越了一些国家。以苹果公司为例，该公司推出了人类历史上最精美、最具影响力且使用最广泛的产品之一——iPhone（苹果手机），这无疑是一件杰作。全球有超过12亿人在使用iPhone，为苹果公司带来了丰厚的收益：2022年，该公司市值超过了英国富时100指数所有上市公司的市值总和。苹果在银行拥有近2 000亿美元的现金和投资储备，同时其生态系统牢牢吸附了庞大的用户群体。在即将到来的技术浪潮中，苹果公司显然占据了有利地位。

另一个相似的例子是谷歌。谷歌的服务遍布全球各个产业领域，包括但不限于地图与定位、评论与商家信息、广告、视频流媒体、办公工具、日历、电子邮件、照片存储以及视频会议等。所有这些服务都汇集在一家公司之下。大型科技公司为人们提供了各式各样的工具，从协助组织生日派对到运营数百万美元的业务，无所不包。在这些科技巨头之外，能如此广泛地影响无数人生活的组织，恐怕也只有政府了。这种现象或许可以称为"谷歌化"：通过提供一系列免费或低成本的服务，某些公司在社会经济和人类生活体验中扮演着重要的角色。

要了解这种集中化程度，我们可以注意一个事实：《财富》全球500强公司的总收入已经占据了全球GDP的44%。[5]这些公司的总利润甚至超过了全球 GDP 排名前六的国家之外的所有国家的年度 GDP 总和。这些公司掌控着庞大的人工智能处理器集群、顶尖的模型、最先进的量子计算机，以及绝大部分的机器人技术和知识产权。[6] 与火箭、卫星和互联网技术当时的情况不同，在新的技术浪潮中，引领者主要是企业，而非政府机构或学术实验室。在新一代技术的推动下，企业的进一步集中化似乎是顺理成章的发展趋势。

市场的"超级明星"效应日益凸显并不断增强，行业领军者占据的市场份额持续扩大。[7] 全球经济排名前 50 的城市，虽然其人口仅占全球人口的 8%，但集中了巨大的财富和企业力量。它们汇聚了 45% 的大企业总部，同时这些城市的经济产出占全球 GDP 的 21%。全球排名前 10% 的企业更是获得了 80% 的总利润。可以预见，新技术浪潮将继续催生更加富有、更加成功的"超级明星"——在地区、商业部门、公司和研究团队层面，我们都将看到更多巨头的崛起。

我相信，我们将看到一些私营企业持续壮大，其规模和影响力甚至会超越许多民族国家。以韩国三星集团为例，这个庞大的企业帝国有着巨大的影响力。三星起初只是一家面条商会，但历经近一个世纪的发展，尤其在朝鲜战争后，它崛起成为一个大型企业集团。在 20 世纪六七十年代，韩国经济迅猛增长，而三星在这一进程中发挥了核心作用。它不仅仅是一个多元化的制造业巨头，还是推动银行和保险业发展的重要力量。可以说，韩国的经济奇迹离不开三星的助力。三星已成为代表性的财阀，即那些在国家经济中占据主导地位的大型企业。

三星不仅擅长智能手机、半导体和电视领域，其业务还涉及人寿保险、渡轮运营和主题公园等。在三星工作是备受推崇的职业选择。三星集团的收入占韩国经济的20%。对如今的韩国人来说，三星几乎就是一个并行的政府，影响着人们的日常生活。然而，由于错综复杂的利益关系以及不断出现的企业和政府丑闻，韩国与三星集团之间的权力平衡既脆弱又模糊。

或许有人认为三星和韩国的发展轨迹是个特例，但在未来，这样的"特例"有望成为常态。鉴于技术能力的广泛聚集趋势，新一代企业有望承接一系列原本由政府提供的服务，例如教育、国防，甚至可能包括货币和执法等领域。以 eBay 和 PayPal 的争议解决系统为例，该系统目前每年处理约 6 000 万起争议，处理量是美国整个法律体系的 3 倍，其中 90% 的争议是仅通过技术手段得到解决的。[8] 未来将有更多类似的转变。

从某种意义上说，科技已经催生了一种新型的现代"帝国"。即将到来的技术浪潮将让这一趋势提速，为那些创造和控制技术的人带来极大的权力和财富。在政府资源日益紧张的背景下，新的私人利益团体将填补政府服务的空缺。虽然这一过程不会像历史上的东印度公司那样通过武力手段进行，但它无疑会创造出类似于东印度公司那样的与政府的规模、影响力和权力相当的企业。那些拥有资金、专业知识和分销渠道，并能利用即将到来的技术浪潮大幅提升自身智能和影响力的公司，将获得巨大的收益。

上一次技术浪潮见证了物质向非物质、商品向服务的转变。现在，你无须再购买软件或音乐光盘，只需通过流媒体在线聆听音乐。在使用谷歌或苹果产品时,安全软件自然而然地成了附加服务。实物产品会损坏或过时,而服务相对更持久和稳定。服务能实现无缝衔接,且更易于用户使用。各大公司都渴望用户能订阅它们的软件生态,毕竟定期付款的收益模式极具吸引力。所有大型科技平台都以服务业务为主,或至少拥有庞大的服务业务模块。苹果公司虽然以销售设备为主要业务,但也开设了专门的应用商店。作为全球最大的实体商品零售商,亚马逊还为商家提供电子商务服务,为个人用户提供电视流媒体服务,并通过云科技提供海量信息的云存储和计算服务。

目光所及之处,技术皆在推动商品的非物质化转变,并通过提供持续消费服务,而非传统的单次购买产品的交易模式,降低了消费的复杂性。如今的大型企业,无论是像优步、外卖平台 DoorDash 和爱彼迎这样的生活服务平台,还是像照片墙和抖音国际版这样的社交媒体平台,它们的发展趋势都已不再是简单地参与市场,而是创造新的市场;它们不再只是生产产品,而是聚焦于服务运营。现在的问题是,还有哪些元素可以转化为服务,从而孕育出新的大型企业?

我预测,在未来的几十年里,大多数的实体产品都将以服务的形式呈现,零边际成本的生产与配送模式将使之成为可能。[9] 所有一切都将朝着云服务模式发展,而低代码和无代码软件的兴盛、生物制造的崛起以及 3D 打印技术的蓬勃发展将推动这一趋势。当即将到来的技术浪潮的各个方面融合在一起时——从人工智能的设计、管理和物流能力,到量子计算支持的化学反应建模,再到机器人的高精度组装能力,整个生产领域将迎来一场深刻的变革。

无论是食品、药品还是家居用品，几乎所有东西都可以通过3D打印、生物制造或原子级的精确制造技术就近生产，而整个过程将由先进的、能使用自然语言与客户进行流畅交互的人工智能系统来管理。你只需购买可供执行的代码，便可以让人工智能或机器人完成任务或生产产品。确实，其中涉及非常复杂的物质和技术问题，距离真正实现还有很长的路。但从长远来看，这一前景显然是符合逻辑的。即使你对此持怀疑态度，你也不得不承认这些技术力量将在全球经济供应链中引发重大变革，并推动价值的重新分配和集中。

要满足人们对廉价和无缝服务的需求，通常需要达到一定的规模，这就要求在芯片、人力、安全和创新等方面进行大量前期投资，而这将进一步推动企业的集中化发展。在这样的情景下，几家规模和实力堪比传统国家的行业巨头将会出现。更重要的是，拥有最先进系统的企业可能会形成巨大的竞争优势。[10] 我之前提到的那些在即将到来的技术浪潮中抢占先机的大型集中化企业，最终可能会发展得比以往任何企业都更加庞大、富有和稳固。

系统在各行业间越是广泛应用，权力和财富就越是向着系统所有者集中。那些有足够资源以最快速度发明或采用新技术的企业，例如能通过我提出的现代图灵测试的企业，将获得快速增长的复合回报。由于其系统拥有更丰富的数据和"现实世界应用经验"，因此性能更优越，可推广性更强，从而能够巩固优势，进一步吸引顶尖人才参与系统建设。这可能会导致企业之间出现难以逾越的"智能鸿沟"。如果一个企业能取得足够的领先优势，那么它甚至有可能成为一个无与伦比的收入来源和权力中心。如果这种技术优势出现在通用人工智能或量子霸权等领域，那么新进入者甚至政府都将难以对其形成挑战。

无论这一进程的结局如何，可以确定的是，世界正迈向一个全新的格局。前所未见的强大力量和能力将掌握在一些本已强大的企业手中，而这些企业无疑会利用它们来继续扩大自身的影响力，推进自己的议程。

这种集中化发展趋势将推动大型自动化企业将价值重心从依赖人力资本（即人类的工作）转向注重强化原始资本，这一进程所带来的一系列不平等现象将会导致已出现的社会裂痕进一步加深和扩大。难怪有人开始谈论新封建主义或技术封建主义，这种新的趋势将直接挑战现有的社会秩序，而这一次的挑战建立在比马镫等发明强大得多的技术基础之上。[11]

总之，智能所带来的复合回报将呈现指数级增长。过去我们称之为组织的那些人造智能实体，将在新一轮的能力集中化浪潮中获得巨大利益。这可能是有史以来最大规模的能力聚集现象。把人类成功的精髓提炼出来并重新打造成工具，使之在各种现实环境中广泛应用，这无疑是一项空前的成就。各类企业和官僚机构都将争相追求并掌握这样的工具。如何管理这些组织实体，以及它们将如何与国家产生摩擦、相互影响并重塑国家形态，仍是一个悬而未决的问题。但毋庸置疑的是，它们将给国家带来严峻挑战。

然而，权力的持续集中化所产生的影响，并不仅仅在企业中体现。

监控：威权主义的助推器

与那些"超级明星"企业相比，政府似乎显得行动迟缓、结构臃肿，并且与社会的需求脱节。因此，人们难免会轻视政府，认为它将被历史淘汰。然而，不容忽视的是，民族国家还有另一种必然的行动趋势，它们会利用新技术浪潮带来的工具来强化自身的权力控制，进一步稳固自身的统治地位。

在20世纪，极权主义政权追求的目标是计划经济、顺从的民众以及严格受控的信息环境。它们渴望全面支配权力，对社会生活的方方面面加以控制，包括制订详尽的发展计划，对从电影数量和内容到特定农田的预计产量等所有细节都做出详细规定。20世纪的现代主义城市规划者希望打造秩序井然、流动有序的新型城市，而一个始终保持高度戒备且冷酷的安全机构则用于确保整个社会系统的稳定运行。

尽管革命者和官僚竭尽全力，但社会并不能被强制塑造成他们理想中的模样。[12] 社会相对于国家而言，始终是一个复杂且难以驾驭的现实存在，它从未完全顺从国家的意愿。人类的多样性和冲动性使得我们无法被简单地框定和限制。过去，极权政府所拥有的工具和方法无法满足其控制的需求。因此，这些政府最终都以失败收场，要么未能提升民众的生活质量，要么自身崩溃或被迫进行改革。权力的过度集中不仅是民众所反感的，而且在现实中也是行不通的。

即将到来的技术浪潮带来了一种令人不安的可能性：上述情况或许将不复存在。相反，新的技术可能会让权力和控制高度集产生我们在历史上从未见过的新的权力实体。在下一章中，我们将探讨这种可能性。然而，在此之前，让我们先分析另一种与集中化完全相矛盾的、令人费解的趋势。

分散化：权力归于人们

当听到"真主党"这个词时，大多数人不会将其与议会、学校和医院联系在一起。毕竟，这是一个在黎巴嫩漫长而悲剧性的内战中诞生的武装组织，拥有一段充满暴力的历史，被美国政府正式列为恐怖组织，并经常作为伊朗利益的代表行事。然而，除了这些广为人知的方面，这个组织还暗示着权力和国家机制的另一种可能的发展走向。

在黎巴嫩，真主党仿若一个什叶派的"国中之国"。它拥有一支庞大且恶名昭彰的军队。根据一位分析师的说法，它可能是全世界装备最为精良的非国家行为体，"所拥有的火炮武器库规模超过了大多数国家"[18]。此外，该组织还装备了无人机、坦克、远程火箭弹，以及成千上万的步兵，在叙利亚内战中与阿萨德政权并肩作战，并常与以色列发生冲突。

但是，有些人可能想不到，真主党还是黎巴嫩国内的一股主流政治力量，在该国政府中扮演重要角色。从很多方面来看，真主党已经成为黎巴嫩政治体系的一部分，参与构建联盟、制定法律，并与该国的常规政治机构紧密合作。从地方市政委员会到国家议会，真主党的成员遍布其中，他们甚至拥有内阁部长席位。在真主党控制的大片黎巴嫩领土上，他们经营着学校、医院、保健中心、基础设施、水利项目以及小额信贷计划。事实上，其中一些项目甚至赢得了逊尼派和基督教派的支持。真主党在其控制区域内采取的管理方式与国家无异。此外，真主党还开展各种商业活动，既包括合法的商业行为，也包括更具犯罪性质的活动，如走私石油等。[19]

那么，真主党到底是什么性质呢？它是一个国家还是非国家组织？是极端组织还是盘踞一方的传统势力？事实上，它是一个在国家机构内外都有影响力的奇特"混合体"。[20]它既有国家的特征，又不完全是一个国家，它能够根据自身利益选择性承担某些责任和开展某些活动，这往往给整个国家和更广泛的地区带来可怕的后果。像真主党这样的组织并不多见，它是在地区特有的紧张局势中发展起来的。

然而，即将到来的技术浪潮有可能会推动更多类似的、有国家特征的小型实体出现。[21]与权力的集中化趋势相反，这实际上可能引发一种"真主党化"现象，使得世界进一步分裂和部落化。在这个世界里，每个人都能够获取最新的技术，可以选择自己的生活方式，也更有机会在不需要庞大民族国家组织支持的情况下，维持自己的生活水平。

想象一下，如果我们能够将人工智能、低成本机器人技术、前沿生物科技与清洁能源相融合，那么现代人类将首次见证"离网"与"并网"两种生活方式的差距被无限缩小。回顾一下，仅在过去 10 年，太阳能光伏发电的成本已骤降了超过 82%，且将持续下降，这让小型社区实现能源上的自给自足变得触手可及。[22]随着基础设施的全面电气化和化石燃料的逐步替代，世界上越来越多的地区将能够实现能源自给，而这些地区还配备了人工智能、生物科技和机器人技术等先进基础设施，能够生产信息并实现本地制造。

目前，教育和医学等领域都依赖于庞大的社会和金融基础设施。然而，我们可以设想将这些设施进行简化和本地化。例如，开发出自适应的智能教育系统，该系统能够打造个性化课程，并自主引导学生完成整个学习过程；借助人工智能，我们还可以创造出完全契合儿童需求的互动游戏等教学材料，并辅以自动化的评分系统。

有一天，也许我们不再享有民族国家体系所提供的那种集体性安全庇护，但我们可以根据需要灵活地享有各种形式的实体与网络安全防护服务。此外，私人安全组织也将能够运用诸如人工智能黑客和自主无人机等技术手段。在前文中，我们已经看到，在现今的技术背景下，攻击能力能够轻易地被任何有意图的人获取；与此同时，相似的技术普及趋势也将逐渐延伸至防御领域。随着尖端科技的广泛可及，构建强大的物理与虚拟防御体系的能力将不再为民族国家所独有。

简言之，随着即将到来的技术浪潮广泛释放新的能力，那些目前依赖规模和集中化的现代社会和社会组织的关键部分，可能会面临深刻变革，失去其原有权力优势。现实权力的重新分配，将使得各种社群能够按照自身意愿生活。

即将到来的技术浪潮的有些方面预示着权力将越发趋于集中。由于训练超大型人工智能模型的成本高达数亿美元，因此能够拥有这样技术的实体将十分有限。然而，与此同时，一种截然相反的趋势将出现。每当人工智能领域取得最新突破并将其公开发表后，这些技术成果常常会迅速进入开源代码库，使得任何人都能够轻松访问、尝试、构建或改进顶尖的模型。即便模型的详细参数没有公开，它们也可能因信息泄露或窃取而传播开来。

诸如 Stability AI 和 Hugging Face 等公司正在推动人工智能朝着分布式、去中心化的方向快速发展。CRISPR 等技术极大地简化了生物实验流程，使得生物黑客们即便是在自家车库里，也能探索科学的最前沿。随着时间的推移，共享或复制 DNA 序列或大语言模型的代码将变得轻而易举。开放性将成为常态，模仿将随处可见，成本将持续降低，技术的获取壁垒也将消失。任何人都能轻而易举地获得指数级增长的能力。

这预示着权力将从现有的中心分散，进行大规模重新分配。设想一下这样的场景：无论是在动荡的国家如黎巴嫩，还是在新墨西哥州偏远的游牧营地，一些小团队便能利用人工智能提供社群所需的核心服务，如金融、教育和医疗保健，这些服务曾高度依赖于组织规模或国家支持。在这样的未来，社会规则在微观层面的重塑将成为必然：你能够加入新式特色学校，彻底摆脱批判种族理论的束缚；你可以拒绝腐朽的现有金融体系，选择新的去中心化金融产品。各种团体，不论其意识形态、宗教、文化或种族背景，都能自我组织，形成一个能够独立运作的社会实体。设想你要自己创立学校、医院，甚至建立军队，这听起来就是无比复杂而艰巨的任务，光是想想就让人感到疲惫。获取资源以及必要的许可和设备，这些工作就足以耗费一生了。然而，设想你将拥有一群技术助手，当你提出创建学校、医院或军队的要求时，这群助手能在有限的时间内将其变为现实。

通用人工智能和合成生物学不仅将为道琼斯指数上的大型公司提供有力支持，而且会以相同方式为"反抗灭绝"这样的社会运动提供助力。这些先进技术不仅能够帮助那些庞大而官僚化的国家，也能成为那些行动迅速、领导魅力非凡的微型国家的坚实后盾。在即将到来的技术浪潮中，国家等大型实体的规模优势可能会得到进一步加强，但同样存在着被削弱的可能。

想象一下，如果每个教派、分离主义运动、慈善基金会、社交网络，以及那些狂热分子、排外主义者、民粹阴谋论者，甚至是黑手党、贩毒集团或恐怖组织都有能力构建自己的地盘，那么现有的、本已脆弱的国家体系将会面临怎样的挑战？那时，那些本被剥夺公民权的人将能够按照自己的方式重新获得公民权。

权力可能会日益分散，变得无处不在。设想一下，如果人们纷纷将更多的时间、金钱和情感投入虚拟世界，而非现实世界，那会怎样？当街头儿童和亿万富翁同样都能轻松获取强大而专业的技术工具时，传统的等级制度又将何去何从？值得注意的是，一些企业巨头的主要工作就是开发像 Gmail 或 Excel 这样的、大多数人都能轻松访问的软件。想象一下，如果我们将这种技术赋能的民主化推向极致，使得每个人都能自由地使用有史以来最强大的技术，那将是一个怎样的世界？

随着人们越来越多地将权力掌握在自己手中，我预测不平等现象将最早出现在生物学领域。在这个权力分裂的世界中，某些地区对于人类实验（如人体实验）将展现出更高的容忍度。借助先进的生物技术和自我改造能力，一些地区的人将在 DNA 层面上与其他地区的人产生显著差异，这种基因差异将在国家或微型国家的层面上引发巨大的社会差异。为了实现个体的生物增强，类似于生物黑客军备竞赛的局面有可能会出现。一个渴望获取投资或优势的国家，可能会将自己塑造成一个百无禁忌的生物黑客避风港。假如某个特定的"后人类"群体以生物技术手段改造自身，将自己提升到远超常人的智力或身体健康水平，我们现有的社会契约将面临什么挑战？这种局面又将如何与持续分裂的政治趋势相互影响，尤其是当某些力量总是企图将其他人远远甩在身后时？

所有这些都尚处于推测阶段。但我们正步入一个新的时代，在这个时代，过去难以设想的事情正逐渐变为现实。在我看来，对那些已出现的趋势熟视无睹，其危险性更甚于过度的推测。

国家治理是一种建立在公众信念之上的集体构想，其根基在于公众的广泛认同。在权力不断分裂的背景下，主权国家将面临空前的压力，甚至可能被推至崩溃的边缘。旧有的社会契约将被撕碎，政府机构可能会被绕过或被新兴力量取代。税的征收、法律的执行以及对现有规范的遵守都将受到威胁。这时，权力的迅速分散有可能推动一种"急剧巴尔干化"的分裂进程，这将为那些灵活的新兴力量提供前所未有的行动空间和自由。权力和服务主要由国家集中掌握的格局可能将逐步瓦解。

在这种情况下，一个类似于由前民族国家所构成的世界将会出现。这个世界将遍布新中世纪风格的政体，它们规模更小、更加局部化，并拥有多样化的法律和组织体系。这些政体将构成一个错综复杂且稳定性欠缺的世界秩序。但与历史不同的是，这次我们还将拥有强大的技术。回顾历史，意大利北部曾遍布城邦国家，这种格局曾催生了辉煌的文艺复兴，但也引发了该国持续的内战和争斗。文艺复兴的前景固然令人向往，但我们绝不愿看到由未来先进军事技术引发的无尽的战争。

对不少从事技术或相关领域工作的人来说，这些激进的社会后果并不总是不受欢迎的副产物，反而可能正是他们的目标。像PayPal创始人、风险资本家彼得·蒂尔这样的极端自由主义技术专家就支持国家消亡的构想，认为这将解放商业领袖，或是他们所称的"主权个人"。[23]他们不支持现有的公共服务、机构和规范，并坚信技术"能为异议表达开辟新空间，同时能为构建跨越传统民族国家界限的社群提供新途径"[24]。

技术自由主义运动以一种极端的方式诠释了罗纳德·里根1981年的格言"政府正是问题所在"。这些人聚焦于政府的众多缺陷，却对政府所带来的巨大利益视而不见。在他们看来，政府的监管和税收职能仅仅是破坏性的束缚，几乎毫无益处。令人失望的是，一些位高权重的人也竟然会持有如此狭隘且具破坏性的观点。不过，这样的观点也为权力的进一步分散提供了动力。

在如今的世界，亿万富翁和当代先知已能够打造和运营自己的"微型国家"；非国家行为体，如公司、社群和各种算法开始逐渐在各个层面凌驾于国家的影响力之上。让我们再次回想马镫这一简单发明所带来的深远影响，再想象一下即将到来的技术浪潮会引发的技术革新规模。考虑到现有国家体系和社会所面临的压力和脆弱性，我所推测的那种彻底变革似乎并非遥不可及。如果未来不发生大的变革，那才是奇怪的事。

即将到来的矛盾浪潮

集中化和分散化听起来似乎是相互矛盾的概念，这很正常，因为它们本质上就是对立的。然而，要洞察未来，我们就必须同时审视那些相互冲突的趋势。即将到来的技术浪潮会同时带来权力的大规模集中和分散。这两种看似相反的趋势将并行出现。无论是个人、企业、教堂、非营利组织还是国家，最终都将拥有自己的人工智能系统，甚至在生物和机器人技术方面也会获得相应的能力。每个人工智能系统都将专注于实现其主人的目标，无论这个主人是坐在沙发上的个人，还是全球最大的组织。这正是理解充满矛盾的即将到来的技术浪潮的关键所在——这是一场充斥着冲突与对立的浪潮。

每一种新兴权力都将带来一种独特的公共产品愿景，或者提供一种全新的产品生产方式，或者传播一套不同的宗教信仰。人工智能系统已开始在一些具有政治意味的决策中扮演重要的角色，如获得贷款、工作机会、大学入学资格、假释资格和医疗资源。未来 10 年，人工智能将在很大程度上影响公共资金的分配、军事力量的部署，以及教育内容的选择等诸多方面。这种情况同时以集中和分散的方式出现。例如，人工智能可以作为一个庞大的、跨区域运营的系统，一个通用的公共管理工具，为数亿人提供服务。同样，即便是一个小村庄，也将拥有量身打造的强大、经济、开源且高度灵活的系统。

多种所有制结构将并存，如开源群体内部实现的技术"民主化"共有、领军企业或初创企业对其产品的所有权，以及政府通过国有化或内部培育所形成的所有权。这些不同的所有制形式将共同存在，共同发展。它们将在各个层面和领域改变、增强、促成甚至破坏权力的流动和权力网络。

　　这些力量将在何处展现、如何展现，将因为现有社会和政治因素的不同而呈现出巨大的差异。我们不能将这一局面过度简单化，针对这些力量，会出现许多事先难以预料的抵抗与适应点。一些部门和地区可能会选定某个方向，而另一些则可能选择相反的方向，还有一些则可能游离于两种方向之间。某些权力层级和社会架构将得到巩固，而其他的则可能遭受冲击；一些地区也许会趋于更加平等或更加威权，而其他地区则可能不一样。总体而言，技术所引入的额外压力、不稳定性、权力放大的不可预测性，以及新兴能力中心所带来的潜在干扰效应，都将进一步对自由民主民族国家的制度基础构成挑战。

　　如果你仍觉得我所描述的情景听起来离奇、矛盾且难以实现，那么请思考这一点：即将到来的技术浪潮会进一步加深并全面展现上一次技术浪潮的矛盾趋势。互联网便是一个完美的例子：技术虽然集中在少数几个地方，但其力量分散到了数十亿人手中，它不仅创造了行业巨头，也为所有人提供了参与机会。社交媒体不仅成就了几家龙头企业，也催生了无数的社区。人人可以建立网站，但谷歌只有一个；每个人都能销售特色商品，但亚马逊只有一家。类似的例子不胜枚举。互联网时代的颠覆性变革，很大程度上源于这种矛盾与张力，正是这种关系孕育了技术的强大而高效的赋能与控制力。

　　随着这场浪潮的到来，这些力量所影响的将不仅局限于互联网和数字领域，更会深入我们生活的方方面面。的确，我们已见过技术带来的颠覆性变化，但这场浪潮将引发比互联网技术更加深远的变革。具有高度广泛适用性的新一代通用技术不仅会改变我们的社会，也将重新塑造人类自身。这听起来或许有些夸张，但在未来的 10 年里，我们必将目睹信息、财富，尤其是权力的巨大流动与重新分配。这将意味着大规模的权力集中和分散。

那么，技术将走向何方？更为重要的是，我们的未来将如何？如果国家不能以平衡的方式管控即将到来的技术浪潮，结果会怎样？在本书第三部分，我们到目前为止已探讨了现代民族国家已然脆弱的现状，并预测了即将到来的技术浪潮可能带来的新威胁。国家是唯一能够管控这场浪潮的力量，然而，我们已经看到，多重压力与权力的大规模重新分配将共同让国家机制面临严峻挑战，甚至使之面临存在危机。

这个危急时刻已近在咫尺。在技术持续崛起与国家日渐式微的背景下，这场危机将演变为一道关乎人类命运的重大难题，迫使我们面临一系列棘手的选择与取舍，这无疑构成了 21 世纪人类所面临的最大困境。

如果我们最终陷入别无选择的境地，那将是技术的最大失败。遗憾的是，当前趋势正将我们推向这样的局面。

第十二章
困境

灾难：终极失败

在某种程度上，人类的历史就是一部灾难史。大流行病广泛存在。其中有两场大流行病曾导致世界上多达 30% 的人口死亡：6 世纪的查士丁尼瘟疫和 14 世纪的黑死病。1300 年，英格兰的人口约为 700 万，但到了 1450 年，由于瘟疫的肆虐，人口锐减到仅剩 200 万。[1]

当然，灾难也可能是人为造成的。一战和二战分别导致全球约 1% 和 3% 的人口死亡。[2] 随着原子弹的出现，人类现在拥有了足以多次毁灭地球上所有生命的致命力量。过去需要数年甚至数十年才可能发生的灾难性事件，现在只需按下按钮，便可在几分钟内发生。

随着新的技术浪潮逼近，我们又朝着潜在的灾难迈出了一大步。风险的上限显著提升，同时，那些企图释放灾难性力量的人所拥有的途径也大幅增加。在本章中，我们将从国家的脆弱性和国家职能所面临的威胁出发，展开更广泛的讨论，并进一步设想：在技术遏制无法实现的情况下，人类世界迟早会发生什么。

这些技术中的绝大多数都将用于有益目的。虽然它们的风险是我讨论的焦点，但我们必须记住，这些技术也将日复一日地改善无数人的生活。在本章中，我们探讨的是几乎没人愿意看到的极端情况，尤其是开发这些工具的人所不愿看到的。然而，即使这些情况仅代表极罕见的应用案例，我们也不能忽视它们。在前文中，我们已经看到，在新的技术浪潮下，不法分子有可能造成严重破坏，引发大规模的不稳定。请想象一下，当任何一个具备一定能力的实验室或黑客都能合成复杂的DNA链时，我们离灾难性事件还有多远？

最终，随着史上最具影响力的技术渗入我们生活的方方面面，极端情况的发生概率也将大幅提升。一定会出现一些问题，其严峻程度和扩散速度都将与技术所蕴含的巨大能力相当。新技术浪潮的4个特征预示着，如果不在各个层面采取强有力的遏制措施，那么像人为策划的流行病这样的灾难性后果将比以往任何时候都更可能发生。

这是不可接受的。然而，这里存在一个困境：人们同样难以接受那些最为稳妥的技术遏制方案，因为它们可能会将我们引向专制主义和反乌托邦的道路。

一种可能性是，社会转向我们在上一章中描述过的技术驱动的全面监控模式。这种强制执行的机制，旨在应对那些难以控制或根本不受控制的技术。这是以牺牲自由为代价来换取安全。另一种可能性是，人们选择彻底远离技术前沿。这种情况不大可能发生，而且这显然并非我们所寻求的解决方案。从理论上讲，能够应对这一关乎人类未来命运的困境的唯一实体，正是民族国家体系。我们需要它来遏制技术力量，而这一体系正在这些技术力量的冲击下面临崩塌的风险。

随着时间的推移，这些技术的影响将迫使人类在灾难与反乌托邦的两种极端之间探寻一条中间道路。这已成为我们这个时代的根本性困境。

技术的初衷是提升人们的生活水平，确保其益处远超其成本和负面影响。然而，当前我们所面临的严峻抉择却表明，这一初衷已被彻底颠覆。

末日论调让包括我自己在内的许多人都感到无所适从。你或许仍对我的观点持怀疑态度。在我们急需关注许多清晰且紧迫的现实危险时，谈论未来的灾难性影响往往会引来嘲笑，被指责为过度消极、危言耸听，或是纠结于遥远而不切实际的风险。与极端的技术乐观主义相似，极端的技术灾难主义同样容易被视为一种扭曲、误导性的炒作，没有历史记录的支持。

然而，警告的内容看似夸张，也并非拒绝接受其合理性的充分理由。在灾难前景面前的那种厌恶悲观的自满情绪，本身就是灾难的温床。人们或许有理由认为这样的警告只是少数怪人夸大其词的胡言乱语，并"明智地"选择忽视它们。但这种态度恰恰为其日后的失败埋下了伏笔。

毫无疑问，技术风险给我们带来了诸多新的不确定的趋势。不过，所有趋势都表明风险正在急剧增加。这种推测是基于科学和技术进步不断叠加的效应。我认为，那些对灾难性前景不以为然的人正在忽视我们面前的客观事实。毕竟，我们在这里谈论的并非摩托车或洗衣机的扩散和普及。

各式各样的灾难

要了解我们应为哪些灾难性后果做好准备，我们只需根据第十章中描述的那些不法分子的攻击行为加以推断。以下是一些可能出现的情形。

情形一：恐怖分子将装备有人脸识别系统的自动化武器安装在由成百上千架无人机组成的庞大机群上，每架无人机都能够快速调整武器的后坐力，进行精准短促射击，然后继续移动。这些无人机被投放到市中心执行一项任务——杀死符合特定特征的人群。在上下班高峰期，这些无人机会以惊人的效率执行任务，沿着最优化的路径在城市中穿梭。短短几分钟内，就可能发生比2008年孟买恐怖袭击规模更大的暴行。当时，武装恐怖分子在城市地标（如中央火车站）游荡，对平民进行无差别攻击。

情形二：一个有自杀倾向的杀人狂决定利用无人机、喷雾装置以及一种特制的病原体对一场大型政治集会发动袭击。不久后，参与集会的民众及其家人纷纷病倒。集会上的演讲者是一位备受瞩目的政治人物，支持和反对他的人都为数众多，他也成了此次袭击的主要受害者之一。在狂热的党派氛围下，这样的袭击在全国范围内引发了一系列暴力报复，混乱接踵而至。

情形三：在美国，一个恶意的阴谋论者仅凭自然语言指令，就成功散播了大量精心制作的、极具分裂性的虚假信息。尽管大部分尝试都未能引起公众关注，但其中一条信息最终引起轰动：芝加哥的一名警察被杀。这条信息完全是虚构的，然而街头的混乱和民众普遍的不满情绪却是真实存在的。信息攻击者已经掌握终可能会将整个世界甚至整个宇宙都转化为回形针。基于这样的逻辑链，一系列令人不安的事件都有可能发生。人工智能安全研究人员担忧（这种担忧是合理的），创造出类似通用人工智能的东西，会让人类无法掌控自身命运。这将标志着人类在已知宇宙中作为主导物种的地位首次受到挑战。无论设计师多么聪明，安全机制多么健全，想预见所有可能性并确保安全都是不可能的。一个足够强大的人工智能系统，即便初始设计与人类利益高度一致，也完全有可能重写自身程序，摒弃内置的安全机制与初始目标。

正是基于这样的逻辑，我常听到这类声音："通用人工智能是人类所面临的最大风险！它将毁灭世界！"然而，当被追问那将是怎样的场景，那一切将如何发生、有多么危险时，人们开始回避，给出含糊不清的回答。他们认为，人工智能可能会占用所有计算资源，将整个世界变成一台庞大的计算机；随着人工智能不断增强，必须认真思考和减轻那些最极端情况的影响。然而，在我们能够做到这些之前，很多问题可能已经发生。

在未来 10 年里，人工智能将成为历史上最强大的力量放大器。这就是为什么它将引发大规模的权力重新分配。它将成为人类进步的最大加速器，但也将为战争和事故、恐怖组织、专制政府、权力过度扩张的公司以及公然盗窃和故意破坏等危害行为提供助力。设想一个能够轻松通过现代图灵测试却用于灾难性目的的通用人工智能。先进的人工智能和合成生物学技术不仅能为那些致力于寻找新能源或研发改善生命的药物的组织所用，也可能成为像特德·卡钦斯基这样的恐怖分子的工具。

人工智能既极具价值，又充满危险，因为它正是人性的最好与最坏方面的延伸。作为一种基于学习的技术，它能够持续适应、不断探索，生成全新的策略与见解，这些可能远远超出以往的人工智能的考虑范围。无论是要求它提出切断淡水供应的方法、让股市崩溃、触发核战争，还是设计出终极病毒，它都能做到。相较于设想的巨型回形针场景或奇异的科技恶魔，我更担忧的是在未来10年内，人工智能将会放大哪些现有的力量。

想象一下这样的场景：人工智能控制了电网、媒体节目、发电站、飞机或主要金融公司的交易账户。当机器人无处不在，军队充斥着致命自主武器，仓库中遍布着只需一键操作便能实施大规模杀戮的技术时，由另一个人工智能系统发起的黑客攻击将会产生怎样的结果？我们再考虑更简单的失败模式：不说攻击，只说单纯的错误。如果核心基础设施中的人工智能系统犯下错误，比如使得一个全民使用的医疗系统发生故障，那怎么办？不难想象，各种各样强大的、半自主的技术代理（甚至那些出发点是善意的但目标发生偏离的技术系统）一旦失控，就可能引发混乱。[4] 我们尚不清楚人工智能将对农业、化学、外科和金融等多个领域产生何种影响。这正是问题的一部分：我们不知道我们将面临什么样的技术失败模式，也不知道这些模式的影响范围。

在即将到来的技术浪潮中，如何安全地构建技术，我们还没有明确的操作指南。我们不能构建过于强大和危险的系统来进行试验。我们无法预知人工智能自我提升的速度，也无法确定某种尚未完善的生物技术若在实验室发生事故会带来何种后果。我们不知道将人类意识直接与计算机连接会产生什么结果，不清楚人工智能支持的网络武器对关键基础设施的潜在影响，也无法预测某种基因驱动在现实世界中可能引发的反应。某种快速进化、自我组装的机器人或新型生物制剂一旦释放到现实世界中，就无法撤销了。在某个时刻，即使是好奇也可能带来危险。即使你认为灾难发生的可能性很低，操作后果的未知性也应当让你停下脚步，谨慎行事。

仅仅构建安全和受控的技术也是不够的。解决人工智能与人类利益的目标对齐问题并不是一蹴而就的；无论何时何地，每当我们构建出足够强大的人工智能系统时，我们都需要重新解决这一问题。你不仅需要在一个实验室里解决实验室泄漏的问题，你还需要在每个国家的每个实验室中都解决它，即使这些国家正承受着巨大的政治压力。一旦技术达到一个关键的能力水平，技术先驱就不能仅满足于安全地构建它，尽管这本身已经极具挑战。相反，真正的安全需要在所有该技术的应用实例中都维持那些安全标准：考虑到技术的传播速度和范围，这无疑是一项艰巨的任务。

当每个人都可以自由地进行发明创造，当每个人都能使用那些可以对所有人产生影响的工具时，这便是我们要面对的现实。我们谈论的不仅仅是使用印刷机或蒸汽机这样的技术工具，尽管它们已足够令人惊叹。我们所讨论的是具有全新本质的技术产物：新的化合物、新的生命结构，甚至新的物种。

如果未能遏制即将到来的技术浪潮，灾难的降临就是迟早的事。事故、失误、恶意使用、超出人类控制的进化以及各种难以预料的后果，这些都可能发生。在某个阶段、某个地方，总会有某些东西以某种形式出错。其潜在的危机规模将远超博帕尔毒气泄漏和切尔诺贝利核事故，其灾难性的后果将是全球性的。这将是这些技术可能引发的现实，尽管其中的大部分技术本都是出于善意而被创造的。

只不过，并非所有人都怀揣这样的善意。

邪教、疯子与自毁式国家

在多数情况下，功能获得性研究等事物所产生的风险往往源于善意且合法的尝试。换言之，这些风险不过是放大了的"报复效应"，是由于做好事而带来的意外后果。不幸的是，有些组织的成立动机恰恰相反。

奥姆真理教是一个20世纪80年代创立于日本的末日论邪教。[5]它最初是一个瑜伽工作室，由一个自称麻原彰晃的人领导。该组织主要在心怀不满的人群中发展成员，随着成员的增加，其信仰逐渐变得极端。他们坚信世界末日即将到来，且只有他们才能幸免于难，应主动加速这一天的到来。在麻原彰晃的领导下，该邪教成员扩张至4万~6万人，并成功诱骗了一群忠诚的副手从事各种犯罪活动，甚至涉足生物和化学武器的使用。在奥姆真理教的鼎盛时期，其资产据估计超过10亿美元，成员中包括了数十名训练有素的科学家。[6]尽管他们着迷于科幻作品中的奇特武器，如地震制造机、等离子枪和太阳光线反射镜，但该组织纪律严肃且结构十分复杂。

奥姆真理教通过设立空壳公司和潜入大学实验室来获取材料，

更在澳大利亚购置土地，意图开采铀矿以制造核武器。此外，他们在东京郊外的丘陵地带实施了大规模的生物和化学武器研发计划。该组织试验了光气、氢氰酸、梭曼等多种神经毒剂，甚至计划改造并释放强化的炭疽杆菌，为此还特地招募了一位病毒学家。成员们最终获得了肉毒杆菌神经毒素，并将其喷洒在成田国际机场、国会议事堂、皇宫、另一个宗教组织的总部以及两个美国海军基地。幸运的是，由于制造过程中的错误，这些行动未造成实际伤害。

然而，这样的幸运终究不会一直存在。1994 年，奥姆真理教从一辆卡车上喷洒沙林神经毒剂，导致 8 人死亡，200 人受伤。一年后，他们在东京地铁上投放了更多的沙林毒气，造成 13 人死亡，约 6 000 人受伤。在这次袭击中，邪教成员在地铁系统中放置了装满沙林毒气的袋子，袭击造成的伤害之所以更为严重，部分原因是地铁空间更封闭。幸运的是，这两次袭击所采用的毒剂投放机制效果有限。不过，说到底也只是运气阻止了更大灾难的发生。

奥姆真理教结合了高度的组织能力和可怕的野心。他们企图通过大规模谋杀来触发第三次世界大战和全球崩溃，并已着手为达成此目标建立相应的基础设施。一方面，值得庆幸的是，像奥姆真理教这样的组织十分少见。自 20 世纪 90 年代以来，许多恐怖事件和其他非国家行为者发动的大规模杀戮，大都是由有精神问题的个体或具有特定政治及意识形态动机的组织所为。

但另一方面，这种庆幸感也相当有限。在过去，获取强大武器存在着很高的门槛，这在一定程度上有助于防止灾难的发生。

由于可获取的武器有限，校园枪手的病态虚无主义和暴行在某种程度上受到了约束。"大学炸弹客"特德·卡钦斯基只能使用自制的装置；对奥姆真理教而言，制造和散布生物及化学武器也是巨大的技术挑战。作为一个在偏执狂热的秘密氛围中运作的小型团体，由于专业知识和材料获取的途径有限，他们才出现行动失误。

然而，正如前文所述，随着新的技术浪潮全面来袭，毁灭性工具也将面临"民主化"和商品化。这些工具将具备更强大的功能和更高的适应性，甚至有可能以超出人类控制或理解的方式运行。它们将迅速进化和升级，使得历史上最强大的攻击力量能够被广泛获取。

幸运的是，像奥姆真理教那样企图利用新技术的组织寥寥无几。然而，即使每50年才出现一个类似的团体，考虑到当前的技术环境，这也足以令人忧心忡忡。毕竟，在新技术的助力下，潜在的灾难性事件的严重程度将远超奥姆真理教的地铁袭击案。邪教、疯子和濒临崩溃的自毁式国家都有动机，而且现在也有了手段。正如一份关于奥姆真理教的报告所指出的那样："我们仿佛在玩俄罗斯轮盘赌。"[7]

一个新的历史阶段已经到来。随着衰落的僵尸政府无力遏制技术，下一个奥姆真理教的出现、下一场工业事故、下一场疯狂独裁者发动的战争，或下一次微小却致命的实验室泄漏，其后果都将不堪设想。

我们很容易将这些潜在的风险视作科幻迷的臆想，或灾难论者的偏见。这样想很容易，却是错误的。无论我们在BSL-4协议、监管制度，或者关于人工智能对齐问题的技术出版方面取得何种进展，技术发展的驱动力始终都在，技术也在日益进步和扩散。这并非科幻小说或网飞剧集里的虚构情节。这些风险是真实的。此时此刻，在世界各地的办公室和实验室中，它们正在被研究和讨论。

这些风险如此重大，我们必须考虑所有可能的应对方案。遏制技术涉及对技术的掌控能力，也包括对技术背后的人力和社会因素的控制能力。随着技术的灾难性影响逐步显现或其可能性变得不容忽视，关于技术的讨论重心也将发生变化。人们将不仅需要控制技术，还需要对技术进行更严格的限制甚至打压。公众对技术的警觉性将达到前所未有的程度。这样一来，我们或许能及时识别并遏制新出现的威胁？这难道不是最好、最正确的选择吗？

我猜想这将是世界各国政府和民众的普遍反应。当民族国家的集中权力受到威胁、遏制变得越来越困难、人们的生命安全处于危险中时，收紧对权力的控制将是必然结果。

问题是，这样做的代价是什么？

反乌托邦转向

阻止灾难发生显然是紧迫之事。灾难越大，利害关系越大，对对策的需求也越大。如果灾难的威胁变得过于严峻，那么政府可能会得出结论，即阻止灾难的唯一方法是严格控制技术的各个方面。这将确保没有任何东西逃过安全警戒线，没有任何失控的人工智能或人造病毒能够被制造、被泄漏，甚至被研究。

技术已渗透到我们文明的方方面面，因此，监控技术就意味着监控一切。每个实验室、工厂、服务器，每段新代码，每串合成的DNA，每个企业和大学，每个隐匿在森林小屋中的生物黑客，每个庞大的匿名数据中心，无一例外。面对即将到来的技术浪潮所带来的前所未有的复杂局面，为了遏制潜在的灾难，我们必须采取前所未有的应对措施。这不仅要求对一切进行严密监控，还需要保留在必要时制止一切的能力。

一定会有人提出这样的观点：我们应该让权力集中到极端程度，构建全景式的监控体系，对人类生活的方方面面做出细致安排，以确保大流行病或人工智能失控等情况永远不会发生。[8]许多国家会逐渐说服自己，真正实现这一目标的唯一途径就是实施我们在上一章中所描述的那种全面监控，即由强大技术支持的全面控制。这无疑打开了通往反乌托邦世界的大门。事实上，面对潜在的灾难，对某些人而言，反乌托邦的结果可能会被视为一种解脱。

这些提议目前仍处于边缘地位，特别是在西方社会。然而，在我看来，它们受到更广泛的关注只是时间问题。即将到来的技术浪潮为反乌托邦式的统治提供了动机和手段，即在稳步增加的数据搜集和强制措施的支持下，形成一种自我强化的"人工智能专政"。[9]

只要出现巨大的灾难，人们就会呼吁建立极端的监控设施，以防未来再次发生类似事件。当技术出现问题时，技术限制和打压措施会在多久后出现呢？在可能面临灾难的压力下，谁又能有效地反对这些措施呢？监控式的反乌托邦机制会在多久后生根发芽，并进一步扩散和深化呢？随着局部的技术失败案例不断累积，加强控制的呼声也会越来越高。而随着控制的加强，权力的制衡往往会被削弱，这将改变总体的社会趋势，为进一步的权力干预铺平道路。最终，社会将逐渐进入技术反乌托邦状态。

自由与安全之间的权衡是一个古老的两难困境。托马斯·霍布斯在关于"利维坦国家"的论述中也触及了这一问题。这个困境始终存在。可以肯定的是，这通常是一个复杂且涉及多个维度的问题，而即将到来的技术浪潮无疑将这一问题的利害关系推向了一个新的高度。为了预防人为制造的大流行病，什么样的社会控制水平才是合适的？为了实现这一目标，我们应该对其他国家进行何种程度的干预？这些问题无疑对自由、主权和隐私提出了前所未有的挑战。

我认为，一个完全透明且基于精细监控的压制性社会，不过是另一种失败形态。在这种情境下，即将到来的技术浪潮不会将人类引向繁荣，而是引向繁荣的反面。每一项强制性的、带有偏见和不公平的技术应用都将被肆意放大。人们来之不易的权利和自由将被剥夺，而对许多国家来说，国家自决权也难免会受到损害。这次被放大的不再是国家的脆弱性，而是彻头彻尾的压迫。如果我们避免灾难的方式是建立这样的反乌托邦社会，那么这根本不是一个可以接受的方式。

灾难威胁和对安全的渴望将持续推动人们朝着反乌托邦方向前进。每一场技术浪潮都曾为社会秩序带来系统性的冲击。不过迄今为止，以往的技术浪潮尚未带来广泛且系统性的全球灾难风险。但即将到来的技术浪潮与此前截然不同，这可能促使人类采取一种反乌托邦式的应对方案。

如果说那些衰弱的僵尸国家将在浑浑噩噩中步入灾难，它们的过度放任和日益加剧的混乱将成为技术失控的温床，那么威权国家则已经欣然接受了技术反乌托邦的道路（即便不是在道德上），为大规模侵犯隐私和自由创造了条件。然而，这两种极端情况之间还存在一种更为糟糕的情形：一方面采用了压制性的监视和控制手段，但另一方面这些手段过于零散且缺乏必要的整合，无法形成一个能够防范技术灾难的系统。

灾难与反乌托邦。

技术哲学家刘易斯·芒福德引入了"巨机器"的概念，用以描述社会系统与技术相融合后形成的"一个统一且无所不包的结构"，这个结构"被控制并服务于非人格化的集体组织的利益"[10]。人类有可能以安全的名义启动这样的巨机器来阻止其他类似结构的产生。因此，即将到来的技术浪潮可能会自相矛盾地创造出用于遏制自身的工具。但这样做也意味着开启了一种失败模式：人类的自我决策权、自由和隐私将被彻底剥夺，而机器的监控系统则可能演变成一种令人窒息的社会统治形式。

有人认为我们已深陷压制性局面，我想说，与未来可能的景象相比，我们目前的处境根本不算什么。我们当前的路径并非唯一的反乌托邦路径，还有诸多其他潜在的反乌托邦路径。然而，目前这一路径似乎与即将到来的技术浪潮及其伴随的政治挑战和潜在的灾难性后果直接相关。这并非一个抽象的思想实验。我们必须直面以下问题：技术背后的推动力强大而不可阻挡，人类是否应该暂缓技术的飞速发展？我们是否应该拒绝技术的无节制发展？尽管这种想法看起来不太可能实现，但现在，我们是否应该给技术按下一个暂停键？

停滞：另一种灾难

看看我们庞大的城市，坚固的市政建筑由钢铁与石头构成，错综复杂的道路和铁路网紧紧将它们连接在一起。宏伟的景观工程点缀着我们的环境，整个社会都弥漫着一种令人陶醉的永恒气息。尽管数字世界显得虚无缥缈，但我们身处的物质世界是实实在在、丰富多彩的。这个物质世界不仅承载着我们的生活，更塑造着我们的每一个期望。

我们总是期望超市的货架上堆满新鲜的水果和蔬菜。我们期望超市在炎炎夏日保持清凉舒适，在寒冷冬季保持温暖如春。即便在动荡不安的时期，我们也相信 21 世纪的供应链坚如磐石，足以应对各种挑战。历史上人类曾经历的极端困境，在如今看来已非常普通。我们理所当然地认为当前的生活状态将会无限持续。我们周围的大多数人，包括我们的领导者，也都抱有同样的想法。

然而，没有什么是永恒的。历史上社会崩溃的案例俯拾皆是：从古美索不达米亚文明到古罗马文明，从玛雅文明到复活节岛文明，我们反复注意到文明难以持久，似乎文明的不可持续性是其宿命。文明的崩溃并非个例，而是一种常态。一项针对 60 个文明的研究揭示，这些文明的平均存续时间大约为 400 年，之后便分崩离析。[11] 没有新技术的支持，它们就会在能源供应、粮食生产和社会结构方面遭遇发展瓶颈，这些因素最终将引发其崩溃。[12]

数百年来，技术的持续发展似乎使社会得以挣脱历史规律的桎梏。然而，认为历史的动态演变已经停滞不前是一种误解。21世纪的文明固然与玛雅文明大相径庭，但庞大且渴望权力的上层建筑、众多的人口、能源供应以及文明发展的硬性限制依然存在；它们所带来的影响只是被暂时抑制了。

假设存在一种情况，即技术的驱动力能够被有效遏制。那么，在这种情况下，我们能否全面暂停技术的发展？答案是否定的，绝对不可能。

现代文明只有依靠持续的技术发展才能兑现其承诺。社会体系存在的前提是能够确保长期的经济增长，这依赖于新技术的发明和推广。无论是我们期望以更低的成本享受更多的消费，在不增加税收负担的情况下获得更多的公共服务，还是我们认为可以在不断提高生活质量的同时无限制地破坏环境，国家与公民之间的契约（可以说是最重要的契约）也都建立在技术的基础之上。

正如我们所讨论过的，开发新技术是应对地球面临的重大挑战的关键所在。没有新技术的支持，我们将难以克服这些挑战。人力和物质资源的消耗成本不容忽视。我们目前所拥有的技术组合虽然在很多方面令人惊叹，但并没有明显的迹象表明它们能够可持续地以发达国家的标准支持超过 80 亿的人口。这一点可能对一些人来说难以接受，但值得强调的是，在不引入新技术的情况下，解决气候变化问题，或维持不断提高的生活和医疗水平，或改善教育和职业机会，都是不可能实现的。

假设暂停技术发展是可能的，那么从某种意义上说，这将意不受欢迎。维持现有生活水平已然离不开技术，更不用说提高生活水平了。同时，防止社会崩溃也需要技术的支持。对技术说"不"的代价可能关乎人类的生死存亡。然而，无论我们以何种态度面对技术，其都伴随着重大风险和潜在负面效应。

这就是我们面临的巨大困境。

接下来是什么？

从核时代和数字时代开始，这一困境逐渐凸显。1955年，在生命的最后阶段，数学家约翰·冯·诺依曼撰写了一篇名为《我们能在技术中幸存吗？》的论文。[18] 他的观点与本书的主旨不谋而合，他认为全球社会"深陷迅速成熟的危机之中——这场危机的根源在于技术进步所必需的环境已经变得过于狭隘且缺乏有序组织"。在论文的结尾部分，冯·诺依曼将生存视为"一种可能性"，仿佛他正身处自己设计的计算机所造成的"蘑菇云"阴霾之下。"技术性风险没有任何'解药'，"他提到，"任何试图为当前爆炸式的进步寻找自动安全通道的尝试都将是徒劳的。"

在技术构建方面，我并非唯一一个既想享受技术带来的诸多益处，又想消除相关风险的人。有些人会嘲笑这种野心，认为它是一种典型的硅谷式狂妄自大。但是我始终坚信技术仍是改善我们世界和生活的主要驱动力。尽管技术带来了诸多危害、缺陷和意外后果，但总体而言，它的贡献迄今为止仍是较大的。毕竟，即便是技术的最严厉批评者，也不会拒绝使用热水壶、服用阿司匹林、观看电视和乘坐地铁。对于每一支枪，技术提供了一剂救命的青霉素；对于每一条错误信息，技术也协助揭露真相。

然而，不知为何，自冯·诺依曼的时代以来，我和许多人开始对技术发展的长期轨迹感到忧虑。我担心的是，技术呈现出了一种其净收益可能会急剧转变为负值的可能性，而我们却无法阻止这种转变，我们陷入了一种无能为力的困境。

没有人能确切预知这一切将如何展开。由于该困境涉及的因素广泛，其具体结果的规模和性质都难以预测和估量。然而，我坚信，在未来几十年里，社会繁荣、监视与灾难威胁之间的权衡状态将变得更加尖锐。即使是健康状况最好的国家体系，也难以应对这样的困境。

这是人类作为"技术人"所面临的终极挑战。

如果这本书对技术的态度有些自相矛盾，显得部分积极，部分消极，那是因为这种看似矛盾的观点恰恰是对我们当前处境最为诚实的评估。我们的曾祖父母若是在世，定会对我们今日世界的富足感到惊叹，但他们也会对这个世界的脆弱性与危险性感到震惊。随着新技术浪潮的到来，我们正面临着一个真正的威胁，面临一系列潜在的灾难性后果——这样的风险甚至关乎人类的生死存亡。技术同时代表了人类最好和最坏的方面。任何片面的观点都不足以被称为对技术的客观审视。唯一合理的技术认识论便是同时认识到技术的正负两面。

在过去的10年里，这一困境越发凸显，摆脱它的任务也变得更加紧迫。审视现实世界，技术遏制似乎难以实现。然而，考虑到那些可能的后果，另一件事情也同样显而易见：为了所有人的利益，我们必须让遏制成为可能。

第四部分

穿越浪潮

第十三章
遏制必须成为可能

众说纷纭的代价

我曾经打算写一本更乐观的书，探讨科技及整体的未来前景。尽管如今人们对"科技"的态度更加理智和审慎，但仍有很多方面值得肯定和期待。在新冠疫情防控期间，我有了停下来反思的时间。我重新认识到长久以来我一直未能充分认清的真相。那就是，巨大的变革即将到来。这是无法避免的。这一事实必须得到正视。

哪怕你只认同本书核心论点的一部分，你肯定也明白真正的问题是我们该如何应对。在我们认清现实后，到底什么才能发挥作用呢？面对我在本书前三部分所阐述的两难困境，即便只是在理论层面，我们到底该如何遏制技术呢？

近年来，我与许多人就此问题进行了深入的讨论。我与人工智能领域的研究人员、企业高管、挚友，以及美国、中国和欧盟的政策制定者、科学家、律师、高中生，甚至在酒吧里偶遇的陌生人，都交流过这个问题。每个人都能立马给出答案，而且几乎无一例外，大家都认为应当加强监管。

决同一技术浪潮带来的不同问题。分别探讨算法偏见、生物风险、无人机战争、机器人对经济的影响以及量子计算的隐私问题是远远不够的。仅讨论这些问题忽略了原因与结果之间的内在联系。我们需要想办法将这些孤立的讨论整合起来，全面考虑各种风险维度，为这场全方位的革命提供一个全面的解决方案。

众说纷纭只会走向失败，这一点我们心知肚明。但眼前的事实就是众说纷纭：各个技术领域存在数百个截然不同的项目，它们缺乏统一的规划和方向。因此，我们迫切需要一个清晰明确的目标，一个能将技术领域的各种努力凝聚在一起的旗帜。这个目标不仅要在某个公司、研究机构或国家中落实，更要在全球范围内，在各个前沿领域、风险领域和地理空间内同步推进。无论是面对新兴的通用人工智能技术，还是新奇的生物形态，我们的目标必须一致：技术遏制。

21世纪，人类面临的核心问题是，如何培养足够的政治权力和智慧，如何充分掌握技术，以及如何完善标准规范来控制技术，从而确保技术持续为人类造福而非造成危害。换句话说，我们如何才能掌控那些看似无法控制的技术发展？

回顾"技术人"的发展史，再审视"技术无处不在"这一时代现状，想有效遏制技术发展的确面临巨大挑战。即便如此，我们也不能轻言放弃。

包括各国政府在内的大多数组织都未做好充分准备应对这些复杂的挑战。事实已经证明，即便是经济富裕的国家，在危机面前也可能力不从心。[2] 比如，2020年初全球卫生安全指数显示，美国和英国在疫情应对能力方面名列前茅。但是，新冠疫情暴发后，这两个国家做出了一系列错误决策，导致人口死亡率和经济损失远高于加拿大和德国等国家。[3] 这充分说明，一个国家即便拥有丰富的专业知识、完备的制度、清晰的规划及充足的资源，也未必能够有效应对突如其来的危机。

从理论上讲，各国政府应当具备有效管控新型风险和技术的能力，这比以往任何时候都重要，各国在这方面的投入也达到了历史新高。[4] 然而事实上，消除新的威胁对任何政府来说都是极大的挑战。这并不是对政府本身的质疑，而是对我们所面临的巨大挑战的客观评估。在能够通过现代图灵测试的人工智能技术面前，即便最深思熟虑且富有远见的政府机构，其反应也可能与应对新冠疫情时相似。政府总是善于应对过去的战争、过去的疫情以及过去的技术浪潮。监管机构也总是善于监管可以预见的情况。

然而，这是一个充满未知的时代。

仅靠监管是不够的

尽管阻力重重，但对前沿技术的监管是必要的，且力度不断加强。最具雄心的立法可能是欧盟 2021 年首次提出的《人工智能法案》。[5] 截至 2023 年撰写本书时，这项法案正在经历成为欧洲正式法律之前的漫长阶段。① 该法案一旦获批实施，对人工智能的研究和部署就将根据风险等级进行分类。具有"不可接受的风险"、可能造成直接伤害的技术将被明令禁止。如果人工智能

---

① 该法案已于 2024 年 8 月 1 日正式生效。——编者注

对基本人权或基础设施、公共交通、卫生或社会福利等关键系统产生影响,那么其将被归为"高风险"类别,将受到更加严苛的监管和问责。风险系数较高的人工智能技术必须做到"透明、安全、受人类控制,且记录完备"。

尽管欧盟的《人工智能法案》是迄今为止世界上最先进、最有远见且最具雄心的监管尝试之一,但它也揭示了监管本身存在的问题。该法案遭到了各方的攻击,有人批评其过于激进,也有人批判其力度不够。有人认为该法案过于关注新生事物和未来潜在风险,批判其试图监管一些甚至还不存在的东西;有人则认为该法案不够高瞻远瞩。[6] 有人指责该法案允许大型技术公司逃避责任,这些公司对法案起草施加了重要影响,削弱了该法案中某些条款的效力。[7] 有人则批评该法案监管范围过于广泛,可能阻碍欧盟的研究和创新进展,进而影响就业和税收。

大多数监管措施都需要在多方利益之间进行权衡。由于前沿技术涉及的领域广泛,对经济发展至关重要,且发展速度极快,因此对前沿技术的监管最为困难。所有这些争议和混乱情形都清楚地表明,任何形式的监管都是错综复杂、困难重重的,特别是在技术加速变革的环境中。正因如此,监管几乎都存在漏洞,难以实现有效遏制。

对发展速度快、用途广泛的技术进行监管尤具挑战。例如,机动车交通监管无法仅靠某一个监管机构或几部法律来实现。恰恰相反,我们有一系列关于交通、道路、停车、安全带、碳排放、驾驶员培训等方面的规定。这些规定的提出者包括国家立法部门、地方政府、公路管理机构、交通管理部门、发证机构以及环境标准部门等。有效的监管不仅要依靠立法者，还需要警察、交通管理员、汽车公司、机械师、城市规划者和保险公司的共同参与。

几十年来，复杂的法规体系不断发展完善，使得我们的道路和车辆更加安全有序，进而推动交通的发展和普及。但令人悲痛的是，每年仍然有135万人丧生于交通事故。[8]监管尽管可以在一定程度上减少负面影响，但无法完全消除诸如车祸、污染等不良后果。在权衡利弊之后，我们认为这一人力成本是可以接受的。这里的"我们"至关重要。监管不仅仅是颁布新的法律，还涉及规范、所有权结构、不成文的合规与诚信准则、仲裁程序、合同执行以及监督机制等多个方面。所有这些因素都需要整合起来，并得到公众的认可和支持。

然而，我们面临的问题是时间紧迫。新一轮技术浪潮即将到来，我们没有足够的时间让众多机构慢慢摸索应对策略，也无法静待正确的价值观和最佳实践自然形成，而是需要快速、准确地实施先进的监管措施。同时，如何在如此广泛且前所未有的技术领域中进行有效监管也是一个亟待解决的问题。例如，在监管合成生物学时，我们究竟应该监管食品、药品、工业工具或学术研究，还是应该对所有这些领域进行综合监管？不同的监管机构应分别承担哪些职责？这些因素如何相互协调？供应链的各个环节应由哪些参与者负责？任何一次严重事故都伴随着极大的风险，但即便是在决定由哪个机构负责这一基本问题上，我们都可能陷入困境。

除了激烈的立法辩论之外，各国还面临着一个矛盾。一方面，它们正展开一场战略竞争，旨在加快发展人工智能、合成生物学等技术。每个国家都希望站在技术前沿，并希望向外界展示其实力，因为这是国家尊严的体现，是国家安全的保障，也是关乎生存的必要举措。然而，另一方面，各国迫切希望监管这些技术，希望对技术进行遏制，主要是担心这些技术会威胁到国家作为权力中心的地位。但令人担忧的是，这种观点假设了一个最理想的环境，即各国都是强大的、有凝聚力的国家，能作为一个整体在国内协同工作，在国际上协调配合。

要实现有效的技术遏制，需要在包括荷兰、尼加拉瓜、新西兰、尼日利亚在内的各个地区有效执行相关规则。一旦有国家放缓步伐，其他国家必须迅速向前。目前，每个国家在发展技术时都融入了各自独特的法律和文化习俗。例如，欧盟在食品供应中严格限制转基因生物的使用，而在美国，转基因生物已成为农业产业的常规部分。

除非监管能解决本书第二部分所提到的技术发展的深层次驱动力问题，否则我们难以有效遏制技术发展。监管无法阻止别有用心的破坏者或意外事故的发生，也无法触及开放且难以预测的研究体系的核心问题。同时，考虑到技术发展带来的巨大经济利益，监管也无法提供其他替代方案。更重要的是，监管措施并不能解决战略上的必要性问题。此外，它并没有给出一个方案，即各国如何就这一诱人的、难以定义的跨国现象进行协调，特别是在国际条约经常失效的背景下，如何构建微妙而关键的联盟力量。[9] 遏制技术浪潮的欲望与塑造和拥有它的欲望之间，以及防范技术带来的风险与防范他人带来的风险之间，存在无法逾越的鸿沟。优势和控制二者的方向完全相反。

现实情况是，一个国家政府，甚至多国政府联手，都难以实现有效的遏制。这需要公共部门和私人部门之间建立创新、大胆的合作关系，并为各方提供一套全新的激励机制。像欧盟《人工智能法案》这样的法规至少表明，已经有国家政府考虑对技术进行遏制，已经有国家政府开始认真看待技术扩散的风险，并展示出前所未有的承诺和做出重大牺牲的意愿。

依靠监管是远远不够的，但监管至少是一个起点。我们需要采取更大胆的举措，真正理解即将到来的技术浪潮所涉及的利害关系。在一个看似无法实现技术遏制的世界里，所有这些举动都在争取一个未来，一个可能实现技术遏制的未来。

重新审视技术遏制：新的大契约

是否有实体既能从即将到来的技术浪潮中获得巨大的力量和利益，又能防止技术的大规模扩散？我们能否阻止破坏者获取某项技术，或者影响与该技术相关的新生观念的传播？随着技术自主性不断提高，我们能否期待仅靠某个人或者某个事物就能在宏观层面对技术实现有效掌控？成功的技术遏制就代表着对这些问题的肯定的回答。从理论上来说，对技术的有效遏制能使我们摆脱困境。这意味着，我们在控制技术浪潮的同时，还能将其作为构建繁荣社会的重要工具。我们要通过某种方式对其进行制衡，避免发生重大灾难，与此同时，确保不会过于激进以至于引发反乌托邦现象。这相当于在构建一种新的大契约。

在本书的前面部分，我已经阐释了技术遏制是对技术进行控制和监管的基础，这涵盖技术、文化、监管等多方面内容。从根本上说，我相信技术遏制意味着有能力大幅减少或彻底消除技术的负面影响，这种影响可能从局部、小规模一直蔓延到全球乃至关乎人类存亡。除了严厉打击滥用扩散技术的行为外，技术遏制还指导着新生技术的发展、方向和治理。得到管控的技术，其故障模式应当公之于众且受到管理，这意味着随着技术能力的提升，塑造和管理技术的手段也相应升级。

人们很容易从字面意思上理解技术遏制，仿佛它是一个能将特定技术封存起来的魔法盒子。在最极端的情况下，例如出现恶意软件或病原体时，我们可能确实需要采取如此极端的措施。但一般来说，我们更应该将技术遏制看作一种保护机制，当技术的潜在危害大于益处时，这种机制能确保人类的主导地位。想象一下这些保护机制在不同的层面上以不同的方式运作。在下一章中，我们将从一个更具体的层面来探讨这些保护机制，例如从人工智能对齐研究到实验室设计，从国际条约到最佳实践协议。目前最关键的是，这些保护机制必须足够强大，从理论上讲，它们应具备阻止灾难性事件发生的能力。

遏制需要对技术本身的特性做出反应，并将其引导至更易于掌控的方向。再来复习一下即将到来的技术浪潮的 4 个特征：非对称性、超级进化性、通用性以及自主性，我们需要从可控制性这一视角去审视每一个特征。在制定策略前，探讨以下问题有助于我们发现可行的路径。

- 这项技术能广泛应用于各种场景，还是仅能应用于特定领域？核武器就是一种用途十分明确的技术，而计算机天生具备多种用途。技术的潜在应用场景越多，控制起来就越困难。因此，相较于通用系统，我们更应当鼓励使用适用范围更窄、针对特定领域的技术系统。

- 这项技术是否正在从实体物质向数字化转变？技术的非物质化程度越高，就越容易受到难以掌控的超级进化性的影响。诸如材料设计、药物研发等领域将加速发展，致使我们更难追踪进展。

- 这项技术的价格和复杂性是否在降低，如果是的话，降低的速度有多快？战斗机的价格并未像晶体管或消费类硬件的价格那样迅速下降。尽管战斗机具有显而易见的破坏能力，但计算机技术所带来的威胁范围更广，更不可小觑。

- 是否存在可行的替代技术？氯氟碳化物之所以能被禁用，部分原因是存在更便宜、更安全的制冷替代技术。那么，目前有哪些替代技术可供选择呢？安全可行的替代技术越多，就越容易淘汰现有技术。

- 这项技术是否会产生非对称性影响？试想无人机群对抗传统军事力量，或小型计算机、生物病毒破坏关键的社会系统。某些技术更容易带来意外并暴露漏洞，风险更大。

- 这项技术是否具有自主特性？是否存在自我学习的空间，或者能否在无人监督的情况下运行？例如基因驱动、病毒、恶意软件和机器人技术等。从本质上来讲，一项技术越需要人为干预，失控的可能性就越小。

- 这项技术能否为地缘政治带来巨大战略优势？例如，化学武器的优势相对有限且存在诸多弊端，而在人工智能或生物技术领域抢占领先地位则将获得巨大的经济和军事优势。这些"优势"技术更难拒绝。

- 这项技术是更侧重于进攻还是防御？在二战期间，像 V-2 导弹这样的技术发展有力地促进了进攻行动。相反，雷达技术则增强了防御能力。将技术发展转向防御而非进攻，有助于实现技术遏制。

- 这项技术的发明、开发和应用是否受到资源或者工程的制约？硅芯片研发需要高度专业化的材料、设备和知识。从全球范围来看，适合合成生物学初创企业的杰出人才仍然凤毛麟角。这些因素都有助于在短期内实现技术遏制。

在物质世界中，额外的摩擦使事物保持稳定，或者使事物更加昂贵。如果存在更便捷的安全替代方案，那么技术更容易得到遏制，因为这样更易于减缓技术的发展速度、限制其使用范围，甚至完全将其禁用。专用技术相较于通用技术更容易监管，但通用技术的监管更为重要。同样，攻击性或自主性越强的技术，越需要遏制。如果我们能让价格和使用门槛高到让大多数人望而却步，技术泛滥就不容易出现。通过提出这些问题，我们对技术遏制有了更加全面的认识。

洪水来临之前

过去 15 年来，我大部分时间都在研究这个问题。在这个过程中，我深切感受到了本书所描述的技术的强大力量，感受到了技术发展背后的驱动力，也感受到了随着困境的轮廓越来越清晰，我们对解决方案的需求日益迫切。然而，短短几年内的技术进步也足以让我震惊。技术日新月异，我一直都在努力理解和把握这些变化。

现实情况是，过去我们并没有有效遏制技术的发展。如果现在想做到这一点，我们就需要实施一些全新的、全面的方案，其需要涵盖安全、道德、监管和控制等多个方面。而这类方案迄今为止还没有明确的名称，乍一看甚至觉得这样的方案不可能存在。

我们面临的困境本应是一个迫切的行动召唤。但多年来，显然大多数人觉得这些信息有些难以接受。我完全能理解，因为初次接触这些信息时，它们看起来似乎很不真实。在关于人工智能和监管的众多讨论中，我惊讶地发现，与应对许多现存的或即将出现的挑战相比，说服人们正视本书中所提到的诸多风险要困难得多。他们很难相信这些风险既非微不足道的尾部风险，亦非科幻小说的虚构情节。

在开始探讨这些问题之前，我们已经面临一项重要挑战，即一提到技术，普通大众脑海里浮现的便是一系列冗余的应用程序。"技术"一词经常让人联想到社交媒体平台和用于监测步数和心率的可穿戴设备。人们很难想到技术还包括对全球粮食供应至关重要的灌溉系统，以及新生儿生命维持设备。实际上，技术的作用远不只存储自拍照片，它代表着世界文化和智慧的积累。科技并非小众领域，它是主导人类生活的核心。

我们可以用气候变化来做个参考。气候变化所涉及的风险通常具有分散性、不确定性，在时间和空间上都比较遥远，缺乏像在热带草原上遭遇伏击时那样的显著性、紧张感和即时性——这种风险正是我们擅长应对的风险类型。但从心理学角度来看，这些风险并不容易被人们感知。简单的大脑结构让我们在面对这些无形的威胁时，往往束手无策。[10]

然而，在过去10多年，气候变化带来的挑战逐渐引起了人们的关注。虽然全球二氧化碳排放量仍在持续增加，但世界各地的科学家已经能够精确地测量大气中二氧化碳的浓度。就在20世纪70年代，全球大气中的二氧化碳浓度仅为300ppm左右，而到了2022年，这一数值已经攀升至420ppm。[11] 无论是在北京、布鲁塞尔还是布隆迪，无论是石油巨头还是家庭农场主，每个人都可以直观地看到气候正在发生的变化。数据让我们更好地认清现状。

当这些影响能够被如此明确地量化时，我们很难再持乐观态度。与气候变化类似，技术风险也只能在全球范围内得到解决，然而人们对此还缺乏清晰的认识。目前还没有成形的风险指标，也还没有一个各国政府、企业董事会和公众普遍认同的对技术威胁进行客观衡量的计量单位。我们还没有一个普遍认可、显而易见的年度参考标准。前沿科学家和技术专家之间也没有达成共识。人们并没有发起声势浩大的运动来阻止这一切，也没有通过冰川融化、北极熊受困或者村庄被洪水淹没等震撼画面来增强意识。那些发表在arXiv、热门的Substack博客或枯燥的智库白皮书上的晦涩研究，几乎起不到什么作用。

那么，在相互冲突的议程中，该如何找到共同点呢？中国和美国在限制人工智能的发展上存在分歧。美国Meta公司不会认同"社交媒体是一个问题"这个观点。人工智能研究人员和病毒学家认为，他们的工作是理解和预防灾难的重要部分，而非导致灾难的关键因素。"技术"从表面上看，并不像全球变暖那样是一个问题。

然而，事实可能并非如此。

第一步是认识问题。我们需要冷静地承认，技术浪潮即将到来，如果不大幅改变现有路线，我们就将陷入困境。摆在我们面前的有两条路，要么努力应对持续开放和无节制的追求所引发的一系列积极和消极的结果，要么承担我们试图遏制强大技术扩散而可能产生的反乌托邦和威权风险（技术所有权的高度集中势必存在此类风险）。

我们必须做出抉择。最终，我们需要在广泛征询意见的基础上寻求平衡，当然，公众关注程度越高越好。如果这本书能引发批评、争论、建议和反建议，那么越多越好。

一群聪明人躲在某个秘密地点不可能有神奇的解决办法。情况恰恰相反。当前的精英一门心思想避免悲观情绪，以至于不敢正视我们面临的危险。他们乐于私下发表观点和争论，却不太愿意公开谈论。他们习惯于一个充满控制、秩序井然的世界，比如CEO掌控公司，央行行长决定利率，政府官员负责军事采购，或者城市规划者决定修补哪些路面坑洼。他们的控制手段当然并不完美，却是已知的、经过测试的，通常也是有效的。但在这里，情况并非如此。

现在是一个关键时刻。技术浪潮真的要来了，但还未把我们淹没。尽管大势已定，但浪潮的最终形态，即我们将面临的具体困境，还未确定。我们不能浪费几十年的时间等待结果揭晓。我们应该立马着手应对。

在下一章中，我会概述需要关注的 10 个领域。这并不是一份详尽的指南，更非最终的答案，而是必要的基础。我的目的是引发思考，希望朝着遏制技术浪潮的方向迈出关键的第一步。我提出的这些观点的共同之处在于，它们都着眼于边际收益，即通过缓慢、持续地汇聚小成果来提高理想结果出现的概率。我们的目标是改变技术开发和应用的环境，其中包括想方设法争取时间、放慢节奏、为深入研究答案提供空间、引起大众关注、建立联盟，以及推进技术工作等。

我认为，在当前环境下有效遏制即将到来的技术浪潮是不可能的。然而，通过这些举措，我们或许能够改变潜在的条件，让现状逐步改变，从而为遏制技术浪潮创造可能性。我们应该清楚地认识到，尽管可能会失败，但这是构建一个技术浪潮得以有效遏制、人类繁荣发展的世界的最好机会。

万无一失的保证是不存在的，我们也不可能轻易获得成功。任何期待迅速解决问题、寻找简单答案的人肯定会失望。面对这一困境，我们只能采取一贯的立场：尽最大努力，期待最好的结果。

第十四章
迈向遏制的 10 个关键步骤

我们可以将本章中的 10 个想法和步骤视作同心圆。我们从与技术紧密相连的微观层面开始，专注于讨论通过技术设计实现约束的具体机制。随后，每个想法都逐渐变得宽泛，逐步脱离纯粹的技术细节、原始代码和技术材料，向上、向外扩展，走向非技术但同样重要的行动。这些行动加起来形成了新的商业驱动力、改革后的政府、国际条约、更健康的技术文化以及全球性的公众运动。

洋葱层层支撑的结构赋予了它们坚韧与强大，然而，仅靠某一层是不够的。如果我们把技术遏制步骤比作洋葱的结构，那么每一层都需要不同类型的干预措施，涉及各种技术、能力和人员；而每一层本身都是一个庞大且专门的子领域。总体而言，我相信这样的技术遏制架构能够奏效。

让我们从技术本身开始说起。

1. 安全：技术安全的阿波罗计划

几年前，许多大语言模型都存在一个问题。直白地说，它们有"种族主义"倾向。用户能够轻易地找到方法，利用种族主义材料对模型进行反复训练，或者使模型持有在扫描大量训练文本时无意吸收的种族主义观点。人类的文字创作中总是少不了恶意的偏见，而人工智能则会进一步放大这些偏见。这导致许多人认为，大语言模型系统在道德伦理层面上是完全不可行的；考虑到这些明显的危害，大语言模型在向公众发布前无法得到有效控制。

但正如我们所看到的，大语言模型随后开始崛起。到了 2023 年，与早期的系统相比，现在人们很难再诱使像 ChatGPT 这样的模型发表种族主义言论。那么，问题是否已经完全解决？当然不是。多个带有偏见甚至明显种族主义倾向的大语言模型仍然存在，同时，从错误信息到煤气灯效应等一系列严重问题也尚未解决。但对那些十分熟悉这个领域工作的人来说，人工智能在消除不良输出方面取得的飞速进步无疑是令人瞩目的。人们很容易忽视我们在短时间内已取得的巨大进步。

推动这一进步的关键因素之一是通过人类反馈进行的强化学习。为了纠正带有偏见的大语言模型，研究人员采用了精心构建的多轮对话机制，诱导模型产出令人不悦、有害或冒犯性的言论，观察它在何种情境下以及以何种方式犯这样的错误。研究人员对这些错误进行了标记，并将人类的见解重新融入模型中，最终教导它形成一个更理想的"世界观"。这与我们试图教导孩子们在餐桌上避免使用不恰当语言的方式并无太大不同。随着工程师对自身系统固有伦理问题的日益重视，他们更加开放地寻求技术创新来解决这些问题。

解决大语言模型中的种族主义和偏见问题是一个例证，说明了谨慎和负责任的部署对于提升这些模型的安全性是必要的。通过多接触现实世界，开发人员能够更好地理解、纠正并改进这些模型的安全性。

尽管认为靠技术修复就能解决人工智能带来的社会和伦理问题是错误的观点，但不可否认的是，技术修复确实可以成为这些问题解决方案的一部分。确保技术安全，包括代码和实验室的安全，是任何技术遏制计划的首要环节。

一提到"遏制"这个词，除非你是一位国际关系学者，否则你可能会首先联想到将某样东西控制在一个物理空间内。诚然，从物理上控制技术很重要。例如，我们已经看到，即使是目前生物安全级别最高的 BSL-4 实验室也可能发生泄漏。

怎样的环境才能确保那样的情况完全不可能发生？生物安全 7 级实验室或 n 级实验室是什么样的？

尽管我在上一章中指出，技术遏制并非简单地构建一个魔法盒子来封存技术，但这并不表示我们不想努力打造一个这样的盒子。最严格的控制模式仍然是物理层面的控制，这适用于服务器、微生物、无人机、机器人以及算法等各类技术元素。"封装"人工智能的概念与技术遏制最初始、最基础的形式相吻合。具体措施可能包括断开互联网连接、减少人员接触以及限制外部接口等。这实际上就是将人工智能系统封装在位置明确的物理盒子中。这样的系统（即气隙系统）在理论上能够阻止人工智能与更广泛的外界环境交互或以某种方式"逃逸"。

物理隔离仅仅是调整技术安全架构以迎接新技术浪潮挑战的方式之一。充分利用现有手段是技术遏制的重要的第一步。例如，核能由于切尔诺贝利核事故和福岛核事故等众所周知的灾难而名声不佳。但实际上，它非常安全。国际原子能机构已发布了100多份安全报告，为从放射性废物分类到紧急情况准备等特定情境制定了具体的技术标准。[1] 类似电气电子工程师学会这样的机构则管理着2 000多项技术安全标准，涵盖从自主机器人开发到机器学习等多个技术领域。生物技术和制药行业几十年来一直在遵循比大多数软件企业更为严格的安全标准。值得一提的是，多年的努力已使许多现有技术变得高度安全，我们应继续这一努力。

前沿人工智能安全研究仍然是一个尚未成熟的新兴领域，其主要目标是防止自主性日益增强的系统夺取人类对它们的理解和控制能力。我认为，这些关于控制或价值对齐的问题都是更宏观的技术遏制问题的具体方面。尽管已有数十亿美元的资金投入机器人技术、生物技术和人工智能领域，但在构建有效遏制这些技术的安全框架方面的投入相对匮乏。例如，作为生物武器主要监管机制的《禁止生物武器公约》，其预算仅为140万美元，全职员工也仅有4人——这一数字甚至少于麦当劳门店的平均员工数。[2]

人工智能安全领域的研究人员数量仍然很少。[3] 2021年，全球顶级实验室中从事此类研究的人员大约只有100人。尽管这一数字在2022年增长到了三四百人，但相较于当今三四万名人工智能研究人员（与具备DNA组装能力的研究人员数量相当），仍显得微不足道。⁴ 即使将招聘规模再扩大 10 倍（鉴于人才短缺的现状，这种情况还不太可能实现），也不足以应对我们所面临的巨大挑战。与潜在风险的严重性相比，人工智能的安全和伦理研究显得尤为不足。只有少数机构出于资源方面的挑战，在认真对待技术安全问题。然而，我们今天在安全方面做出的决策，将深刻影响技术和人类的未来发展轨迹。

显然，我们必须做的是激励并直接资助该领域进行更多研究。现在是时候启动人工智能安全和生物安全领域的阿波罗计划了，我们需要数十万人投身于这项工作。具体来说，我们需要一个有效的立法提案，从而要求前沿技术企业将研发预算的固定部分，如至少 20%，用于技术安全工作，并向政府工作组上报相关的实质性研究成果，以支持技术安全工作的进展跟踪和分享。历史上的阿波罗计划耗资巨大、任务艰巨，但它正确地展示了人类的宏伟抱负。⁵ 人类在面对巨大挑战时所展现出的积极进取的态度，催生了从半导体和软件到石英钟和太阳能电池板等众多技术。我们同样可以为技术安全做出类似的努力。

尽管目前技术安全领域的人员数量很少，但根据个人经历，我知道技术安全问题正引发越来越多的关注。我接触的学生和其他年轻人都在热烈讨论人工智能的价值对齐和流行病预防等问题。在与他们交流的过程中，我不仅获得了知识层面的启发，还感受到他们对道德使命的关切。他们渴望贡献自己的力量，并坚信我们有责任做得更好。我确信，只要有相应的工作岗位和研究项目，优秀的人才就会随之而来。

对未来的技术安全专家而言，许多有前景的方向都可以探索。

例如，利用能够杀死病毒的短波长灯泡，可以加强对流行病的防御。这类灯泡释放的光波波长为200~230纳米，这个范围接近于紫外光谱，它能有效杀灭病毒且不会穿透皮肤表层，这无疑成了我们抗击流行病乃至各类疾病传播的有力武器。[6]新冠大流行教会了我们一点：在新型疫苗的研究、推广及监管中采用综合且高效的方法策略，具有重要的现实意义。

在人工智能领域，技术安全措施还包括沙盒和安全模拟，这些措施用于构建可验证安全性的气隙环境，以便在先进的人工智能系统被实际应用之前对其进行严格的测试。这意味着对不确定性进行更充分的研究。这也是当前的一个核心关注点，即人工智能在犯错时是如何进行交流的？大语言模型面临的一个问题是，它们仍然受到幻觉问题的困扰，这意味着它们有时会自信地宣称一些明显错误的信息是正确的。考虑到这些模型通常能达到专家级的准确性，这一点尤为危险，因为用户很容易被人工智能诱导，产生一种虚假的安全感，误认为系统输出的所有内容都是真实的。

例如，在微软人工智能公司，我们致力于培养我们的人工智能系统，以保持谨慎并接纳不确定性，也鼓励用户保持批判性思维。我们设计的人工智能可以表达自我怀疑，频繁且富有建设性地征求反馈，并在人类意见正确时迅速让步，而非固执地坚持自己的立场。此外，我们与其他一些公司也正在推进一项重要研究，该研究旨在利用可信赖的第三方知识库来验证人工智能的陈述。此处的关键在于确保人工智能的输出附带引文、来源和可查询的证据，以便用户在遇到可疑主张时能够进一步调查。

解释能力也是技术安全前沿领域的一个重要方面。要知道，目前尚无人能确切解释模型为何会产生特定的输出。设计一些技术方法来使模型能够全面阐释其决策过程或将其决策过程开放以供审查，已成为安全研究人员面临的关键技术难题。相关研究尚处于初级阶段，但已有积极的迹象显示，人工智能模型或许能为其输出提供理由（如果还不能提供因果推理的话），尽管目前尚不清楚这些理由的可靠性。

在使用简单架构探索更复杂的架构方面，甚至在人机对齐研究过程的自动化方面，也有一些积极的研究工作正在开展：通过构建人工智能系统来帮助我们遏制人工智能。[7] 研究人员正致力于开发一种"批判性人工智能"，用以监控其他人工智能的输出并提供反馈，旨在以人类无法实现的速度和规模来改进人工智能系统，这种速度和规模正是我们在新一轮技术浪潮中将要见证的。管理强大的工具，亦需强大的辅助工具支持。

计算机科学家斯图尔特·罗素提出了一个构想，即利用类似于我们在微软探索的那种内置的系统性怀疑机制，来构建他所谓的"可证明有益的人工智能模型"。[8] 他认为我们应该让人工智能系统谨慎地推断我们的偏好和目的，而非为其设定一组固定的、包含在成文制度中的外部目标。系统应当细致地观察和学习。从理论上讲，这种方法应该能为系统留下更多的怀疑空间，从而有效避免不良后果的产生。

我们依然面临着许多关键挑战：如何将安全价值观融入那些具有颠覆其自身指令潜能的强大的人工智能系统？人工智能系统应如何从人类身上汲取价值观并体现这些价值观？另一个长期存在的问题是如何攻克"可修正性"的难题，以确保我们能够始终访问并纠正系统。如果你认为所有这些都是先进人工智能理应具备的基本安全特性，那么你的看法是对的。我们需要在这方面持续取得进展。

我们还应在开发和生产过程中建立切实有效的技术约束。想一想，几乎所有的现代复印机和打印机都采用了防止复制或打印货币的技术，有些机器会在你尝试此类操作时自动关闭。例如，通过为模型训练设定计算资源的上限，我们可以约束模型的进步速度。模型的性能可能受到约束，因此模型只能在某些严格控制的硬件上运行。此外，我们可以为人工智能系统构建加密保护，以确保模型权重，即系统中最有价值的知识产权，只能被有限次地复制或在特定条件下复制。

无论是在合成生物学、机器人技术还是人工智能领域，最艰巨的挑战都莫过于创建一个绝对可靠的关闭程序，即一种能够终止任何可能失控的技术的手段。确保任何自主或强大的系统都配备了关闭程序，这是基本的常识。然而，如何实现这一目标，特别是对于那些分布广泛、形态多变且影响深远的技术（这些技术本身的确切形态都尚不明朗，且在某些情况下会激烈抵抗外部干预），仍然是一个悬而未决的问题。这是一个巨大的挑战。这能否实现？我认为答案是肯定的，但任何人都绝不应低估其中的难度。

太多的安全工作都是渐进式的，常常关注狭隘的影响评估、微小的技术问题或技术发布后才出现的问题，而非提前解决基础性问题，这种做法并不明智。相反，我们应该尽早识别问题，并在基础性问题上投入更多的时间和资源。我们需要具备宏观的视角。同时，建立共同的标准也至关重要。安全功能不应是技术发布后才考虑的问题，而应成为这些新技术的内在设计属性，从而为后续的所有工作奠定基础。尽管实现这一目标面临着严峻的挑战，但我对于这些丰富的、富有智慧的想法感到无比兴奋。我们要为这些想法的实现提供必要的智力和物质支持，并认识到虽然技术设计不是所有的答案，但它是答案中不可或缺的一部分。

2. 审计：知识就是力量，力量就是控制

审计听起来很无聊。这也许是必要的，却极其乏味。然而，它对技术控制来说至关重要。为技术创建安全的物理或虚拟隔离容器（就像我们在前文中讨论的工作）是基础。但仅凭这一点是不够的。实际上，实施有意义的监督，制定可执行的规则，并对技术执行情况进行审查，这些都是极其重要的。如果我们无法验证技术安全的进步以及监管措施是否按预期发挥作用，那么它们将难以产生应有的效能。如何确定实际发生的情况，并判断一切是否尽在自己的掌控之中？这是一个巨大的技术和社会挑战。

信任源自透明度。我们绝对需要在各个层面验证系统的安全性、完整性和未受损状态。这又进一步涉及访问权限和审计能力，涉及对系统进行对抗性测试，组建白帽黑客团队，甚至运用人工智能来探测系统的弱点、缺陷和价值偏见。这需要我们以一种全新的方式来构建技术，它所要求的一些工具和技术手段是尚不存在的。

外部审查的重要性不言而喻。目前，全球范围内并没有形成

系统性的、常规的或正式的机制来测试已经部署的技术系统。我们缺乏技术风险的预警系统，也无法通过统一或严格的方法确认这些系统是否合规，甚至无法判断它们是否符合人们普遍认同的标准。我们既没有相应的组织机构，也缺乏标准化的评估手段，更别提必要的工具了。因此，一个基于常识的基本出发点应该是鼓励公司和技术前沿领域（存在真正的危害性风险）的研究人员主动与政府主导的审计工作中的可信赖的专家进行合作。如果这样的机构得以建立，我将非常乐意与其展开合作。

几年前，我与其他人一同创立了一个名为"人工智能伙伴关系"的跨行业公民社会组织，旨在推动相关工作的开展。我们得到了 DeepMind、谷歌、脸书、苹果、微软、IBM 和 OpenAI 等所有主要技术公司的支持。同时，美国公民自由协会、电子前沿基金会、乐施会、联合国开发计划署等 20 多个专业型的社会组织也给予了我们支持。此后不久，我们的组织启动了一个人工智能事件数据库项目，该项目旨在保密地记录系统安全事件，以便与其他开发人员分享经验和教训。截至目前，该系统已搜集了 1 200 多份报告。此外，"人工智能伙伴关系"还吸纳了来自非营利组织、学术界和媒体集团的 100 多个合作伙伴，为跨学科的讨论与合作提供了一个重要且中立的平台。这类组织和其内部的审计项目都还有很大的发展空间。

另一个有趣的例子是"红队测试"，即主动寻找人工智能模型或软件系统中的漏洞。它涉及以可控的方式对系统进行攻击，从而探测出其弱点和其他潜在的故障模式。[9] 今天我们所面临的问题，在未来有可能会被放大，因此，了解这些问题将有助于我们在系统变得更加强大时建立起相应的保障措施。公开和集体进行的工作越多，对开发人员之间的相互学习就越有利。

现在，也到了政府出资组建"红队"的时候了。它们的任务是对每个系统进行严格攻击和压力测试，并确保在此过程中获得的洞见能在整个行业内广泛共享。最终，这项工作可能实现规模化和自动化，具有公开授权的人工智能系统将被设计出来用于技术审计和发现其他系统的问题，这些系统自身也将接受外界审计。

用于追踪新技术的系统应当具备识别异常状况、能力突变和隐藏故障模式的能力。它们必须能够侦测出那些看似无害、实则潜藏巨大风险的木马攻击。为此，这类系统既要监控大量指标，又要警惕陷入全景式监控的误区。一个既有效又不具侵犯性的起点是，密切关注用于模型训练的关键数据集，特别是开源数据集、科学研究的文献计量数据以及公开的有害事件数据。此外，提供基础人工智能服务的应用程序接口不应随意开放，而应先确保对用户足够了解，这与银行业的部分谨慎做法相似。

在技术层面，精准监督机制仍有待进一步发展。[10] 一些研究人员将其称为"可扩展监督"，用于审查"那些可能会在大多数与当前任务相关的技能上超越我们的系统"。这一提议旨在对算法的非有害性进行数学验证，要求模型提供严格的证明，以确保其行为或输出受到明确的限制。从本质上讲，这就是为活动记录和能力限制建立保障措施。通过这种方式验证和确认模型的行为，可以为指导和跟踪系统提供客观、规范的手段。

另一个富有前景的新型监督机制的例子是 SecureDNA，这是一个由一群科学家和安全专家发起的非营利项目。目前，只有极少数的合成 DNA 会接受潜在危险元素筛查。[11] 然而，像 SecureDNA 这样的全球性项目，将每一个 DNA 合成器（无论是家用的台式设备还是偏远地区的大型设备）连接到一个集中、安全且加密的系统中，且该系统能够扫描致病序列，这无疑是一个良好的开端。如果有人尝试打印潜在的有害序列，它们就会被标记出来。这个系统以云计算为基础，免费且具有加密安全特性，并能够实时更新。

对所有合成 DNA 进行筛查将是一项重大的降低生物风险的举措，且在我看来，这样的举措并不会对公民自由造成过分限制。从长远来看，此举虽然无法完全杜绝黑市的存在，但打造不合规的合成器或破解现有系统将变得十分困难。在部署系统之前，对合成 DNA 或人工智能模型的数据输入进行预先审查，可以有效降低潜在风险。

目前，全球范围内对新技术的监控方法，或这些技术被敌对国家和其他行为者滥用的方式，都呈现出多样性。这是一幅错综复杂的画面，融合了通常不透明的开源信息、学术研究，以及在某些情况下的秘密监控。这是法律和政治的雷区，入侵的门槛非常复杂，在最糟糕的情况下，这些门槛甚至被故意模糊。我们可以做得更好。透明度不是一个可选项。我们必须有定义明确的法律途径来审查新技术在开发过程中、代码层面、实验室、工厂或各类实际应用场景中的情况。

大部分此类工作应该基于人们的自愿原则来开展，并与技术生产者进行合作。如果这种方式无法实现，那么我们必须通过立法手段来强制推动合作。倘若立法措施仍然无效，我们可以考虑采取其他替代方案，例如开发技术保障措施，包括在某些情况下设立加密后门，以便为司法部门或被公开授权的独立机构提供一个可验证的进入系统的方式。

如果执法部门或监管机构提出访问公共或私人系统的请求，那么这将由案件的具体情况决定。同样，利用加密账本来记录模型、系统或知识的复制或共享情况，将有助于追踪其传播和应用。融合社会和技术两个维度的遏制机制十分重要。不过，具体的实施细节还有赖于新的研究成果和公开辩论的结论。为了应对即将到来的技术浪潮，我们需要在监控和安全之间寻求一个新的、安全的且不易被滥用的平衡点。

法律、条约以及出色的技术解决方案都非常重要。但它们仍需要协调和检查，并且要避免诉诸过于严苛的控制手段。构建这样的技术绝非无趣之举，实际上这是 21 世纪最令人兴奋的技术和社会挑战之一。同时，落实技术安全功能和技术审计措施至关重要，但这需要时间，而我们的时间十分紧迫。

3. 技术命门：争取时间

在技术"超级进化"的时代，争取时间尤为宝贵。我们需要争取时间以制定更为周密的遏制策略，建立额外的安全措施，测试技术的紧急关闭机制，构建更为完善的防御技术，巩固民族国家的基础，实施更有效的监管，或推动重要法案的通过，以及组建高效的国际联盟。

近代历史表明，尽管技术已经在全球范围内广泛传播，但其发展仍然依赖于少数关键的研发和商业化中心：技术开发的要塞。想想那些重要的技术聚集地，如界面技术领域的施乐公司和苹果公司，基因工程领域的 DARPA 和麻省理工学院，还有基因泰克、孟山都、斯坦福大学和加州大学旧金山分校等。值得关注的是，这种集中化的现象正在消失。

在人工智能领域，最新模型所依赖的最先进的 GPU 主要由英伟达公司设计。英伟达的大部分芯片由台积电公司独家制造。台积电拥有世界上最先进的芯片制造技术，其工厂被誉为世界上最先进、价值最高的制造基地。台积电的用于制造这些芯片的设备则来源于荷兰的阿斯麦公司，这是目前欧洲最具价值和重要性的科技公司。阿斯麦的机器采用极紫外光刻技术，能够以令人惊叹的原子级精度生产芯片，这些机器是历史上最精密的制成品之一。[12] 这 3 家公司在尖端芯片领域具有足够的扼制力，由于尖端芯片的生产受到严格的物理条件限制，据研究估算，其成本可能高达 100 亿美元／千克。[13]

芯片并非唯一的技术命门。工业规模的云计算也为 6 家大公司所主导。目前，致力于通用人工智能研发的其实只有少数几个资源雄厚的集团，其中最著名的是 DeepMind 和 OpenAI。全球的数据流量主要通过数量有限的光纤电缆进行传输，而这些电缆高度集中于某些关键区位（如英国西南部海岸或新加坡）。稀土元素如钴、铌和钨的短缺有可能导致整个行业陷入瘫痪。[14] 大约 80% 的高品质石英（对光伏面板和硅芯片等至关重要）均产自北卡罗来纳州的一座矿山。[15] DNA 合成器和量子计算机并非日常消费品。此外，技能也是技术的生命线：这本书中探讨的前沿技术领域从业者总数可能不超过 15 万人。

随着技术的负面影响变得清晰，我们必须利用这些技术命门，即关键的技术控制点，来为技术的发展设置合理的速度限制。这样做的目的是确保在科学快速发展的同时，人们能够及时地运用理智。因此，在实际操作中，为了遏制技术发展，我们可以利用这些技术控制点来影响特定国家的技术进步，甚至在更大的范围上调节技术发展和推广速度。出口管制不仅是一种地缘政治策略，还可以被视为一种技术遏制的实地试验。它可能为我们提供了一种遏制（但并非完全扼杀）技术发展的可行方案。从长远来看，所有这些技术最终都将广泛传播和应用。但在此之前，未来 5 年左右的时间显得尤为关键，这是一个紧张的时间窗口。在此期间，我们仍然可以通过某些关键的控制点来减缓技术发展的速度。既然有这样的选择，我们就应该抓住机会，同时争取时间。

4. 开发者：批评者也应参与开发工作

技术发展的驱动力固然不可阻挡，但技术制造者并不能因此逃避对其创造物的责任。相反，我们每一个人，都肩负着明确的责任。没有人是被迫进行基因改造实验或构建大语言模型的。技术不可避免的扩散与发展趋势并非一张免罪符，也不是一张允许技术构建者随意打造、任由结果发生的通行证。其更像是一则沉重的警示，提醒我们必须谨慎行事，否则后果将不堪设想。

从事技术工作的人更需要积极努力地解决这本书所描述的问题。他们，也是我们，有责任提供证据并解决问题。人们常常问我，考虑到这些情况，为什么还要在人工智能领域工作，为什么要创建人工智能公司和工具？我的回答是，除了因为它们能够做出巨大的积极贡献之外，还因为我不想仅仅谈论技术遏制或围绕它展开辩论，我更想在技术发展的前沿，主动协助实现及时的技术遏制。技术专家需要足够专注于这一任务，才能将其变为现实。

在这里，技术的批评者也扮演着至关重要的角色。站在一旁大喊大叫、在推特上发泄愤怒、撰写冗长而深奥的文章来描述问题，这些做法固然有其价值，但它们并不能阻止即将到来的技术浪潮，也无法改变其走向。当我刚开始从事技术工作时，外界对技术的看法几乎是全面乐观的，甚至是狂喜的。那时，人们普遍认为技术公司很酷、很友好，相信它们在为我们打造一个更美好的未来，而现在的情况已经不同。不过，尽管批评的声音越来越大，但需要注意的是，这些批评声并未带来实质性的帮助。

技术的批评者以其特有的方式陷入了一种悲观规避陷阱，这在那些政治、商业和技术精英身上尤为常见。对那些过于乐观的技术专家嗤之以鼻的人士，执着于撰写理论性的监督框架，或发表呼吁加强监管的社论。然而，如果你理解技术的重要性及其强大能力，也领会这些批评的本质，那么你应该明白这种应对方式是不够的。即便是批评者本身，也多少在回避他们面前的现实问题。事实上，就像技术本身一样，有时候尖锐的批评也不过是炒作周期的一部分。[16]

有效的批评者应当是实践者。例如，构建正确的技术，掌握能够改变技术进程的实用手段，积极地展示如何做出改变，这些都要求批评者参与进来，在问题的源头上采取必要的行动，而非只是站在一旁呐喊。我绝非反对批评者，恰恰相反，我深知技术在各个层面，尤其是在技术构建的前沿阵地，都不能没有批评的声音。批评者应该在应对日常技术创新的现实中发挥关键作用。若您正在阅读此书并持有批判性意见，我的回答非常明确：请参与进来。

我承认这绝非易事，过程也绝不会轻松，你不可避免地会面临一些悖论。这意味着像我这样的人必须正视一种可能性：在竭力构建有益工具和预防不良后果的同时，我们或许会无意中加速那些我们竭力避免的事情的发生，就像进行病毒增益实验的研究者那样。我深知，我研发的技术有可能会带来某些伤害。即便我竭尽全力去学习，我仍然可能会犯错。多年来，我一直在这个问题上挣扎——究竟是退缩还是参与？你离技术的核心越近，你就越有能力影响结果，将其导向更积极的方向，并阻止有害的应用。然而，这也意味着你将成为推动技术现实的一部分，无论这个现实最终会带来好处还是伤害。

我并未掌握所有答案，我也不断在审视自己的选择。然而，只要我们不选择彻底放弃技术的构建，就必须接受持续不断的质疑与批评。技术专家不应成为遥不可及的建筑师，仅倾听自己的声音。若没有外部和内部的批评者，困境终将无可避免地向我们逼近。正是这些批评之声，赋予我们更大的机会去构建不会进一步损害社会的技术，减少面对灾难性失败的风险，降低威权主义式反乌托邦出现的可能性。10年前，科技界在各个层面都显得文化单一，很少考虑其他声音。然而，这一状况已经开始转变，现在的思想多样性比以往任何时候都突出，技术研发过程中融入了更多批判性、伦理性和人文主义的声音。

当我与合作伙伴共同创立 DeepMind 时，将安全与伦理问题融入科技公司的核心理念还是一种新颖的做法。那时，仅仅在技术语境中提及"伦理"二字，便足以吸引众人异样的目光；遗憾的是，如今这个词已然沦为被过度使用的流行语。然而，不可否认的是，它确实引领了实实在在的变革，为深入的讨论提供了契机。令人欣慰的是，关于人工智能的伦理研究正在急剧增加。2014 年至今，相关出版物已增加了 5 倍。[17] 从行业角度看，这一态势更为显著；业内对人工智能的伦理研究同比增加了 70%。过去，科技领域中鲜见道德哲学家、政治学家及文化人类学家的身影，他们在当时显得颇为另类，但如今已很常见。即便如此，在将非技术视角及多元化声音引入讨论方面，我们仍存在显著不足。[18] 我们必须认识到，技术的管控需要跨学科的知识与多元观点的共同支撑。因此，积极吸纳各领域专家参与这一事业显得尤为重要。

在这个激励机制根深蒂固，而监管体系越发脆弱的世界里，技术不仅需要批评者在一旁提出批评，更需要他们深入技术建设的核心。

5. 企业：利润＋使命

利润驱动着即将到来的技术浪潮。要想保障安全，就必须正视并应对这一现实。对于像人工智能和合成生物学这样的飞速发展的技术，我们必须探索新的、负责任且包容的商业模式，既要确保安全，又要追求利润。我们应该有能力创立更加擅长控制技术的公司。长期以来，我和其他人一直在努力应对这一挑战，但至今为止，结果喜忧参半。

传统上，公司的唯一目标就是给股东带来回报，这通常意味着要全力推进新技术的开发。尽管这种做法在历史上带来了巨大的进步，但它并不适合应对即将到来的技术浪潮。我认为，在混合型组织结构中找到平衡利润和社会使命的方法，是应对未来挑战的最佳途径，而在实际操作中却困难重重。

在 DeepMind 创立之初，我就认为我们的治理模式应与我们的终极目标相契合。2014 年，DeepMind 被谷歌收购时，我设立了一个"伦理与安全委员会"来监督我们的技术，并将其作为收购条件之一。如果我们实现了构建真正的通用人工智能的宏伟目标，那么它将释放出一股强大的力量，该力量远远超出了一个公司所能独自掌控的范围。因此，我们力求确保谷歌能够认识到这一点，并承诺将治理范围扩展到技术人员之外。最终，我渴望构建一个全球性的、有多个利益相关者的论坛，从而共同决定在通用人工智能实现后应该采取的行动。这将是一个为人工智能服务的民主世界。在我看来，技术的力量越大，就越需要从多个角度来控制和使用它。

在谷歌收购 DeepMind 之后，我和联合创始人历经数年努力，力求将伦理章程深深嵌入公司的法律结构中。我们反复探讨，确定哪些章程内容适宜公开，以及 DeepMind 的哪些工作应接受更为严格的独立监督和审查。我们的核心目标始终是确保前沿技术得到与之相称的先进治理方式。为此，我们提议将 DeepMind 打造为新型的"全球利益公司",并设立一个独立于日常运营董事会的受托人董事会。这个受托人董事会的成员、决策过程及决策理由都将更为公开透明。透明性、问责制和伦理准则,将不再是空洞的公关说辞,而是我们所有行动的基石,具有法律约束力,并融入公司的每一项活动。我们坚信,这样的架构将使我们以更加开放的心态开展工作,积极探索如何使公司成为稳健的、现代的长期管理者,以从容驾驭飞速发展的技术。

我们制订了一个可行的方案,将人工智能产生的利润重新投资于道德和社会使命中。新独立出来的公司将采取"担保有限"的形式,没有股东,但有责任向主要出资方Alphabet提供独家技术许可。作为其社会和科学使命的一部分,DeepMind将用大部分利润来研发公共服务技术,这些技术可能在多年后才显现出价值,比如碳捕集与封存、海洋清洁、塑料清理机器人或核聚变等。我们约定,像学术实验室一样,我们会将部分重大成果的源代码开放。谷歌搜索业务的核心知识产权将留在谷歌,但其他知识产权将用于推进DeepMind的社会使命,如研发新药、改善医疗保健、应对气候变化等。这样既能让投资者获得回报,也能确保社会使命成为公司的法律基石。

回想起来,这对当时的谷歌来说确实是个太大的挑战。我们聘请了律师,进行了数年的激烈谈判,但似乎总是找不到一个完美的解决方法。最终,我们还是没有找到一个能让所有人满意的答案。DeepMind只能继续在谷歌内部作为一个普通部门运营,没有正式的法律独立性,只是作为一个独立品牌存在。这对我来说是一个深刻的教训:股东资本主义之所以有效,是因为它简单明了。治理模型也往往倾向于简单直接的方式。在股东模式下，责任线和业绩跟踪都被量化，非常透明。理论上，我们或许可以设计出更现代化的结构，但实际操作起来是另一回事。

在谷歌工作期间，我持续探索并构建新的治理结构。我负责起草了谷歌的人工智能原则，并参与了组建人工智能伦理委员会的工作，该委员会汇聚了众多杰出的独立法律、技术和伦理专家。我们的初衷是迈出坚实的第一步，为谷歌制定一套处理人工智能和量子计算等尖端技术的行为准则。我们的愿景是吸引不同的外部利益相关者，让其能够深入了解技术前沿，提供反馈，并从远离新技术热潮和乐观情绪的外部视角，为我们带来急需的观点和建议。

然而，这个委员会在成立没多久就瓦解了。谷歌的一些员工反对任命凯·科尔斯·詹姆斯，她是总部位于华盛顿的保守派智库传统基金会的会长。她原本与来自左翼和中立方的多位人士一同被任命，但谷歌内部迅速发起了一场要求她离职的运动。活动人士联手推特员工，指出她多年来发表过不少反跨性别和反性少数群体的言论，包括她最近的观点："如果人们能改变女性的定义，将男性也纳入其中，那么他们就能抹杀在经济、社会和政治层面赋予女性权力的努力。"[19] 尽管我个人也不赞同她的这些观点和立场，但我仍然坚持我们邀请她加入委员会的初衷，认为应该倾听各种不同的观点。毕竟，谷歌是一家拥有全球用户的跨国公司，其中肯定有人持类似的观点。

许多谷歌员工和外部活动人士对此表示反对，并在公告发布后的几天内发表了一封公开信，要求将詹姆斯从委员会中除名。

员工和其他人士积极游说各高校取消对其他拒绝辞职的委员会成员的学术资助，他们认为，这些成员的持续参与是对跨性别恐惧症（即反跨性别）的纵容。最终，有3名成员辞职，整个计划在不到一周的时间内便宣告失败。这种政治氛围对公众人物和上市公司而言实在过于沉重。

虽然我对公司使命的重新审视再次未能如愿，但我的努力确实推动了讨论，将一些棘手的问题摆上了台面，无论是在Alphabet内部，还是在更广泛的政策、学术和行业圈子中。比如，哪些团队和研究会得到资助，产品该如何测试，应该设置怎样的内部控制和审查制度，外部监督应该保持在什么程度，需要包含哪些利益相关者——Alphabet和其他公司的高管们开始定期就这些问题展开讨论。

在科技公司里，那些10年前被视为边缘话题的人工智能安全讨论，现在已逐渐成为日常议题。美国的主要科技集团基本上都认同，在追求利润的同时，也需要做出积极的贡献并确保尖端技术的安全性。尽管奖励诱人，但企业家、高管和员工们仍需持续努力，探索适应遏制挑战的新型企业模式。

目前，一些令人振奋的尝试正在进行中。脸书已经设立了独立的监督委员会，它由前法官、活动人士和专家学者组成，负责为平台治理提供建议。尽管这个委员会受到了来自各方的批评，显然无法独自解决所有问题，但重要的是，我们应该首先肯定这一努力，并鼓励脸书和其他公司继续探索。另一个例子是公益企业和共益企业的不断涌现。[20]这些公司虽然以营利为目的，但已将社会使命融入其法律定义的目标之中。将强大的遏制机制和目标作为法定义务写入科技公司章程，是我们下一步的发展方向。随着这些替代性企业结构的发展（目前已有超过一万家企业采用共益企业结构），我们有望看到更多的积极变化。虽然经济目标与受限制的技术并不总是完美契合，但创新型企业形式让我们看到了更多的可能性。这正是我们所需要的尝试。

技术遏制需要新一代企业的支持，需要创业者和技术领域工作者为社会做出积极贡献。同时，它还需要一个更为复杂的方面——政治。

6. 政府：生存、改革、监管

我们已经看到，技术问题确实需要技术上的解决方案，但仅仅依赖技术是不够的。国家的繁荣同样重要。我们必须全力支持那些旨在强化自由民主的国家，使之能够抵御各种压力。国家仍然掌控着众多文明基本要素，比如法律、货币供应、税收、军事等。这将对它们接下来要完成的任务大有裨益。它们需要创建并维护具有韧性的社会系统、福利网络、安全架构和治理机制，以应对严峻挑战。但它们也需要对正在发生的事情有深入的了解。现在，它们就像是在飓风中摸索前行，完全看不清方向。

物理学家理查德·费曼曾说过："我无法创造的东西，我就无法理解。"这句话在今天对政府和技术来说，显得尤为贴切。我认为，政府需要更加积极地参与进来，重新投身于真正的技术建设、标准制定以及内部能力的培养。政府应该在公开市场上积极争夺人才和硬件资源。这没有商量的余地：会耗费大量资金，还得冒犯错的风险。但是，积极作为的政府相较于那些仅依赖外包服务以及异地技术和专家的政府，将能够拥有更大的掌控权。

深入了解是实现问责的基础，掌握所有权意味着获得控制权。这两者都需要政府亲力亲为。虽然如今企业已占据主导，但许多最具探索性的基础研究仍由政府资助。[21] 美国联邦政府在研发方面的投入，尽管占总支出的比例已降至历史低点——仅为20%，但每年的投入仍高达1 790亿美元。

这是个好消息。投资于科学技术教育和研究，支持国内科技企业发展，能够形成一个积极的反馈循环。[22] 在这个循环中，政府直接参与尖端技术的研发，既能享受技术带来的好处，又能及时应对潜在危害。简言之，政府作为未来科技浪潮的平等参与者，更可能引领其发展，使之更符合公共利益。即便投入成本不菲，拥有更多内部技术专长也是值得的。政府不应依赖管理顾问、承包商或其他第三方供应商。全职、受尊重且所获得的薪酬与私人部门同行薪酬相当的员工，应成为解决方案的核心部分。然而，在国家的关键岗位上，私人部门的薪酬可能是公共部门薪酬的10倍：这是不可持续的。[23]

它们的首要任务应该是加强对技术发展的监控与理解。[24] 各国需要详细了解其人口提供的数据、如何使用这些数据以及这些数据所蕴含的意义等；政府部门需保持对最新研究成果的敏锐感知，明确技术前沿在哪里，未来会朝哪个方向发展，以及本国如何最大限度地发挥优势。尤为重要的是，它们需要公开透明地记录技术造成的所有损害，包括每一起实验室泄漏、网络攻击、语言模型偏见和隐私泄露事件，以便每个人都能从失败中学习并改进。

接下来,国家需要有效利用这些信息,及时应对新出现的问题。像白宫科技政策办公室这样接近行政权力的机构,其影响力正在日益增强。但我们还需继续努力:在21世纪,我们不仅要有负责经济、教育、安全和国防等事务的内阁职位,还应设立一个同样具有权威且接受民主监督的技术职位。负责新兴技术的部长或秘书长在政府中还比较少见,这不应该成为常态。在即将到来的技术浪潮时代,每个国家都应该设立这样一个职位。

仅靠监管并不能实现控制,但任何不涉及监管的讨论都注定无果。监管应聚焦于激励措施,更好地协调个人、国家、公司和公众整体的安全与保障,也要设立紧急制动机制。某些特定场景下的运用,如将人工智能用于选举活动,应该在法律上明确禁止。

各国立法机构已开始积极行动。回顾2015年,关于人工智能的立法几近空白。[25] 然而,自2019年起,全球范围内已至少有72项包含"人工智能"的法案。经济合作与发展组织人工智能政策观察站已收录了来自60个国家的至少800项相关政策。[26] 诚然,欧盟的《人工智能法案》存在一些亟待解决的问题,但其中不乏值得赞赏的条款,它明确展现了正确的发展方向和宏大的愿景。

2022年,白宫发布了一份人工智能权利法案的蓝图,提出了5个核心原则,"旨在指导人工智能和其他自动化系统的设计、开发和部署,从而保障美国公众的权利"[27]。该蓝图明确表示,应该让公民免受不安全、无效的系统以及算法偏见的伤害。人们不应被强迫接受人工智能,每个人都有权拒绝。这样的努力应该得到广泛支持和迅速落实。

然而，政策制定者的想象力需与技术发展的规模相匹配。政府必须采取更多措施。出于安全考虑，我们不允许企业随意建造或运营核反应堆。实际上，国家对核反应堆的每个环节都进行了深度介入和严格监管。随着时间的推移，对于其他技术，我们也应当采取同样的态度。现在，任何人都可以开发人工智能或建立实验室。我们需要一个更加规范化、须获得许可的环境，以明确责任归属，并建立更为严格的机制来撤销不适当访问权限和弥补高级技术可能造成的伤害。最先进的人工智能系统、合成器或量子计算机应由经过认证的负责任的开发者来制造。作为获取许可证的条件，这些开发者必须遵守明确的且具有约束力的安全标准，遵循规则，进行风险评估，保留记录，并密切监控实时部署情况。正如美国发射火箭需要得到美国联邦航空管理局的批准一样，未来发布最先进的人工智能技术也必须获得批准。

模型的不同大小或能力，适用于不同的许可制度：模型越大、能力越强，许可要求就越严格。模型越通用，就越有可能构成严重威胁。这意味着从事基础能力研究的人工智能实验室需要格外留意。此外，如果有需要，还可以制定更为细致的许可制度，以便关注开发的每一个环节，比如模型的训练运行、特定尺寸的芯片集群以及某些类型的生物体等。

在我们经历历史上从劳动力到资本的最大的价值创造转变时，税收制度也需要进行彻底改革，以支持安全和福利事业。如果技术的发展造成了某些人的损失，那么他们应得到实质性的补偿。目前，美国劳动力的平均税率高达25%，而设备和软件的税率只有5%。[28] 这种制度实际上是让资本在创造繁荣企业的幌子下无阻碍地自我繁殖。未来，税收制度应该更加倾向于对资本进行征税，不仅是为了给受到负面影响的人提供资金支持，还是为了在这一过程中实现更平稳、更公平的转变。财政政策是控制这一转变的关键手段，既能对瓶颈进行控制，又能增强国家的韧性。

这应当包括对传统资本形式，如土地、房产、公司股份等高价值但流动性较差的资产加大税收力度，同时设立针对自动化和自主系统的新税种，有时这也被称为"机器人税"。[29]麻省理工学院的经济学家指出，即使只对这些资产征收1%~4%的适度税收，也能产生显著影响。[30]我们需要巧妙调整税收结构，使其从劳动力上转移，从而鼓励企业继续招聘，并减轻对家庭生活的负面影响。同时，为最低收入群体提供税收抵免，可以作为应对收入停滞甚至下滑的有效缓冲措施。此外，我们还需大力开展技能再培训和教育工作，帮助弱势群体提升风险意识，增强他们参与新技术浪潮的能力。全民基本收入，即国家向每位公民无条件支付的收入，常被看作应对未来经济动荡的潜在解决方案。虽然未来可能会采取类似全民基本收入的举措，但在那之前，我们仍有很多值得尝试的好想法。

在大型企业人工智能蓬勃发展的时代，我们不仅要对大企业的资产和利润进行征税，还应考虑对其资本进行征税。[31]此外，为了确保这些企业公平地承担社会责任，我们需要找到一种有效的跨国征税机制。我们也可以尝试一些创新方法，比如将部分企业价值作为公共股息回馈给公众，这样可以让公众在资本高度集中的时代分享到经济发展的成果。然而，在这个过程中，我们面临一个核心问题：未来技术浪潮所带来的资本究竟应该归谁所有？显然，真正的通用人工智能不能像建筑或运输车队那样被私人独占。对于那些可能极大延长人类寿命或提升人类能力的技术，我们从一开始就需要进行深入的讨论，以明确其合理的分配方式。

最终应由政府来决策。政府的杠杆作用、机构建设和专业能力，需要与技术一样迅速更新迭代，这对所有相关方都是一个巨大的挑战。因此，技术受到管控的时代是一个广泛而智能的调控技术的时代，没有商量的余地。然而，每个国家的监管制度都有其局限性，没有哪个政府能够独自完成这项任务。

7. 联盟：是时候制定条约了

激光武器听起来就像是科幻小说中的情节，但遗憾的是，它们并非虚构。随着激光技术的不断进步，其潜在的致盲风险也日益凸显。激光一旦用于武器制造，就可能使敌军或任何被瞄准的人丧失战斗力。这种前沿的民用技术再次让人们看到了恐怖攻击方式的可能性（尽管目前还没有出现《星球大战》中的那种情况）。我们都不希望看到军队或帮派带着能使人失明的激光武器四处横行。

幸运的是，这种情况并未发生。1995 年签署的《关于激光致盲武器的议定书》明确禁止使用激光致盲武器。[32] 该议定书是对《特定常规武器公约》的更新与补充，后者严格规定"禁止使用那些专门设计的、主要或唯一的战斗功能是使未使用增视器材者视觉器官永久性失明的激光武器"。这一议定书得到了 126 个国家的支持。因此，激光武器既不是军队装备的主要组成部分，也不是街头常见的武器类型。

当然，致盲激光并非这本书讨论的通用技术。但它们证明了一点：这是可以做到的；强有力的禁令确实能发挥作用。通过精心构建的联盟与国际合作，我们能够取得成功，甚至改变历史进程。

让我们考虑以下案例，其中一些之前已有讨论：《不扩散核武器条约》；旨在禁止氯氟碳化物的《蒙特利尔议定书》；冷战期间不顾政治分歧，研发、测试及推广脊髓灰质炎疫苗的成就；作为一项重要的裁军协议，目标在于彻底禁止生物武器的《禁止生物武器公约》；各项禁止集束炸弹、地雷、人类基因编辑技术以及优生学政策的指令；为限制碳排放和减缓气候变化负面影响而设立的《巴黎协定》；全球根除天花的行动；消除含铅汽油的行动；全面禁止使用石棉的举措。

国家不愿轻易放弃权力，正如公司不想错过任何利润。然而，过往的一些禁令为我们提供了宝贵的经验，它们就像是激烈技术竞争环境中的一线希望。每个禁令背后都有其独特的条件和挑战，它们既推动了禁令的出台，也妨碍了其顺利实施。但关键在于，这些禁令都是世界各国团结一致、相互妥协以应对重大挑战的典范，为我们应对即将到来的技术浪潮提供了重要的线索和框架。一个政府要全面禁止合成生物学或人工智能应用，显然是不可能的，最多只能实现部分、脆弱的控制。但如果是一个强大且充满动力的国际联盟呢？那或许能够取得一定的成功。

面对深不见底的危机，地缘政治局势可以迅速转变。在二战的硝烟中，和平可能曾是一个遥不可及的梦想。当时盟军战士疲惫不堪地坚持战斗，很少有人能想到，仅仅几年后，他们的国家会投入数十亿美元帮助曾经的敌人重建家园。尽管德国和日本曾犯下骇人听闻、灭绝种族的战争罪行，但它们后来成了稳定的世界联盟中不可或缺的一部分。这一切转变，回想起来真是令人瞠目结舌。从诺曼底和硫黄岛的血雨腥风，到如今坚固的军事和商业合作关系、深厚的友谊，以及史上规模最大的对外援助计划，这一切只相隔了短短几年。

在冷战高峰期，尽管局势紧张，但高层仍有接触。如果发生类似失控的通用人工智能或重大生物危害事件，这种高级别的协调将至关重要。然而，随着新一轮冷战的逐渐形成，分歧正在不断加深。灾难性威胁是全人类共同面临的挑战，这理应成为国际社会的共识。局限于国家边界的规则显然无法应对这样的全球性挑战。每个国家都在努力推进技术发展，但也有责任防止其可能带来的最坏后果。那么，对于即将到来的技术浪潮，《不扩散核武器条约》《蒙特利尔议定书》《巴黎协定》等协议又将如何应对呢？

核武器之所以没有广泛扩散，部分原因是制造它们极为困难：长时间的耐心磋商、联合国长达数十年的条约谈判努力，以及在紧张局势下仍坚持的国际合作，这些因素都对核武器的控制至关重要。核遏制不仅关乎道德原则，也涉及战略考量。达成并执行此类协议历来不易，在大国竞争的时代更是如此。因此，外交官在遏制技术方面的作用被低估了。我们需要摆脱军备竞赛的阴影，迎来技术外交的辉煌时代。我与外交界的许多人士交流过，他们都深知这一点。

然而，联盟也可以在技术专家或次国家机构层面发挥作用，集体决定资助哪些项目、摒弃哪些项目。生殖系基因编辑便是一个典型的例子。一项覆盖106个国家的研究显示，各国的生殖系基因编辑的规范并不统一，虽然多数国家已出台相关管理政策或指导方针，但其存在显著的分歧和漏洞，难以构建统一的全球技术框架。[33] 相比之下，国际前沿科学家们的合作显得更为有效。在人类首次基因编辑事件发生后，埃里克·兰德、埃玛纽埃勒·沙尔庞捷和张锋等知名人士联名发表了一封信，呼吁"在全球范围内暂停所有人类生殖系基因编辑的临床应用，也就是暂停修改可遗传的DNA（存在于精子、卵子或胚胎中）以制造基因改造的后代"，并且建议"建立一个国际框架，在这个框架下，各国在保留自主决策权的同时，自愿承诺除非满足特定条件，否则不批准任何生殖系基因编辑的临床应用"[34]。

他们并不是在呼吁永久禁止生殖系基因编辑，也没有限制其在科研上的应用，更没有主张每个国家都应该走同样的路，但确实是在请求从业者拿出时间来协调一致，做出明智的决策。那些站在科技前沿的人仍有能力带来改变，为社会的短暂停顿创造空间，帮助建立各国及国际机构之间的合作与交流平台，共同探寻前进的路径。

尽管中美这两个竞争大国之间存在分歧，但其合作空间仍然清晰可见。相较于人工智能，合成生物学目前面临的竞争相对较小，而且新型生物威胁对双方都是毁灭性的，因此它成了一个更理想的合作起点。SecureDNA项目就是一个绝佳的例证。它为合成生物学的治理指明了方向，类似于我们对化学武器的管控。如果中美两国能够携手建立一个共同的生物风险观测站，使其涵盖从高级研发到商业应用的各个环节，那么这无疑将是一个极具价值的合作领域，值得进一步深耕细作。

在遏制各类破坏者方面，中国和美国也有共同利益。考虑到奥姆真理教这样的恐怖组织可能来自任何角落，因此两国都将致力于遏制世界上最强大技术的不受控式扩散。目前，中国和美国正在努力制定技术标准。但是，采用共同方法显然能够实现双赢，而标准不一则会让所有人都感到棘手。两国还有一个共同点，那就是随着量子计算和机器学习技术的不断进步，这些技术可能会对现有的加密系统构成威胁，因此，两国都需要共同努力来维护这些系统的安全。这些可能会为更广泛的妥协创造有利条件。随着21世纪的流逝，我们必须重新吸取冷战的教训：没有与对手的合作，就无法确保技术的安全。

除了推动双边合作，目前显而易见的是，我们应该提议创建一个专注于技术发展的新型全球机构。我多次听到这样的讨论：一个专门针对生物技术的世界银行或针对人工智能的联合国会是什么样子？面对像通用人工智能这样令人生畏和复杂的问题，我们能否通过安全的国际协作来应对？当提到"谁掌握了技术？"这个问题时，谁能像最后贷款人一样，成为最终的裁决者，成为那个敢于举手自荐的权威机构？

我们需要一个属于我们这一代的"核条约"，以形成共同的全球策略。这次，我们的目标不是全面限制技术的扩散，而是制定规则、建立体系来管理和缓解技术带来的风险。这些规则和体系会像技术浪潮一样，冲破国界的限制。它们将为我们的工作设定清晰的边界，协调各国在许可证发放方面的努力，并提供审查框架。

在技术方面,我们显然有必要成立新的机构或组织。我们需要一个专业的监管机构,它应尽可能妥善处理具有争议性的地缘政治问题,避免权力滥用,并在客观标准下切实履行监管职责。我们可以设想一个机构,其运作模式类似于国际原子能机构或国际航空运输协会。我倾向于建立一个类似"人工智能审计局"的组织,它并不直接监管或控制技术,而是专注于事实调查和审计模型规模。当技术能力触及某一阈值时,其将致力于提升前沿领域的全球透明度,并提出以下问题:系统是否展现出自我增强的迹象?能否自行设定目标?能否在无人监管的情况下获取更多资源?是否被故意训练用于欺骗或操纵?这样的审计委员会可以在技术浪潮的各个领域发挥作用,不仅为政府的许可工作提供有力支撑,还能推动防扩散条约的制定进程。

相较于含糊且不切实际的提案,务实的现实主义更有机会获得成功。我们无须彻底颠覆现有的制度,因为那样只会为竞争和炫耀创造更多机会。相反,我们应当尽快寻找所有可行的办法来完善它。

8. 文化:正确地接受失败

这里的共同议题是治理,它涵盖了软件系统的治理、微芯片的治理、企业与研究机构的治理、国家治理以及国际社会的治理。在各个层面,我们都需要克服一系列的驱动因素、沉没成本、制度惯性以及利益和世界观冲突所带来的挑战。请明确一点:伦理、安全和遏制，这些都是良好治理的直接产物。然而，良好的治理并不仅仅依赖于明确的规则和有效的制度框架。

在 20 世纪 50 年代喷气式发动机刚刚问世的时候，频繁的飞机事故及其带来的伤亡令人忧心忡忡。然而，到了 21 世纪第二个十年初，情况已大幅改善，每 740 万乘客中仅有 1 人因飞行事故丧生。[35] 时至今日，美国的商用飞机往往能连续数年不发生任何致命事故。乘坐飞机几乎成了最安全的交通方式：在 3.5 万英尺的高空乘坐飞机比坐在家里的沙发上还要安全。

航空公司卓越的表现归于多年来技术和操作上的逐步改进。此外，文化也是一种至关重要的因素。航空业在各个层面都秉持从错误中汲取教训的态度。坠机虽是令人悲痛的事故，但也能让我们识别系统缺陷，诊断与修复问题，并在全行业范围内共享这些宝贵知识。正因如此，最佳实践不应被视为公司的内部机密，也不是相对于竞争对手的优势；它们是全行业积极推行的，以提升整个行业的信任度和安全性为目的，服务于共同的利益。

即将到来的技术浪潮也需要这样的共识：前沿技术领域的每个人都必须发自内心地认可它。提出和完善伦理、安全方面的倡议和政策固然重要，但更为关键的是，执行者必须真正相信这些倡议和政策的重要性。

尽管科技行业倡导"接受失败"的理念，但在涉及隐私、安全或技术漏洞时，这种目标往往难以实现。推出一款不受市场欢迎的产品或许没什么，但推出一款可能导致错误信息泛滥的语言模型，或一款可能引发严重不良反应的药物，情况就截然不同了。因此，对技术的严苛批评并非没有充分的理由，对技术竞争的批评也是如此。在这样的背景下，一旦新技术或新产品出现问题，保密文化就会迅速占据上风。开发过程中的开放性和互信关系随之瓦解，学习机会以及分享这些学习成果的可能性也随之消失。承认错误、进行坦诚对话被视为一种风险，成为企业的禁忌。

对失败以及公众谴责的恐惧会导致裹足不前。及时公开问题本应成为个人和组织恪守的底线，而现实却是那些勇于守住底线的公司和团队并未因此获得赞誉，反而容易成为众矢之的，饱受批评。做正确的事情似乎只会招来舆论攻击。在这样的环境下，我们怎能期待有人勇于承认自己的错误呢？如果我们想产出更加先进、可靠且可控的技术，那么这种现状必须改变。

接受失败必须是发自内心的，而不能仅仅停留在口头上。首先，我们应该对失败持完全开放的态度，即使在面对负面话题时也应如此。这种坦诚是值得称赞的，不应受到攻击。当技术公司遇到任何风险、不利因素或失败模式时，首先要做的就是安全地向更广泛的世界传达这些信息。例如，当实验室发生泄漏时，首要任务是公开事实，而非掩盖真相。接下来，这个领域的其他参与者（包括其他公司、研究小组和政府机构）需要做的第一件事就是倾听、反思并提供支持。更重要的是，它们需要从这些事件中获取宝贵的经验。在航空领域，这种态度已经拯救了成千上万人。在未来几年，这种态度有望拯救更多的人。

遏制技术风险不仅要依靠特定的政策、清单或倡议，还需要培育一种自我批判的文化。这种文化应积极践行安全理念，并欢迎监管人员深入实验室，与技术人员共同学习、互相监督。要想有这样的文化，每个人就都要积极投入、承担责任，并保持热爱，否则安全只会成为马后炮。在人工智能等多个领域，我们常常陷入"只是"研究人员的角色定位，认为自己"只是"在探索和尝试。这种状况已持续多年，正是我们需要文化转向的例证。我们应鼓励研究人员放慢脚步，不要总是急于发表成果。知识虽为公共产品，但不应仅作为默认的选择。前沿研究者需首先认识到这一点，正如核物理和病毒学领域的专家所做的那样。在我看来，人工智能领域的某些能力，如递归式的自我改进和自主性，是我们不应轻易跨越的界限。这一点不仅需要技术和法律层面的支持，也需要相关人员和组织在道德、情感和文化上的认同。

1973年，基因工程技术的发明者之一保罗·伯格在加利福尼亚州的蒙特雷半岛召集了一群科学家。他开始对自己的发明可能带来的影响感到忧虑，并希望能为未来的技术发展设定一些基本规则和道德约束。在阿西洛马会议中心，他们提出了一个由这门新兴学科引出的深刻问题：我们是否应该开启对人类进行基因工程改造的篇章？如果答案是肯定的，那么可以对哪些生物特征进行改造？两年后，更多的人参加了阿西洛马的重组DNA会议。那个被大海环绕的酒店中的议题似乎涉及极大的利害关系。那次会议成了生物科学的一个重要转折点，为基因研究和技术管理确立了长期有效的原则，也为可进行的实验设定了明确的指导方针和道德边界。

2015年，我在波多黎各参加了一个会议，该会议旨在为人工智能领域推动类似的进程。参与者来自各个领域。该会议致力于提升人工智能安全性的公众认知度，培育一种审慎的文化，并探寻真正可行的解决方案。到了2017年，我们在具有象征意义的阿西洛马再次会面，共同起草了人工智能技术发展原则。[36] 我与众多业内人士共同签署了这些原则。它们旨在建立一种责任明确的人工智能研究文化，并催生了一系列后续行动。随着新的技术浪潮不断高涨，我们需要自觉回顾并坚守阿西洛马原则和精神。

几千年来，希波克拉底的誓言一直是医学界的道德指引灯塔，其核心理念"Primum non nocere"（首要的是，不要造成伤害）被广为传颂。诺贝尔和平奖得主、英籍波兰科学家约瑟夫·罗特布莱特曾出于良知而选择离开洛斯阿拉莫斯原子弹实验室。他坚信，科学家同样需要遵循类似的道德准则，且科学家绝不能放弃他们的社会和道德责任。[37] 我很赞同这一点，我们应为技术人员构建一个现代版的道德准则。在算法全球化和基因编辑的时代，我们不仅要深入思考"不伤害"原则的具体内涵，还要在道德界限模糊的日常工作中探寻践行这一原则的方法。

遵循预防性原则是一个很好的起点，即在构建技术之前要暂停一下，在发布之前也要暂停一下，全面审视所有情况，并坐下来仔细推敲可能的第二、第三……乃至第 n 阶的影响。我们要搜集所有的证据，冷静地进行分析，不断地纠正行动方向，愿意停下来。做这些事情不仅仅是因为有某种规定，更因为这是正确的，是我们作为技术人员的职责所在。

这些行为不能仅仅停留在法律条文或企业口号的层面。法律条文只是国家层面的规定，而企业口号往往是短暂且表面化的。相反，这些行为必须在更深层次上发挥作用，形成一种技术文化。这种文化表达的并不是"只管去做"的"工程师心态"，而是表达了一种更加审慎的态度，对可能发生的情况保持强烈的求知欲。健康的技术文化乐于把果实留在树上，愿意在必要的时候说"不"，愿意延迟收益以确保安全。在这种文化中，技术人员深刻理解技术只是达到目的的手段，而非目的本身。

9. 运动：公众的力量

在这本书中，"我们"一词多次出现。其所指可能是作者与合著者的"我们"，人工智能研究者与企业家这个群体的"我们"，更广泛的科学与技术领域的"我们"，全球西方社会的"我们"，或者全人类的"我们"。在技术即将彻底改变全球和我们这个物种的未来之际，强调全人类的"我们"显得尤为重要。

人们（也包括我自己）在谈论技术时，经常提出以下论点：因为技术是我们创造的，所以我们能解决它造成的问题。[38] 从广义上讲，这是正确的。但是问题在于，这里并没有一个真正起作用的"我们"；没有共识，也没有能够形成共识的可靠机制。事实上，这个"我们"只是一个虚无缥缈的概念，并不能真正有效推动某种行动。这本是显而易见的，但仍值得反复强调。即使美国总统这样位高权重的人，在诸如改变互联网的发展轨迹这样的问题上拥有的权力也极其有限。

相反，这个世界由无数分散的行动者构成，他们的目标时而一致，时而冲突。正如我们所观察到的，公司和国家的优先事项各不相同，这带来了一系列分歧。这本书所概述的对技术的担忧，在很大程度上，只是精英阶层关注的内容，是商务舱休息室里的谈资，是出版物的专栏，是达沃斯论坛或 TED（技术、娱乐、设计）演讲中的话题。而大多数人尚未系统地关注这些问题。在社交媒体以外的现实世界，脱离了这个信息泡沫，人们有着截然不同的忧虑。在一个充满脆弱性的世界里，人们有太多现实问题要面对。关于人工智能的讨论并不总是能产生实际效果，往往容易陷入空谈。[39]

因此，如果宏大的"我们"概念未能产生实际效果，那么这将迫切要求我们构建一个真正有意义的共同体。历史告诉我们，变革往往源于人们的有意识的奋斗。来自公众的压力推动了新规范的产生。诸如废除奴隶制、争取妇女选举权、争取公民权利等伟大的道德成就，都是人们通过不懈努力、建立广泛的联盟并基于一个宏大的诉求实现的。气候问题受到重视，不仅仅是因为人们注意到极端天气的出现日益频繁，更是因为基层活动家、科学家以及作家、名人、企业高管和政治家在共同努力，他们呼吁有意义的变革，并付诸行动，因为他们想做正确的事情。

研究表明，当谈到新兴技术及其潜在风险时，人们确实关心并希望找到解决方案。[40] 尽管许多危害看似遥不可及，但我坚信人们有足够的能力洞察其中的预兆。例如，当人们观看波士顿动力公司发布的机器狗视频，或者思考未来可能发生的大流行病时，无人不感到恐惧。

因此，民众运动在技术遏制中扮演着重要的角色。在过去 5 年里，技术遏制问题逐渐受到蓬勃发展的公民社会运动的关注。媒体、工会、慈善组织和基层运动等各方力量都在积极参与，共同探索遏制技术的方法。我衷心希望我们这一代的技术创造者和建设者能够推动这些运动的发展，而不是成为其阻碍。同时，公民共同体的形成为更广泛的群体提供了参与对话的机制。[41] 一个值得考虑的建议是从人口中随机抽取代表性样本，开展深入的辩论，提出管理这些技术的具体方案。在获得相关工具和建议的情况下，这将是一个更加集体化、专注且贴近实际的过程。

当公众共同要求变革，真正的改变就会应运而生。创造技术的"我们"是分散的，这个"我们"受到各种相互竞争及不同的国家、商业和研究的激励措施的影响。但当技术所影响的"我们"能以一个统一的声音发声，当重要的公众群体持续要求变革并倡导统一的解决方案时，好的转变就更可能实现。在这个过程中，任何人无论身处何地，都能产生影响力。归根结底，技术专家和政府都不能独自解决这一问题，但只要"我们"团结起来，就有可能做到。

10. 狭窄小道：唯有穿越

在 GPT-4 发布仅几天后，数千名人工智能科学家联名发表了一封公开信，呼吁对最先进的人工智能模型的研究暂停 6 个月。他们引用了阿西洛马原则，并提出了读者可能熟悉的理由：近几个月来，人工智能实验室之间的竞赛似乎陷入了失控状态，都在争相开发和部署更加强大的数字智能系统。[42] 然而，即使是这些系统的创造者也无法完全理解、预测或控制它们。不久后，意大利政府决定禁止 ChatGPT。同时，有人向美国联邦贸易委员会投诉大语言模型，呼吁对其加强监管。[43] 在白宫新闻发布会上，也有人提出了关于人工智能风险的问题。数百万人在工作和生活中都在讨论科技带来的种种影响。

一股力量正在悄然积聚。这并不算是真正的遏制措施，但这是我们首次以紧迫的态度正视即将到来的技术浪潮。

迄今为止，我们所提出的每个想法，都像是海堤建设的初步探索，一个尝试性的防洪屏障，从科技的具体细节出发，逐步向外扩展，形成一种全球性的积极变革运动的迫切需求。这些措施单独来看都显得力量薄弱。但是，如果我们将这些措施紧密结合起来，遏制的整体轮廓就会逐渐清晰。

麻省理工学院的生物技术专家凯文·埃斯维尔特就是一个很好的例子。[44] 他在生物安全威胁方面的思考非常深入。对于那些潜在的、以造成大量伤亡为目的而设计的病原体，他坚决运用各种手段进行阻止。他的方案是当前最为周全的遏制策略之一，建立在3项核心原则之上：延缓、检测和防御。

为了延缓疫情暴发，埃斯维尔特借鉴了核技术领域的概念，提出了《大流行病试验禁止条约》，即一项禁止对高致病性材料进行研究的国际协议。任何可能加剧大流行病风险的研究，包括功能获得性研究，都将受到严格限制。此外，他呼吁为任何与病毒和其他潜在有害生物材料打交道的人建立一种全新的保险与责任制度。这一制度将直接考虑那些虽然概率低但后果严重的风险，并将其纳入研究成本，进而使责任成本更为明确。这意味着，从事潜在危险研究的机构不仅需要购买额外的保险，而且一旦证实对重大生物危害或灾难性事件负有责任，就会面临法律制裁。

对所有合成器进行DNA筛查是必要的，并且整个监测系统需要构建在云端，这样就可以实时更新，从而对抗新出现的威胁。在这个方案中，迅速发现疫情暴发同样非常关键，特别是对于那些潜伏期较长的隐蔽病原体。想象一下，有一种疾病潜伏多年后才暴发，如果我们无法及时察觉，就无法对其进行有效遏制。

一旦最坏的情况发生，我们就必须迅速采取防御措施。富有韧性、准备充分的国家对应对极端疫情至关重要，因为这样的疫情可能让维持食品、电力和水的供应以及法律和医疗保健等基本服务变得异常困难。因此，我们需要为所有关键岗位的工作人员储备最先进的、能抵御大流行病的防护装备。这将发挥巨大的作用。同时，建立一个稳健的医疗设备供应链，确保它能在疫情中经受住考验，也是极为重要的。至于那些能够消灭病毒的低波长灯泡，我们需要在疫情暴发前就广泛安装，或者至少确保它们能随时投入使用。

结合所有这些要素，我们可以构建起一个应对即将到来的技术浪潮所需的框架。

1. 安全	采取具体技术措施，以降低潜在风险并保持对技术的掌控
2. 审计	有效确保技术透明度和问责制
3. 技术命门	作为杠杆因素，用于放慢技术发展速度，为监管机构以及开发防御技术争取时间
4. 开发者	确保开发者从一开始就将适当的控制措施融入技术中，实现负责任的开发
5. 企业	协调技术背后的组织驱动力与遏制目标之间的关系
6. 政府	支持政府构建技术、监管技术，并实施缓和措施
7. 联盟	建立国际合作体系，协调法律制度与管控项目
8. 文化	培育一种善于分享经验和教训的文化，以便快速传播解决问题的方法
9. 运动	需要公众在各个层面的积极参与，包括对各个技术遏制环节施加必要的压力，以确保其承担相应的责任

第10步着重于整体协调，确保前述每个要素都能与其他要素和谐并存，共同发力。遏制是一个措施之间相互强化、形成良性循环的过程。从这个角度来看，遏制并非单一建议所产生的结果，而是这些建议相互交织、共同作用所产生的综合效应，是社会在学习管理和减轻"技术人"风险的过程中自然产生的结果。无论是面对病原体、量子计算机还是人工智能，靠单一行动是远远不够的。然而，通过精心构建并层层叠加的反制措施，如从国际条约的防线到新技术供应链的保护层，我们的方案会逐渐变得更为坚实有力。此外，"延缓、检测和防御"等策略并非我们的最终目的地。在即将到来的技术浪潮中，安全并非一个静止的终点，而是一个需要我们不断争取和维护的动态目标。

遏制不是终点，而是一条狭窄且永无止境的道路。

经济学家达龙·阿西莫格鲁和政治学家詹姆斯·罗宾逊均持有相似观点，他们认为自由民主国家并非表面上那般安全。[45] 在他们眼中，国家宛如"被束缚的利维坦"，虽然力量强大，但始终受到公民社会和规范的制约。随着时间的推移，美国这样的民主国家如同走在一条"狭窄通道"上，勉强维持着微妙的平衡。通道两侧危机四伏。通道一侧，国家权力可能无限扩张，凌驾于社会之上。而通道的另一侧，国家可能面临体系崩溃，沦为所谓的"僵尸国家"，即国家丧失对社会的实际控制力，如同索马里或黎巴嫩那般。无论是哪种情况，都会给人民带来深重的灾难。

阿西莫格鲁和罗宾逊指出，国家始终走在这样一条通道上，稍有不慎就可能摔倒。每当国家能力提升时，国家都必须确保社会能力也相应提升，以保持平衡。在这条通道上，我们始终面临在还是将来，每项措施都应在保护与限制之间找到恰当的平衡点——既要提供有效的保护，又要避免过度干涉。

那么，我们能否成功遏制即将到来的技术浪潮呢？

展望未来，技术将引领人类走向无数可能的方向，释放巨大的潜能，并具备改变世界的力量。然而，在这些潜在的发展方向中，许多似乎都难以得到有效遏制。因此，从此刻起，我们必须始终小心地行走在狭窄小道上，谨记稍有不慎就会跌入深渊。

历史已经证明，技术这种扩散与发展的模式已经根深蒂固。技术发展的速度和力量之惊人，甚至令它们的创造者都感到震撼。每天，新的突破、产品和公司层出不穷，尖端技术更是在几个月内就迅速普及。负责监管这场技术革命的民族国家正因此而陷入挣扎。

然而，尽管有大量证据表明遏制并非易事，我内心依然保持乐观。本章提出的这些想法，就像是灯火、绳索和地图，为我们在曲折的道路上一步步前行提供了工具和手段。面对遏制的艰巨挑战，我们不应退缩，而应将其视为行动号召，视为我们这一代人需要共同面对的时代使命。

如果我们人类能够汇聚新的运动、企业与政府的合力，调控技术发展的驱动力，强化技术能力、知识和安全保障措施，从而扭转当前局面，那么我们就有可能点燃希望之火，沿着那条宝贵的狭窄小道走下去。尽管挑战重重，但本章的每一部分都深入剖析了众多细分领域，每个人都可以在这些领域中发挥作用。要从根本上改变我们的社会、人类本能和历史模式，无疑需要付出巨大的努力。这绝非易事，甚至看似不可能。但面对 21 世纪的巨大困境，我们必须使之成为可能。

在这个日新月异、力量不断涌现的时代，我们要学会直面各种矛盾。我们要预设最坏的情境，并做好应对的准备，全力以赴去迎接挑战。我们要坚定不移地沿着那条狭窄小道前行，激发更广泛的社会力量，共同推动变革的进程。只要足够多的人开始齐心协力构建这个强大的"我们"，这些微弱的希望之光就终会汇聚成改变未来的熊熊烈火。

后人类世的生活

四周静悄悄的。窗户和百叶窗都紧闭着,炉火和蜡烛都已熄灭,晚餐也已经吃完。白日的喧嚣已远去,唯有偶尔传来的狗吠,灌木丛中轻微的响动,或微风轻拂树叶的沙沙声,打破这夜的宁静。整个世界仿佛在轻轻呼吸,沉浸在梦乡之中。

他们在夜色的掩护下出现,此时不易被人认出。他们几十个人,戴着面具,伪装自己,手持武器,心中满是愤怒。在这凉爽而静谧的夜晚,他们或许有机会寻求正义,只要他们能鼓起勇气。

他们悄无声息地向城镇边缘那栋庞大笨重的建筑走去。在昏暗的光线下,这栋四四方方、坚不可摧的建筑显得阴森恐怖,里面有昂贵且备受争议的新技术设备——在他们看来,这些机器就是敌人。一旦被抓住,他们将失去一切,包括生命。但他们已经立下誓言。这是决战时刻。他们已经无路可退。那些机器,那些工厂主,不会让他们得逞。

他们在建筑外稍做停留,随后发起了冲锋。他们奋力撞击着紧闭的大门,将其破开,然后一拥而入。铁锤与棍棒疯狂地砸向那些机器,金属碰撞的铿锵声在夜空中回荡,碎片四处飞溅。尖锐的警报声随之响起，划破了夜的宁静。百叶窗被猛地拉开，守夜人惊慌失措地点亮了灯笼。那些破坏者——卢德分子，迅速奔向出口，身影很快便消失在柔和的月光中。这原本宁静的夜晚，再也无法回归平静。

大约在19世纪之交，英国正经历一场早期的变革浪潮。那时，基于蒸汽和机械自动化的技术彻底改写了生产、劳动、价值、财富、能力和权力的规则。我们所谓的第一次工业革命的历史浪潮，正随着一座座工厂的建立，改变着英国乃至全世界。1785年，埃德蒙·卡特赖特发明了动力织布机，这是机械化织布的全新尝试。起初，这种新机器并未受到广泛欢迎。但没过多久，经过一系列改进，动力织布机就彻底改变了纺织制造业。

并非所有人都对这样的变革感到欣喜。一台动力织布机只需一个孩子操作，便能生产出相当于三个半传统织工所织的布料。机械化意味着，自1770年起的45年间，织布工人的工资减少了超过一半，而基本食品的价格却飙升。在新的工业世界里，男性逐渐被女性和儿童取代。无论是织布还是染色，纺织工作在过去都是体力活，但现在，在嘈杂的工厂里，它变得死板、危险且压抑。那些表现不佳的孩子会被吊在天花板上，或者被迫背负重物。在工厂里，死亡事件时有发生，工作时间极其漫长。对那些身处工业化前沿、付出沉重人力代价的人来说，这并不是一个充满了希望和技术进步的乌托邦，而是一个充满了恶劣工作环境、奴役和屈辱的世界。

织布工人们都感到，新机器以及背后的资本正在夺走他们的工作，压低他们的工资，剥夺他们的尊严，摧毁他们原本丰富而多彩的生活。这些节省劳动力的机器给工厂主们带来了极大的利益。然而，对那些技术高超、收入丰厚的织布工人来说，这无疑是一场灾难。

受神话人物内德·卢德的启发，英国中部的织布工人愤怒不已。他们不愿接受这种现状，不愿看到技术扩散成为普遍现象，更不愿看到技术浪潮的到来成为经济发展的必然趋势。于是，他们决定奋起反抗。

1807年，由于工资被削减，6 000名织布工人发起抗议示威，但遭到了挥舞军刀的龙骑兵的驱散，有一名抗议者不幸死于刀下。自此，一场更为激烈的运动开始酝酿。1811年，这些破坏者因一位诺丁汉工厂主收到一系列以"卢德将军及其纠正军团"名义寄送的信件而声名大噪。由于信件没有得到回应，3月11日，一群失业的织工袭击了当地的工厂，摧毁了63台纺织机，破坏活动进一步升级。

在接下来的几个月里，秘密袭击接连不断，数百台织布机遭到破坏。"卢德分子"继续发起反击。他们只是希望能得到合理的工资和应有的尊严。他们的要求也很简单——小幅加薪、逐步引入新机器，以及某种形式的利润分享机制。这些要求似乎并不过分。

不过，在严酷的法律制度和反民兵组织的打击下，卢德分子的抗议活动逐渐消失。当时，英国仅有数千台自动织机，而到了1850年，织机的数量激增到了25万台。这场反技术斗争终告失败，技术最终得以广泛普及，织工们的传统生活被彻底摧毁，世界也因此发生了翻天覆地的变化。对那些因技术进步而失去生计

后人类世的生活

的人来说，这就是技术浪潮未妥善遏制所带来的残酷现实。

然而……

长期来看，曾经给社会带来巨大痛苦的工业技术最终极大地提高了人们的生活水平。几十年、几个世纪后，那些织工的子孙过上了卢德分子难以想象的生活，早已习惯了我们认为理所当然的不稳定的世界。他们中的大多数人在寒冷的冬天可以回到温暖的家中，冰箱里装满了世界各地的美食。当他们生病时，能够得到优质的医疗服务。他们的寿命也得以大大延长。

卢德分子与今天的我们一样，都面临着艰难的抉择。他们承受的痛苦和遇到的困境是真实的，但同时，生活水平的提高也为他们的后代带来了实实在在的好处，这是我们今天习以为常的。过去，卢德分子未能阻止技术的发展，而人类终究适应了这种变化。如今，我们面临的挑战也很明确：既要充分利用技术浪潮带来的好处，又要避免其潜在的危害。卢德分子的抗争以失败告终，我认为，那些想阻止如今的技术发展的人，也很可能会再次失败。

因此，唯一的方法就是从一开始就正确应对技术。我们不能像工业革命时期那样，强行让人们适应技术，而是要确保技术从一开始就适应人们的生活。只有适应人类的技术才是可控的。最紧迫的任务不是盲目跟从技术浪潮或徒劳无功地试图阻止它，而是要学会引导和塑造它。

即将到来的技术浪潮将彻底改变世界。最终，人类可能不再是我们所熟悉的地球主宰者。我们将进入一个新纪元，其中大多数日常互动将不再是与其他人的交流，而是与人工智能的交流。这听起来可能令人着迷，或者令人恐惧，甚至让人觉得荒谬，但这一切正在发生。我猜你清醒时的许多时间都是在屏幕前度过的。事实上，你在日常生活中盯着各类屏幕的时间，可能已经超过了你注视任何人，包括你的伴侣和孩子的时间。

不难预见，我们将会花费更多时间与这些新机器进行交流和互动。我们即将面对的人工智能和生物智能的类型与本质，将与现在大不相同。它们将为我们完成工作、搜集信息、制作报告、编写程序、订购日常用品和圣诞礼物，提供解决问题的最佳方案，或者只是陪伴我们聊天和娱乐。

它们将成为我们的私人智能代理，扮演帮手、密友和同事的角色，也是我们的"参谋长"和翻译。它们将负责安排我们的生活，倾听我们内心深处的渴望和恐惧。在管理我们的企业、治疗我们的疾病等事务上，它们将提供强大支持。一天之中，我们会遇到有各种性格、能力和形态的智能体。这个全新而奇特的智能群体将成为我们的精神世界中不可或缺的一部分，推动文化、政治、经济、友谊、娱乐和爱情等各个方面的协同发展。

在未来世界，工厂将像过去的农场一样，实现本地化生产。无人机和机器人将无处不在。人类基因组将变得灵活多变，我们对自身的认知也将随之变得更加开放和多元。人们的寿命将比今天的我们长得多。许多人可能会完全沉浸在虚拟世界中。同时，那些曾经看似坚不可摧的社会契约也将发生深刻变革。学会在这个日新月异的世界中生存与发展，将成为21世纪每个人生活中的一部分。

卢德分子的反抗是自然而然的、在意料之中的，但与以往一样，这样的反抗是徒劳无功的。在那个时候，技术人员并没有考虑如何使技术更好地适应人类的需求。就像卡尔·本茨和早期的石油大亨们并没有考虑地球的大气层一样，他们只是创造了新技术，并用资本推动其发展。而其他人则纷纷跟进，对可能产生的长远影响视而不见。

这一次，我们必须改写历史。虽然全球范围内的"我们"尚未形成，但已经有一群人正在开发这项技术。我们肩负着巨大的责任，必须确保适应过程不会只朝着单一的方向发展。与动力织布机和气候变化不同，即将到来的技术浪潮必须适应人类的需求，并紧密围绕人类的关切进行发展。即将到来的技术浪潮不应该服务于遥远的利益，盲目地追求技术逻辑或更糟糕的方向。

太多人对未来的设想都是基于技术能够或可能实现什么，但这其实是个错误的出发点。技术人员除了关注工程细节外，更应该致力于想象和构建一个更加丰富多彩、更具社会性的未来。这个未来是一个复杂的交织体，而技术只是其中的一部分。虽然技术无疑是推动未来发展的重要力量，但它并不是未来的核心，也不是真正重要的问题。我们人类才能决定未来的走向。

技术应该放大我们的优点，为创造力和合作开辟新道路，与我们生活中的点点滴滴和珍贵的人际关系相得益彰。[1] 它应该让我们更快乐、更健康，是对人类努力与美好生活的最佳补充。但这一切必须基于我们的意愿，通过民主决策和公开讨论，确保利益广泛共享。在动荡不安的现实中，我们绝不能忽视这一点：这是一个连最坚定的卢德分子也能欣然接受的愿景。

但在我们真正到达那一步之前，在我们能完全发掘未来技术的巨大潜力之前，我们必须先遏制这场技术浪潮并应对其带来的核心困境，我们必须对整个技术领域加强控制。这要求我们以前所未有的决心全力以赴。这是一项艰巨的挑战，毫不夸张地说，其结果将决定 21 世纪乃至未来我们日常生活的质量。

失败的风险之大简直难以想象，但我们必须勇敢面对。当然，收获成功的果实也同样令人振奋：那将意味着我们这个宝贵物种的安全与世界的长久繁荣。

这值得我们为之奋斗。

致　谢

　　书籍同样是历史上极具变革性的技术之一，与其他革命性的技术无异，书籍也是团队合作的结晶。这本书也是如此，它汇聚了 20 多年的深厚友谊与持续探讨，开启了一次意义非凡的合著之旅。

　　自项目启动以来，皇冠出版社始终给予我们巨大的支持。戴维·德雷克凭借其卓越的出版视野，为我们提供了富有智慧且充满活力的指引。同时，我们非常荣幸邀请到保罗·惠特拉奇担任本书的编辑，他以极大的耐心和极强的洞察力为本书贡献了许多重要的改进意见。此外，我们还要感谢麦迪逊·雅各布斯、凯蒂·贝里和克里斯·布兰德的竭诚付出。在伦敦的鲍利海出版公司，斯图尔特·威廉斯给予了我们宝贵的编辑意见和坚定的支持。我们的代理人蒂娜·本内特和索菲·兰伯特也表现卓越。从项目初期开始，西莉亚·帕内捷就扮演研究员这一关键角色，帮助我们搜集并整理了丰富的证据材料，而肖恩·莱弗里则以其严谨的态度确保了整本书信息的精确性。

　　多年来，无数人为这本书的诞生倾注了心血。大家聚在一起，深入交谈，阅读章节，提出新想法，纠正错误。是无数次的电话沟通、研讨会、采访、修订和建议，共同促成了这本书的问世。这里的每个人都投入了大量的时间与精力，表达想法，分享专业知识，展开辩论，启发彼此。我们特别感谢那些仔细阅读全书并提供详细评论的朋友，他们的慷慨支持和深刻见解对完善书稿起到了至关重要的作用。

我们还要向以下人士致以衷心的感谢：格雷戈里·艾伦、格雷厄姆·艾利森（以及哈佛大学贝尔弗中心的教职员工）、萨哈尔·艾美尔、安妮·阿普勒鲍姆、朱利安·贝克、萨曼莎·巴伯、加布里埃拉·布卢姆、尼克·博斯特罗姆、伊恩·布雷默、埃里克·布林约尔松、本·布坎南、萨拉·卡特、雷文·蔡尔德、乔治·丘奇、理查德·丹齐克、珍妮弗·杜德纳、亚历山德拉·艾特尔、玛丽亚·艾特尔、亨利·埃尔克斯、凯文·埃斯维尔特、杰里米·弗莱明、杰克·戈德史密斯、阿尔·戈尔、特里斯坦·哈里斯、扎伊德·哈桑、乔丹·霍夫曼、伊藤穰一、艾安娜·伊丽莎白·约翰逊、丹尼·卡内曼、安杰拉·凯恩、梅拉妮·卡茨曼、亨利·基辛格、凯文·克莱曼、海因里希·库特勒、埃里克·兰德、肖恩·莱加斯克、艾托尔·列夫科维奇、利昂·马歇尔、贾森·马西尼、安德鲁·麦卡菲、格雷格·麦凯尔维、迪米特里·梅尔霍恩、戴维·米利班德、玛莎·米诺、杰夫·马尔根、阿扎·拉斯金、托拜厄斯·里斯、斯图尔特·罗素、杰弗里·萨克斯、埃里克·施密特、布鲁斯·施奈尔、玛丽莲·汤普森、梅奥·汤普森、托马斯·瓦伊尼、玛丽亚·沃格拉乌、马克·沃尔伯特、莫文娜·怀特、斯科特·扬和乔纳森·齐特雷恩。

此外，我要感谢我在 Inflection AI 公司的杰出合作伙伴里德·霍夫曼和卡伦·西蒙尼扬。同时，我要向我的 DeepMind 联合创始人戴密斯·哈萨比斯和谢恩·莱格致以诚挚的谢意，我们共同经历了意义非凡的 10 年。迈克尔·巴斯卡尔要特别感谢他在卡内洛出版公司的合伙人伊恩·米勒和尼克·巴雷托，感谢他们的坚定支持。当然，他最深切的感激献给了他了不起的妻子达尼以及儿子蒙蒂和道吉。

注　释

有关这本书参考图书的详细目录，请访问网站 the-coming-wave.com/bibliography。

第一章　遏制是不可能的

1　例如，Kilobaser DNA & RNA 合成器，起售价 25 000 美元。参见网站 kilobaser.com/dna-and-rna-synthesizer。

第二章　无尽扩散

1　TÜV Nord Group, "A Brief History of the Internal Combustion Engine," TÜV Nord Group, April 18, 2019, www.tuev-nord.de/explore/en/remembers/a-brief-history-of-the-internal-combustion-engine.

2　Burton W. Folsom, "Henry Ford and the Triumph of the Auto Industry," Foundation for Economic Education, Jan. 1, 1998, fee.org/articles/henry-ford-and-the-triumph-of-the-auto-industry.

3　"Share of US Households Using Specific Technologies, 1915 to 2005," Our World in Data, ourworldindata.org/grapher/technology-adoption-by-households-in-the-united-states?country=~Automobile.

4　"How Many Cars Are There in the World in 2023?," Hedges & Company, June 2021, hedgescompany.com/blog/2021/06/how-many-cars-are-there-in-the-world; "Internal Combustion Engine—the Road Ahead," *Industr*, Jan. 22, 2019, www.industr.com/en/internal-combustion-engine-the-road-ahead-2357709#.

5　关于技术的确切定义，学界一直存在许多争议。在本书中，我们采用了一个通俗易懂的定义：技术是为了制造工具或实现实用目标而对（最广义的）科学知识进行的应用和实践。不过，我们也承认技术一词的内涵具有多面性和复杂性。技术已经深深渗入广泛的文化和实践，它不只包括晶体管、屏幕和键盘等技术硬件，也涵盖了程序员掌握的显性和隐性知识，以及他们背后的社会生活和社会体系。

6　技术学者对传播与扩散进行了区分，我们不对此进行强调。在本书中，我们使用得更多的是这两个词在日常口语中的含义，而非其正式定义。

7　反之亦然。技术催生了新的工具和见解，推动了科学发展，就如同蒸汽机的出现彰显了热力学的科学价值，或精细的玻璃工艺催生了望远镜，从而改变了我们对太空的理解。

8　Robert Ayres, "Technological Transformations and Long Waves. Part I," *Technological Forecasting and Social Change 37*, no. 1 (March 1990), www.sciencedirect.com/science/article/abs/pii/0040162590900573.

9　这个术语对于我们认识技术很关键，但出人意料的是，它其实源于20世纪90年代初的一篇经济学论文，是个相对较新的概念。参见 Timothy F. Bresnahan and Manuel Trajtenberg, "General Purpose Technologies 'Engines of Growth'?," (working paper, NBER, Aug. 1992), www.nber.org/papers/w4148。

10　Richard Wrangham, *Catching Fire: How Cooking Made Us Human* (London: Profile Books, 2010).

11　该表述参考了 Richard Lipsey, Kenneth Carlaw, and Clifford Bekar, *Economic Transformations: General Purpose Technologies and Long-Term Economic Growth* (Oxford: Oxford University Press, 2005)。

12　从技术角度看，语言或许可以被视作一种原始或基础性通用技术。

13　Lipsey, Carlaw, and Bekar, *Economic Transformations*.

14　关于该机制的详细阐述，参见 Oded Galor, *The Journey of Humanity: The Origins of Wealth and Inequality* (London: Bodley Head, 2022)。

15　Michael Muthukrishna and Joseph Henrich, "Innovation in the Collective Brain," *Philosophical Transactions of the Royal Society B 371*, no. 1690 (2016), royalsocietypublishing.org/doi/10.1098/rstb.2015.0192.

16　Galor, *The Journey of Humanity*, 46.

17　Muthukrishna and Henrich, "Innovation in the Collective Brain."

18　Lipsey, Carlaw, and Bekar, *Economic Transformations*.

19　其余通用技术出现在公元前1000年到公元1700年之间。

20　Alvin Toffler, *The Third Wave* (New York: Bantam, 1984). See also the work of Nikolai Kondratiev on long-cycle waves.

21　Lewis Mumford, *Technics and Civilization* (Chicago: University of Chicago Press,

1934).

22　Carlota Perez, *Technological Revolutions and Financial Capital: The Dynamics of Bubbles and Golden Ages* (Cheltenham, U.K.: Edward Elgar, 2002).

23　这可能正是技术加速扩散的一个早期迹象：与水磨坊历经数千年的缓慢传播相比，风磨坊在被发明后的几年内就遍布世界各地，从英格兰北部到叙利亚都有其身影。参见 Lynn White Jr., *Medieval Technology and Social Change* (Oxford: Oxford University Press, 1962), 87。

24　Elizabeth L. Eisenstein, *The Printing Press as an Agent of Change: Communications and Cultural Transformations in Early-Modern Europe* (Cambridge, U.K.: Cambridge University Press, 1979).

25　Eltjo Buringh and Jan Luiten Van Zanden, "Charting the 'Rise of the West': Manuscripts and Printed Books in Europe, a Long-Term Perspective from the Sixth Through Eighteenth Centuries," *Journal of Economic History*, June 1, 2009, www.cambridge.org/core/journals/journal-of-economic-history/article/abs/charting-the-rise-of-the-west-manuscripts-and-printed-books-in-europe-a-longterm-perspective-from-the-sixth-through-eighteenth-centuries/0740F5F9030A706BB7E9FACCD5D975D4.

26　Max Roser and Hannah Ritchie, "Price of Books: Productivity in Book Production," Our World in Data, ourworldindata.org/books.

27　Polish Member Committee of the World Energy Council, "Energy Sector of the World and Poland: Beginnings, Development, Present State," World Energy Council, Dec. 2014, www.worldenergy.org/assets/images/imported/2014/12/Energy_Sector_of_the_world_and_Poland_EN.pdf.

28　Vaclav Smil, "Energy in the Twentieth Century: Resources, Conversions, Costs, Uses, and Consequences," *Annual Review of Energy and the Environment* 25 (2000), www.annualreviews.org/doi/pdf/10.1146/annurev.energy.25.1.21.

29　William D. Nordhaus, "Do Real Output and Real Wage Measures Capture Reality? The History of Lighting Suggests Not," Cowles Foundation for Research in Economics at Yale University, Jan. 1996, cowles.yale.edu/sites/default/files/files/pub/d10/d1078.pdf.

30　Galor, *The Journey of Humanity*, 46.

31　把固定电话和移动电话数量都计算在内。

32　"Televisions Inflation Calculator," Official Data Foundation, www.in2013dollars.com/Televisions/price-inflation.

33　Anuraag Singh et al., "Technological Improvement Rate Predictions for All Technologies: Use of Patent Data and an Extended Domain Description," *Research Policy* 50, no. 9 (Nov. 2021), www.sciencedirect.com/science/article/pii/S0048733321000950#.

34 当然，这些理念和想法可追溯至更早，至少追溯到19世纪的巴贝奇和洛夫莱斯。

35 George Dyson, *Turing's Cathedral: The Origins of the Digital Universe* (London: Allen Lane, 2012).

36 Nick Carr, "How Many Computers Does the World Need? Fewer Than You Think," *Guardian*, Feb. 21, 2008, www.theguardian.com/technology/2008/feb/21/computing.supercomputers.

37 James Meigs, "Inside the Future: How PopMech Predicted the Next 110 Years," *Popular Mechanics*, Dec. 21, 2012, www.popularmechanics.com/technology/a8562/inside-the-future-how-popmech-predicted-the-next-110-years-14831802/#.

38 See, for example, Darrin Qualman, "Unimaginable Output: Global Production of Transistors," Darrin Qualman Blog, April 24, 2017, www.darrinqualman.com/global-production-transistors/; Azeem Azhar, *Exponential: How Accelerating Technology Is Leaving Us Behind and What to Do About It* (London: Random House Business, 2021), 21; and Vaclav Smil, *How the World Really Works: A Scientist's Guide to Our Past, Present and Future* (London: Viking, 2022), 128.

39 John B. Smith, "Internet Chronology," UNC Computer Science, www.cs.unc.edu/~jbs/resources/Internet/internet_chron.html.

40 Mohammad Hasan, "State of IoT 2022: Number of Connected IoT Devices Growing 18% to 14.4 Billion Globally," IoT Analytics, May 18, 2022, iot-analytics.com/number-connected-iot-devices/; Steffen Schenkluhn, "Market Size and Connected Devices: Where's the Future of IoT?," Bosch Connected World Blog, blog.bosch-si.com/internetofthings/market-size-and-connected-devices-wheres-the-future-of-iot. However, the Ericsson Mobility Report estimates up to twenty-nine billion: "Ericsson Mobility Report, November 2022," Ericsson, Nov. 2022, www.ericsson.com/4ae28d/assets/local/reports-papers/mobility-report/documents/2022/ericsson-mobility-report-november-2022.pdf.

41 Azhar, *Exponential*, 219.

42 同上，第228页。

第三章 遏制问题

1 经典研究参见 Robert K. Merton, *On Social Structure and Science* (Chicago: University of Chicago Press, 1996)。关于社会自身产生的风险，以及对这些风险的管理如何主导和影响社会，可参阅 Ulrich Beck, *Risk Society: Toward a New Modernity* (London: SAGE, 1992)。另参见 Edward Tenner, *Why Things Bite Back: Technology and the Re-*

venge of Unintended Consequences (New York: Vintage, 1997), and Charles Perrow, *Normal Accidents: Living with High-Risk Technologies* (Princeton, N.J.: Princeton University Press, 1984)。

2. George F. Kennan, "The Sources of Soviet Conduct," *Foreign Affairs*, July 1947, www.cvce.eu/content/publication/1999/1/1/a0f03730-dde8-4f06-a6ed-d740770dc423/publishable_en.pdf.

3. Anton Howes, "Age of Invention: Did the Ottomans Ban Print?," *Age of Invention*, May 19, 2021, antonhowes.substack.com/p/age-of-invention-did-the-ottomans.

4. 例子引自 Joel Mokyr, *The Lever of Riches: Technological Creativity and Economic Progress* (Oxford: Oxford University Press, 1990)。

5. Harold Marcuse, "Ch'ien Lung (Qianlong) Letter to George III (1792)," UC Santa Barbara History Department, marcuse.faculty.history.ucsb.edu/classes/2c/texts/1792QianlongLetterGeorgeIII.htm.

6. 例如，参见 Joseph A. Tainter, *The Collapse of Complex Societies* (Cambridge, U.K.: Cambridge University Press, 1988); 更多信息可参见 Jared Diamond, *Collapse: How Societies Choose to Fail or Survive* (London: Penguin, 2005)。

7. Waldemar Kaempffert, "Rutherford Cools Atomic Energy Hope," *New York Times*, Sept. 12, 1933, timesmachine.nytimes.com/timesmachine/1933/09/12/99846601.html.

8. Alex Wellerstein, "Counting the Dead at Hiroshima and Nagasaki," *Bulletin of the Atomic Scientists*, Aug. 4, 2020, thebulletin.org/2020/08/counting-the-dead-at-hiroshima-and-nagasaki.

9. David Lilienthal et al., "A Report on the International Control of Atomic Energy," March 16, 1946, fissilematerials.org/library/ach46.pdf.

10. "Partial Test Ban Treaty," Nuclear Threat Initiative, Feb. 2008, www.nti.org/education-center/treaties-and-regimes/treaty-banning-nuclear-test-atmosphere-outer-space-and-under-water-partial-test-ban-treaty-ptbt/.

11. "Timeline of the Nuclear Nonproliferation Treaty (NPT)," Arms Control Association, Aug. 2022, www.armscontrol.org/factsheets/Timeline-of-the-Treaty-on-the-Non-Proliferation-of-Nuclear-Weapons-NPT.

12. Liam Stack, "Update Complete: U.S. Nuclear Weapons No Longer Need Floppy Disks," *New York Times*, Oct. 24, 2019, www.nytimes.com/2019/10/24/us/nuclear-weapons-floppy-disks.html.

13. 此处叙述主要参考了 Eric Schlosser, *Command and Control* (London: Penguin, 2014), and John Hughes-Wilson, *Eve of Destruction: The Inside Story of Our Dangerous Nuclear*

World (London: John Blake, 2021)。

14 William Burr, "False Warnings of Soviet Missile Attacks Put U.S. Forces on Alert in 1979-1980," National Security Archive, March 16, 2020, nsarchive.gwu.edu/briefingbook/nuclear-vault/2020-03-16/false-warnings-soviet-missile-attacks-during-1979-80-led-alert-actions-us-strategic-forces.

15 Jose Goldemberg, "Looking Back: Lessons from the Denuclearization of Brazil and Argentina," Arms Control Association, April 2006, www.armscontrol.org/act/2006-04/looking-back-lessons-denuclearization-brazil-argentina.

16 Richard Stone, "Dirty Bomb Ingredients Go Missing from Chornobyl Monitoring Lab," *Science*, March 25, 2022, www.science.org/content/article/dirty-bomb-ingredients-go-missing-chornobyl-monitoring-lab.

17 Patrick Malone and R. Jeffrey Smith, "Plutonium Is Missing, but the Government Says Nothing," Center for Public Integrity, July 16, 2018, publicintegrity.org/national-security/plutonium-is-missing-but-the-government-says-nothing.

18 Zaria Gorvett, "The Lost Nuclear Bombs That No One Can Find," *BBC Future*, Aug. 4, 2022, www.bbc.com/future/article/20220804-the-lost-nuclear-bombs-that-no-one-can-find.

19 "Timeline of Syrian Chemical Weapons Activity, 2012-2022," Arms Control Association, May 2021, www.armscontrol.org/factsheets/Timeline-of-Syrian-Chemical-Weapons-Activity.

20 Paul J. Young, "The Montreal Protocol Protects the Terrestrial Carbon Sink," *Nature*, Aug. 18, 2021, www.nature.com/articles/s41586-021-03737-3.epdf.

第四章　智能技术

1 Natalie Wolchover, "How Many Different Ways Can a Chess Game Unfold?," *Popular Science*, Dec. 15, 2010, www.popsci.com/science/article/2010-12/fyi-how-many-different-ways-can-chess-game-unfold.

2 "AlphaGo," DeepMind, www.deepmind.com/research/highlighted-research/alphago。然而，有研究者认为可能性比这更多，例如，根据《科学美国人》上的一篇文章中引用的数据，围棋的布局可能性多达 10^{360} 种。参见 Christof Koch, "How the Computer Beat the Go Master," *Scientific American*, March 19, 2016, www.scientificamerican.com/article/how-the-computer-beat-the-go-master。

3 W. Brian Arthur, *The Nature of Technology: What It Is and How It Evolves* (London: Allen Lane, 2009), 31.

4 Everett M. Rogers, *Diffusion of Innovations* (New York: Free Press, 1962), or see the writings on industrial revolutions from scholars like Joel Mokyr.

5 Ray Kurzweil Ray Kurzweil, *How to Create a Mind: The Secret of Human Thought Revealed* (New York: Viking Penguin, 2012).

6 See, for example, Azalia Mirhoseini et al., "A Graph Placement Methodology for Fast Chip Design," *Nature*, June 9, 2021, www.nature.com/articles/s41586-021-03544-w; and Lewis Grozinger et al., "Pathways to Cellular Supremacy in Biocomputing," *Nature Communications*, Nov. 20, 2019, www.nature.com/articles/s41467-019-13232-z.

7 Alex Krizhevsky et al., "ImageNet Classification with Deep Convolutional Neural Networks," *Neural Information Processing Systems*, Sept. 30, 2012, proceedings.neurips.cc/paper/2012/file/c399862d3b9d6b76c8436e924a68c45b-Paper.pdf.

8 Jerry Wei, "AlexNet: The Architecture That Challenged CNNs," *Towards Data Science*, July 2, 2019, towardsdatascience.com/alexnet-the-architecture-that-challenged-cnns-e406d5297951.

9 Chanan Bos, "Tesla's New HW3 Self-Driving Computer— It's a Beast," CleanTechnica, June 15, 2019, cleantechnica.com/2019/06/15/teslas-new-hw3-self-driving-computer-its-a-beast-cleantechnica-deep-dive.

10 Jeffrey De Fauw et al., "Clinically Applicable Deep Learning for Diagnosis and Referral in Retinal Disease," *Nature Medicine*, Aug. 13, 2018, www.nature.com/articles/s41591-018-0107-6.

11 "Advances in Neural Information Processing Systems," NeurIPS, papers.nips.cc.

12 "Research & Development," in *Artificial Intelligence Index Report 2021*, Stanford University Human-Centered Artificial Intelligence, March 2021, aiindex.stanford.edu/wp-content/uploads/2021/03/2021-AI-Index-Report-_Chapter-1.pdf.

13 "DeepMind AI Reduces Google Data Centre Cooling Bill by 40%," DeepMind, July 20, 2016, www.deepmind.com/blog/deepmind-ai-reduces-google-data-centre-cooling-bill-by-40.

14 "Better Language Models and Their Implications," OpenAI, Feb. 14, 2019, openai.com/blog/better-language-models.

15 更详细的比较，参见 Martin Ford, *Rule of the Robots: How Artificial Intelligence Will Transform Everything* (London: Basic Books, 2021)。

16 Amy Watson, "Average Reading Time in the U.S. from 2018 to 2021, by Age Group," Statista, Aug. 3, 2022, www.statista.com/statistics/412454/average-daily-time-reading-us-by-age.

17 微软和英伟达构建了一个包含 5 300 亿个参数的变换器模型，即 Megatron-Turing 自然语言生成模型，规模比一年前他们最强大的模型还大 31 倍。随后，北京智源人工智能研究院推出了"悟道"，该模型有 1.75 万亿个参数，这是 GPT-3 参数量的 10 倍。参见 Tanushree Shenwai, "Microsoft and NVIDIA AI Introduces MT-NLG: The Largest and Most Powerful Monolithic Transformer Language NLP Model," *MarkTech Post*, Oct. 13, 2021, www.marktechpost.com/2021/10/13/microsoft-and-nvidia-ai-introduces-mt-nlg-the-largest-and-most-powerful-monolithic-transformer-language-nlp-model。

18 "Alibaba DAMO Academy Creates World's Largest AI Pre-training Model, with Parameters Far Exceeding Google and Microsoft," *Pandaily*, Nov. 8, 2021, pandaily.com/alibaba-damo-academy-creates-worlds-largest-ai-pre-training-model-with-parameters-far-exceeding-google-and-microsoft.

19 这是阿莉莎·万斯的一个有趣类比，她假设每滴水有 0.5 毫升: mobile.twitter.com/alyssamvance/status/1542682154483589127。

20 William Fedus et al., "Switch Transformers: Scaling to Trillion Parameter Models with Simple and Efficient Sparsity," *Journal of Machine Learning Research*, June 16, 2022, arxiv.org/abs/2101.03961.

21 Alberto Romero, "A New AI Trend: Chinchilla (70B) Greatly Outperforms GPT-3 (175B) and Gopher (280B)," *Towards Data Science*, April 11, 2022, towardsdatascience.com/a-new-ai-trend-chinchilla-70b-greatly-outperforms-gpt-3-175b-and-gopher-280b-408b9b4510.

22 更多细节请访问 github.com/karpathy/nanoGPT。

23 Susan Zhang et al., "Democratizing Access to Large-Scale Language Models with OPT-175B," Meta AI, May 3, 2022, ai.facebook.com/blog/democratizing-access-to-large-scale-language-models-with-opt-175b.

24 See, for example, twitter.com/miolini/status/1634982361757790209.

25 Eirini Kalliamvakou, "Research: Quantifying GitHub Copilot's Impact on Developer Productivity and Happiness," GitHub, Sept. 7, 2022, github.blog/2022-09-07-research-quantifying-github-copilots-impact-on-developer-productivity-and-happiness.

26 Matt Welsh, "The End of Programming," *Communications of the ACM*, Jan. 2023, cacm.acm.org/magazines/2023/1/267976-the-end-of-programming/fulltext.

27 Emily Sheng et al., "The Woman Worked as a Babysitter: On Biases in Language Generation," arXiv, Oct. 23, 2019, arxiv.org/pdf/1909.01326.pdf.

28 Lemoine Nitasha Tiku, "The Google Engineer Who Thinks the Company's AI Has

Come to Life," *Washington Post*, June 11, 2022, www.washingtonpost.com/technology/2022/06/11/google-ai-lamda-blake-lemoine.

29　Steven Levy, "Blake Lemoine Says Google's LaMDA AI Faces 'Bigotry,'" *Wired*, June 17, 2022, www.wired.com/story/blake-lemoine-google-lamda-ai-bigotry.

30　Quoted in Moshe Y. Vardi, "Artificial Intelligence: Past and Future," *Communications of the ACM*, Jan. 2012, cacm.acm.org/magazines/2012/1/144824-artificial-intelligence-past-and-future/fulltext.

31　Joel Klinger et al., "A Narrowing of AI Research?," *Computers and Society*, Jan. 11, 2022, arxiv.org/abs/2009.10385.

32　Marcus Gary Marcus, "Deep Learning Is Hitting a Wall," *Nautilus*, March 10, 2022, nautil.us/deep-learning-is-hitting-a-wall-14467.

33　See Melanie Mitchell, *Artificial Intelligence: A Guide for Thinking Humans* (London: Pelican Books, 2020), and Steven Strogatz, "Melanie Mitchell Takes AI Research Back to Its Roots," *Quanta Magazine*, April 19, 2021, www.quantamagazine.org/melanie-mitchell-takes-ai-research-back-to-its-roots-20210419.

34　对齐研究中心（Alignment Research Center）对 GPT-4 的自主性能力进行了测试。测试结果表明，在目前阶段，GPT-4 还"无法胜任"自主行动，详见"GPT-4 System Card," OpenAI, March 14, 2023, cdn.openai.com/papers/gpt-4-system-card.pdf。然而，在 GPT-4 发布后的几天里，人们的测试显示 GPT-4 在某些方面已表现出相当的自主性，例如参见 mobile.twitter.com/jacksonfall/status/1636107218859745286。不过需要注意的是，这个测试所要求的自主性远低于对齐研究中心所展示的测试标准。

第五章　生命技术

1　Susan Hockfield, *The Age of Living Machines: How Biology Will Build the Next Technology Revolution* (New York: W. W. Norton, 2019).

2　Stanley N. Cohen et al., "Construction of Biologically Functional Bacterial Plasmids In Vitro," *PNAS*, Nov. 1, 1973, www.pnas.org/doi/abs/10.1073/pnas.70.11.3240.

3　"Human Genome Project," National Human Genome Research Institute, Aug. 24, 2022, www.genome.gov/about-genomics/educational-resources/fact-sheets/human-genome-project.

4　"Life 2.0," *Economist*, Aug. 31, 2006, www.economist.com/special-report/2006/08/31/life-20.

5　See "The Cost of Sequencing a Human Genome," National Human Genome Research

Institute, Nov. 1, 2021, www.genome.gov/about-genomics/fact-sheets/Sequencing-Human-Genome-cost; and Elizabeth Pennisi, "A $100 Genome? New DNA Sequencers Could Be a 'Game Changer' for Biology, Medicine," *Science*, June 15, 2022, www.science.org/content/article/100-genome-new-dna-sequencers-could-be-game-changer-biology-medicine.

6   Azhar, *Exponential*, 41.

7   Jian-Feng Li et al., "Multiplex and Homologous Recombination-Mediated Genome Editing in Arabidopsis and Nicotiana benthamiana Using Guide RNA and Cas9," *Nature Biotechnology*, Aug. 31, 2013, www.nature.com/articles/nbt.2654.

8   Sara Reardon, "Step Aside CRISPR, RNA Editing Is Taking Off," *Nature*, Feb. 4, 2020, www.nature.com/articles/d41586-020-00272-5.

9   Chunyi Hu et al., "Craspase Is a CRISPR RNA-Guided, RNA-Activated Protease," *Science*, Aug. 25, 2022, www.science.org/doi/10.1126/science.add5064.

10 Michael Le Page, "Three People with Inherited Diseases Successfully Treated with CRISPR," *New Scientist*, June 12, 2020, www.newscientist.com/article/2246020-three-people-with-inherited-diseases-successfully-treated-with-crispr; Jie Li et al., "Biofortified Tomatoes Provide a New Route to Vitamin D Sufficiency," *Nature Plants*, May 23, 2022, www.nature.com/articles/s41477-022-01154-6.

11 Mohamed Fareh, "Reprogrammed CRISPR-Cas13b Suppresses SARS-CoV-2 Replication and Circumvents Its Mutational Escape Through Mismatch Tolerance," *Nature*, July 13, 2021, www.nature.com/articles/s41467-021-24577-9; "How CRISPR Is Changing Cancer Research and Treatment," National Cancer Institute, July 27, 2020, www.cancer.gov/news-events/cancer-currents-blog/2020/crispr-cancer-research-treatment; Zhihao Zhang et al., "Updates on CRISPR-Based Gene Editing in HIV-1/AIDS Therapy," *Virologica Sinica*, Feb. 2022, www.sciencedirect.com/science/article/pii/S1995820X22000177; Giulia Maule et al., "Gene Therapy for Cystic Fibrosis: Progress and Challenges of Genome Editing," *International Journal of Molecular Sciences*, June 2020, www.ncbi.nlm.nih.gov/pmc/articles/PMC7313467.

12 Raj Kumar Joshi, "Engineering Drought Tolerance in Plants Through CRISPR/Cas Genome Editing," *3 Biotech*, Sept. 2020, www.ncbi.nlm.nih.gov/pmc/articles/PMC7438458; Muhammad Rizwan Javed et al., "Current Situation of Biofuel Production and Its Enhancement by CRISPR/Cas9-Mediated Genome Engineering of Microbial Cells," *Microbiological Research*, Feb. 2019, www.sciencedirect.com/science/article/pii/S0944501318308346.

13 Nessa Carey, *Hacking the Code of Life: How Gene Editing Will Rewrite Our Futures* (London: Icon Books, 2019), 136.

14 例如，你可以从 kilobaser.com/shop 购置相关设备。

15 Yiren Lu, "The Gene Synthesis Revolution," *New York Times*, Nov. 24, 2021, www.nytimes.com/2021/11/24/magazine/gene-synthesis.html.

16 "Robotic Labs for High-Speed Genetic Research Are on the Rise," *Economist*, March 1, 2018, www.economist.com/science-and-technology/2018/03/01/robotic-labs-for-high-speed-genetic-research-are-on-the-rise.

17 Bruce Rogers, "DNA Script Set to Bring World's First DNA Printer to Market," *Forbes*, May 17, 2021, www.forbes.com/sites/brucerogers/2021/05/17/dna-script-set-to-bring-worlds-first-dna-printer-to-market.

18 Michael Eisenstein, "Enzymatic DNA Synthesis Enters New Phase," *Nature Biology*, Oct. 5, 2020, www.nature.com/articles/s41587-020-0695-9.

19 合成生物学不仅依赖 DNA 合成技术，也融合了我们对基因开关机制不断深化的认知，并借助了代谢工程学的原理，代谢工程学能够引导细胞生产出我们所需的特定物质。

20 Drew Endy, "Endy: Research," OpenWet Ware, Aug. 4, 2017, openwetware.org/wiki/Endy:Research.

21 "First Self-Replicating Synthetic Bacterial Cell," JCVI, www.jcvi.org/research/first-self-replicating-synthetic-bacterial-cell.

22 Jonathan E. Venetz et al., "Chemical Synthesis Rewriting of a Bacterial Genome to Achieve Design Flexibility and Biological Functionality," *PNAS*, April 1, 2019, www.pnas.org/doi/full/10.1073/pnas.1818259116.

23 ETH Zurich, "First Bacterial Genome Created Entirely with a Computer," *Science Daily*, April 1, 2019, www.sciencedaily.com/releases/2019/04/190401171343.htm；同年，剑桥大学的研究团队也制作出了一个全合成的 E. coli 基因组，参见 Julius Fredens, "Total Synthesis of Escherichia coli with a Recoded Genome," *Nature*, May 15, 2019, www.nature.com/articles/s41586-019-1192-5。

24 GP-write Consortium, Center of Excellence for Engineering Biology, engineeringbiologycenter.org/gp-write-consortium.

25 Jose-Alain Sahel et al., "Partial Recovery of Visual Function in a Blind Patient After Optogenetic Therapy," *Nature Medicine*, May 24, 2021, www.nature.com/articles/s41591-021-01351-4.

26 "CureHeart—a Cure for Inherited Heart Muscle Diseases," British Heart Foundation,

www.bhf.org.uk/what-we-do/our-research/cure-heart; National Cancer Institute, "CAR T-Cell Therapy," National Institutes of Health, www.cancer.gov/publications/dictionaries/cancer-terms/def /car-t-cell-therapy.

27 See, for example, Astrid M. Vicente et al., "How Personalised Medicine Will Transform Healthcare by 2030: The ICPerMed Vision," *Journal of Translational Medicine*, April 28, 2020, translational-medicine.biomedcentral.com/articles/10.1186/s12967-020-02316-w.

28 Antonio Regalado, "How Scientists Want to Make You Young Again," *MIT Technology Review*, Oct. 25, 2022, www.technologyreview.com/2022/10/25/1061644/how-to-be-young-again.

29 Jae-Hyun Yang et al., "Loss of Epigenetic Information as a Cause of Mammalian Aging," *Cell*, Jan. 12, 2023, www.cell.com/cell/fulltext/S0092-8674(22)01570-7.

30 See, for example, David A. Sinclair and Matthew D. LaPlante, *Lifespan: Why We Age—and Why We Don't Have To* (New York: Atria Books, 2019).

31 例如，参见哈佛大学对记忆的有关研究："Researchers Identify a Neural Circuit and Genetic 'Switch' That Maintain Memory Precision," Harvard Stem Cell Institute, March 12, 2018, hsci.harvard.edu/news/researchers-identify-neural-circuit-and-genetic-switch-maintain-memory-precision。

32 John Cohen, "New Call to Ban Gene-Edited Babies Divides Biologists," *Science*, March 13, 2019, www.science.org/content/article/new-call-ban-gene-edited-babies-divides-biologists.

33 S. B. Jennifer Kan et al., "Directed Evolution of Cytochrome C for Carbon-Silicon Bond Formation: Bringing Silicon to Life," *Science*, Nov. 25, 2016, www.science.org/doi/10.1126/science.aah6219.

34 James Urquhart, "Reprogrammed Bacterium Turns Carbon Dioxide into Chemicals on Industrial Scale," *Chemistry World*, March 2, 2022, www.chemistryworld.com/news/reprogrammed-bacterium-turns-carbon-dioxide-into-chemicals-on-industrial-scale/4015307.article.

35 Elliot Hershberg, "Atoms Are Local," *Century of Bio*, Nov. 7, 2022, centuryofbio.substack.com/p/atoms-are-local.

36 "The Future of DNA Data Storage," Potomac Institute for Policy Studies, Sept. 2018, potomacinstitute.org/images /studies/Future_of_DNA_Data_Storage.pdf.

37 McKinsey Global Institute, "The Bio Revolution: Innovations Transforming Economies, Societies, and Our Lives," McKinsey & Company, May 13, 2020, www.mckinsey.com/industries/life-sciences/our-insights/the-bio-revolution-innovations-transforming-

economies-societies-and-our-lives.

38 DeepMind, "AlphaFold: A Solution to a 50-Year-Old Grand Challenge in Biology," DeepMind Research, Nov. 20, 2020, www.deepmind.com/blog/alphafold-a-solution-to-a-50-year-old-grand-challenge-in-biology.

39 Mohammed AlQuraishi, "AlphaFold @ CASP13: 'What Just Happened?,'" *Some Thoughts on a Mysterious Universe*, Dec. 9, 2018, moalquraishi.wordpress.com/2018/12/09/alphafold-casp13-what-just-happened.

40 Tanya Lewis, "One of the Biggest Problems in Biology Has Finally Been Solved," *Scientific American*, Oct. 31, 2022, www.scientificamerican.com/article/one-of-the-biggest-problems-in-biology-has-finally-been-solved.

41 Ewen Callaway, "What's Next for AlphaFold and the AI Protein-Folding Revolution," *Nature*, April 13, 2022, www.nature.com /articles/d41586-022-00997-5.

42 Madhumita Murgia, "DeepMind Research Cracks Structure of Almost Every Known Protein," *Financial Times*, July 28, 2022, www.ft.com/content/6a088953-66d7-48db-b61c-79005a0a351a; DeepMind, "Alpha-Fold Reveals the Structure of the Protein Universe," DeepMind Research, July 28, 2022, www.deepmind.com/blog/alphafold-reveals-the-structure-of-the-protein-universe.

43 Kelly Servick, "In a First, Brain Implant Lets Man with Complete Paralysis Spell Out 'I Love My Cool Son,'" *Science*, March 22, 2022, www.science.org/content/article/first-brain-implant-lets-man-complete-paralysis-spell-out-thoughts-i-love-my-cool-son.

44 Brett J. Kagan et al., "In Vitro Neurons Learn and Exhibit Sentience When Embodied in a Simulated Game-World," *Neuron*, Oct. 12, 2022, www.cell.com/neuron/fulltext/S0896-6273(22)00806-6.

第六章　更广泛的浪潮

1 Mitchell Clark, "Amazon Announces Its First Fully Autonomous Mobile Warehouse Robot," *Verge*, June 21, 2022, www.theverge.com/2022/6/21/23177756/amazon-warehouse-robots-proteus-autonomous-cart-delivery.

2 Dave Lee, "Amazon Debuts New Warehouse Robot That Can Do Human Jobs," *Financial Times*, Nov. 10, 2022, www.ft.com/content /c8933d73-74a4-43ff-8060-7ff9402eccf1.

3 James Gaines, "The Past, Present, and Future of Robotic Surgery," *Smithsonian Magazine*, Sept. 15, 2022, www.smithsonianmag.com/innovation/the-past-present-and-future-of-robotic-surgery-180980763.

4 "Helper Robots for a Better Everyday," Everyday Robots, everydayrobots.com.

5 Chelsea Gohd, "Walmart Has Patented Autonomous Robot Bees," World Economic Forum, March 19, 2018, www.weforum.org/agenda/2018/03/autonomous-robot-bees-are-being-patented-by-walmart.

6 *Artificial Intelligence Index Report 2021*, aiindex.stanford.edu/report.

7 Sara Sidner and Mallory Simon, "How Robot, Explosives Took Out Dallas Sniper in Unprecedented Way," CNN, July 12, 2016, cnn.com/2016/07/12/us/dallas-police-robot-c4-explosives/index.html.

8 Elizabeth Gibney, "Hello Quantum World! Google Publishes Landmark Quantum Supremacy Claim," *Nature*, Oct. 23, 2019, www.nature.com/articles/d41586-019-03213-z; Frank Arute et al., "Quantum Supremacy Using a Programmable Superconducting Processor," *Nature*, Oct. 23, 2019, www.nature.com/articles/s41586-019-1666-5.

9 Neil Savage, "Hands-On with Google's Quantum Computer," *Scientific American*, Oct. 24, 2019, www.scientificamerican.com/article/hands-on-with-googles-quantum-computer.

10 Gideon Lichfield, "Inside the Race to Build the Best Quantum Computer on Earth," *MIT Technology Review*, Feb. 26, 2022, www.technologyreview.com/2020/02/26/916744/quantum-computer-race-ibm-google.

11 Matthew Sparkes, "IBM Creates Largest Ever Superconducting Quantum Computer," *New Scientist*, Nov. 15, 2021, www.newscientist.com/article/2297583-ibm-creates-largest-ever-superconducting-quantum-computer.

12 至少对特定任务来说如此。Charles Choi, "Quantum Leaps in Quantum Computing?," *Scientific American*, Oct. 25, 2017, www.scientificamerican.com/article/quantum-leaps-in-quantum-computing。

13 Ken Washington, "Mass Navigation: How Ford Is Exploring the Quantum World with Microsoft to Help Reduce Congestion," Ford Medium, Dec. 10, 2019, medium.com/@ford/mass-navigation-how-ford-is-exploring-the-quantum-world-with-microsoft-to-help-reduce-congestion-a9de6db 32338.

14 Camilla Hodgson, "Solar Power Expected to Surpass Coal in 5 Years, IEA Says," *Financial Times*, Dec. 10, 2022, www.ft.com/content/98cec49f-6682-4495-b7be-793bf2589c6d.

15 "Solar PV Module Prices," Our World in Data, ourworld indata.org/grapher/solar-pv-prices.

16 Tom Wilson, "Nuclear Fusion: From Science Fiction to 'When, Not If,'" *Financial Times*,

Dec. 17, 2022, www.ft.com/content/65e8f125-5985-4aa8-a027-0c9769e764ad.

17 Eli Dourado, "Nanotechnology's Spring," *Works in Progress*, Oct. 12, 2022, www.worksinprogress.co/issue/nanotechnologys-spring.

第七章　即将到来的技术浪潮的 4 个特征

1 "Ukraine Support Tracker," Kiel Institute for the World Economy, Dec. 2022, www.ifw-kiel.de/index.php?id=17142.

2 Audrey Kurth Cronin, *Power to the People: How Open Technological Innovation Is Arming Tomorrow's Terrorists* (New York: Oxford University Press, 2020), 2.

3 Scott Gilbertson, "Review: DJI Phantom 4," *Wired*, April 22, 2016, www.wired.com/2016/04/review-dji-phantom-4.

4 Cronin, *Power to the People*, 320; Derek Hawkins, "A U.S. 'Ally' Fired a $3 Million Patriot Missile at a $200 Drone. Spoiler: The Missile Won," *Washington Post*, March 17, 2017, www.washingtonpost.com/news/morning-mix/wp/2017/03/17/a-u-s-ally-fired-a-3-million-patriot-missile-at-a-200-drone-spoiler-the-missile-won.

5 Azhar, *Exponential*, 249.

6 See, for example, Michael Bhaskar, *Human Frontiers: The Future of Big Ideas in an Age of Small Thinking* (Cambridge, Mass.: MIT Press, 2021); Tyler Cowen, *The Great Stagnation: How America Ate All the Low-Hanging Fruit of Modern History, Got Sick, and Will (Eventually) Feel Better* (New York: Dutton, 2011); and Robert Gordon, *The Rise and Fall of American Growth: The U.S. Standard of Living Since the Civil War* (Princeton, N.J.: Princeton University Press, 2017).

7 César Hidalgo, *Why Information Grows: The Evolution of Order, from Atoms to Economies* (London: Allen Lane, 2015).

8 Neil Savage, "Machines Learn to Unearth New Materials," *Nature*, June 30, 2021, www.nature.com/articles/d41586-021-01793-3.

9 Andrij Vasylenko et al., "Element Selection for Crystalline Inorganic Solid Discovery Guided by Unsupervised Machine Learning of Experimentally Explored Chemistry," *Nature Communications*, Sept. 21, 2021, www.nature.com/articles/s41467-021-25343-7.

10 Matthew Greenwood, "Hypercar Created Using 3D Printing, AI, and Robotics," Engineering.com, June 23, 2021, www.engineering.com/story/hypercar-created-using-3d-printing-ai-and-robotics.

11 Elie Dolgin, "Could Computer Models Be the Key to Better COVID Vaccines?," *Nature*, April 5, 2022, www.nature.com/articles/d41586-022-00924-8.

12 Anna Nowogrodzki, "The Automatic-Design Tools That Are Changing Synthetic Biology," *Nature*, Dec. 10, 2018, www.nature.com/articles/d41586-018-07662-w.

13 Vidar, "Google's Quantum Computer Is About 158 Million Times Faster Than the World's Fastest Supercomputer," Medium, Feb. 28, 2021, medium.com/predict/googles-quantum-computer-is-about-158-million-times-faster-than-the-world-s-fastest-supercomputer-36df56747f7f.

14 Jack W. Scannell et al., "Diagnosing the Decline in Pharmaceutical R&D Efficiency," *Nature Reviews Drug Discovery*, March 1, 2012, www.nature.com/articles/nrd3681.

15 Patrick Heuveline, "Global and National Declines in Life Expectancy: An End-of-2021 Assessment," *Population and Development Review* 48, no. 1 (March 2022), onlinelibrary.wiley.com/doi/10.1111/padr.12477。不过值得指出的是，这些下降现象是以长期显著的改善为背景的。

16 "Failed Drug Trials," Alzheimer's Research UK, www.alzheimersresearchuk.org/blog-tag/drug-trials/failed-drug-trials.

17 Michael S. Ringel et al., "Breaking Eroom's Law," *Nature Reviews Drug Discovery*, April 16, 2020, www.nature.com/articles/d41573-020-00059-3.

18 Jonathan M. Stokes, "A Deep Learning Approach to Antibiotic Discovery," *Cell*, Feb. 20, 2020, www.cell.com/cell/fulltext/S0092-8674(20)30102-1.

19 "Exscientia and Sanofi Establish Strategic Research Collaboration to Develop AI-Driven Pipeline of Precision-Engineered Medicines," Sanofi, Jan. 7, 2022, www.sanofi.com/en/media-room/press-releases/2022/2022-01-07-06-00-00-2362917.

20 Nathan Benaich and Ian Hogarth, *State of AI Report 2022*, Oct. 11, 2022, www.stateof.ai.

21 Fabio Urbina et al., "Dual Use of Artificial-Intelligence-Powered Drug Discovery," *Nature Machine Intelligence*, March 7, 2022, www.nature.com/articles/s42256-022-00465-9.

22 K. Thor Jensen, "20 Years Later: How Concerns About Weaponized Consoles Almost Sunk the PS2," *PCMag*, May 9, 2020, www.pcmag.com/news/20-years-later-how-concerns-about-weaponized-consoles-almost-sunk-the-ps2; Associated Press, "Sony's High-Tech Playstation2 Will Require Military Export License," *Los Angeles Times*, April 17, 2000, www.latimes.com/archives/la-xpm-2000-apr-17-fi-20482-story.html.

23 关于"通用性"这一术语的更多讨论，可参阅 Cronin, *Power to the People*。

24 Scott Reed et al., "A Generalist Agent," DeepMind, Nov. 10, 2022, www.deepmind.com/publications/a-generalist-agent.

25 @ GPT-4 Technical Report, OpenAI, March 14, 2023, cdn.openai.com/papers/gpt-4.pdf。

可参见 mobile.twitter.com/michalkosinski/status/1636683810631974912，了解其中一项早期实验。

26 Sebastien Bubeck et al., "Sparks of Artificial General Intelligence: Early Experiments with GPT-4," arXiv, March 27, 2023, arxiv.org/abs/2303.12712.

27 Alhussein Fawzi et al., "Discovering Novel Algorithms with AlphaTensor," DeepMind, Oct. 5, 2022, www.deepmind.com/blog/discovering-novel-algorithms-with-alphatensor.

28 Stuart Russell, *Human Compatible: AI and the Problem of Control* (London: Allen Lane, 2019).

29 Manuel Alfonseca et al., "Superintelligence Cannot Be Contained: Lessons from Computability Theory," *Journal of Artificial Intelligence Research*, Jan. 5, 2021, jair.org/index.php/jair/article/view/12202; Jaime Sevilla and John Burden, "Response to Superintelligence Cannot Be Contained: Lessons from Computability Theory," Centre for the Study of Existential Risk, Feb. 25, 2021, www.cser.ac.uk/news/response-superintelligence-contained.

第八章　势不可当的驱动力

1 See, for example, Cade Metz, *Genius Makers: The Mavericks Who Brought AI to Google, Facebook and the World* (London: Random House Business, 2021), 170.

2 Google, "The Future of Go Summit: 23 May-27 May Wuzhen, China," Google Events, events.google.com/alphago2017.

3 Paul Dickson, "Sputnik's Impact on America," *Nova*, PBS, Nov. 6, 2007, www.pbs.org/wgbh/nova/article/sputnik-impact-on-america.

4 Lo De Wei, "Full Text of Xi Jinping's Speech at China's Party Congress," *Bloomberg*, Oct. 18, 2022, www.bloomberg.com/news/articles/2022-10-18/full-text-of-xi-jinping-s-speech-at-china-20th-party-congress-2022.

5 See, for example, Nigel Inkster, *The Great Decoupling: China, America and the Struggle for Technological Supremacy* (London: Hurst, 2020).

6 Graham Webster et al., "Full Translation: China's 'New Generation Artificial Intelligence Development Plan,'" DigiChina, Stanford University, Aug. 1, 2017, digichina.stanford.edu/work/full-translation-chinas-new-generation-artificial-intelligence-development-plan-2017.

7 Benaich and Hogarth, *State of AI*; Neil Savage, "The Race to the Top Among the World's Leaders in Artificial Intelligence," *Nature Index*, Dec. 9, 2020, www.nature.com/articles/d41586-020-03409-8; "Tsinghua University May Soon Top the World League in Science

Research," *Economist*, Nov. 17, 2018, www.economist.com/china/2018/11/17/tsinghua-university-may-soon-top-the-world-league-in-science-research.

8 Sarah O'Meara, "Will China Lead the World in AI by 2030?," *Nature*, Aug. 21, 2019, www.nature.com/articles/d41586-019-02360-7; Akira Oikawa and Yuta Shimono, "China Overtakes US in AI Research," Nikkei Asia, Aug. 10, 2021, asia.nikkei.com/Spotlight/Datawatch/China-overtakes-US-in-AI-research.

9 Daniel Chou, "Counting AI Research: Exploring AI Research Output in English-and Chinese-Language Sources," Center for Security and Emerging Technology, July 2022, cset.georgetown.edu/publication/counting-ai-research.

10 Remco Zwetsloot, "China Is Fast Outpacing U.S. STEM PhD Growth," Center for Security and Emerging Technology, Aug. 2021, cset.georgetown.edu/publication/china-is-fast-outpacing-u-s-stem-phd-growth.

11 Graham Allison et al., "The Great Tech Rivalry: China vs the U.S.," Harvard Kennedy School Belfer Center, Dec. 2021, www.belfercenter.org/sites/default/files/GreatTechRivalry_ChinavsUS_211207.pdf.

12 Xinhua, "China Authorizes Around 700,000 Invention Patents in 2021: Report," XinhuaNet, Jan. 8, 2021, english.news.cn/20220108/de d0496b77c24a3a8712fb26bba 390c3/c.html；"U.S. Patent Statistics Chart, Calendar Years 1963-2020," U.S. Patent and Trademark Office, May 2021, www.uspto.gov/web/offices/ac/ido/oeip/taf/us_stat.htm。不过，有关美国的数据来自 2020 年。此外，同样值得指出的是，中国的高价值专利数量也在快速增长：State Council of the People's Republic of China, "China Sees Growing Number of Invention Patents," Xinhua, Jan. 2022, english.www.gov.cn/statecouncil/ministries/202201/12/content_WS61deb7c8c6d09c94e48a3883.html。

13 Joseph Hincks, "China Now Has More Supercomputers Than Any Other Country," *Time*, Nov. 14, 2017, time.com/5022859/china-most-supercomputers-world.

14 Jason Douglas, "China's Factories Accelerate Robotics Push as Workforce Shrinks," *Wall Street Journal*, Sept. 18, 2022, www.wsj.com/articles/chinas-factories-accelerate-robotics-push-as-workforce-shrinks-11663493405.

15 Allison et al., "Great Tech Rivalry."

16 Zhang Zhihao, "Beijing-Shanghai Quantum Link a 'New Era,'" *China Daily USA*, Sept. 30, 2017, usa.chinadaily.com.cn/china/2017-09/30/content_32669867.htm.

17 Amit Katwala, "Why China's Perfectly Placed to Be Quantum Computing's Superpower," *Wired*, Nov. 14, 2018, www.wired.co.uk/article/quantum-computing-china-us.

18 Han-Sen Zhong et al., "Quantum Computational Advantage Using Photons," *Science*,

Dec. 3, 2020, www.science.org/doi/10.1126/science.abe8770.

19 Quoted in Amit Katwala, *Quantum Computing* (London: Random House Business, 2021), 88.

20 Allison et al., "Great Tech Rivalry."

21 Katrina Manson, "US Has Already Lost AI Fight to China, Says Ex-Pentagon Software Chief," *Financial Times*, Oct. 10, 2021, www.ft.com/content/f939db9a-40af-4bd1-b67d-10492535f8e0.

22 Quoted in Inkster, *The Great Decoupling*, 193.

23 详细目录可参见 "National AI Policies & Strategies," OECD.AI, oecd.ai/en/dashboards。

24 "Putin: Leader in Artificial Intelligence Will Rule World," CNBC, Sept. 4, 2017, www.cnbc.com/2017/09/04/putin-leader-in-artificial-intelligence-will-rule-world.html.

25 Thomas Macaulay, "Macron's Dream of a European Metaverse Is Far from a Reality," *Next Web*, Sept. 14, 2022, thenextweb.com/news/prospects-for-europes-emerging-metaverse-sector-macron-vestager-meta.

26 "France 2030," Agence Nationale de la Recherche, Feb. 27, 2023, anr.fr/en/france-2030/france-2030.

27 "India to Be a $30 Trillion Economy by 2050: Gautam Adani," *Economic Times*, April 22, 2022, economictimes.indiatimes.com/news/economy/indicators/india-to-be-a-30-trillion-economy-by-2050-gautam-adani/articleshow/90985771.cms.

28 Trisha Ray and Akhil Deo, "Priorities for a Technology Foreign Policy for India," Washington International Trade Association, Sept. 25, 2020, www.wita.org/atp-research/tech-foreign-policy-india.

29 Cronin, *Power to the People*.

30 Neeraj Kashyap, "GitHub's Path to 128M Public Repositories," *Towards Data Science*, March 4, 2020, towardsdatascience.com/githubs-path-to-128m-public-repositories-f6f656ab56b1.

31 arXiv, "About ArXiv," arxiv.org/about.

32 "The General Index," Internet Archive, Oct. 7, 2021, archive.org/details/GeneralIndex.

33 "Research and Development: U.S. Trends and International Comparisons," National Center for Science and Engineering Statistics, April 28, 2022, ncses.nsf.gov/pubs/nsb20225.

34 Prableen Bajpai, "Which Companies Spend the Most in Research and Development (R&D)?," Nasdaq, June 21, 2021, www.nasdaq.com/articles/which-companies-spend-the-most-in-research-and-development-rd-2021-06-21.

35 "Huawei Pumps $22 Billion into R&D to Beat U.S. Sanctions," *Bloomberg News*, April 25, 2022, www.bloomberg.com/news/articles/2022-04-25/huawei-rivals-apple-meta-with-r-d-spending-to-beat-sanctions; Jennifer Saba, "Apple Has the Most Growth Fuel in Hand," Reuters, Oct. 28, 2021, www.reuters.com/breakingviews/apple-has-most-growth-fuel-hand-2021-10-28.

36 LeCun Metz, *Genius Makers*, 58.

37 Mitchell, *Artificial Intelligence*, 103.

38 "First in the World: The Making of the Liverpool and Manchester Railway," Science+Industry Museum, Dec. 20, 2018, www.scienceandindustrymuseum.org.uk/objects-and-stories/making-the-liverpool-and-manchester-railway.

39 相关数据和叙述引自 William Quinn and John D. Turner, *Boom and Bust: A Global History of Financial Bubbles* (Cambridge, U.K.: Cambridge University Press, 2022)。

40 同上。

41 "The Beauty of Bubbles," *Economist*, Dec. 18, 2008, www.economist.com/christmas-specials/2008/12/18/the-beauty-of-bubbles.

42 Perez, *Technological Revolutions and Financial Capital*.

43 大量经济学文献剖析了技术创新的微观经济学层面，揭示了创新过程对经济驱动力的高度敏感和与之密不可分的关系。相关概述可参阅 Lipsey, Carlaw, and Bekar, *Economic Transformations*。

44 参见 Angus Maddison, *The World Economy: A Millenarian Perspective* (Paris: OECD Publications, 2001); 更新的数据来源可参见 "GDP Per Capita, 1820 to 2018," Our World in Data, ourworldindata.org/grapher/gdp-per-capita-maddison-2020?yScale=log。

45 Nishant Yonzan et al., "Projecting Global Extreme Poverty up to 2030: How Close Are We to World Bank's 3% Goal?," *World Bank Data Blog*, Oct. 9, 2020, blogs.worldbank.org/opendata/projecting-global-extreme-poverty-2030-how-close-are-we-world-banks-3-goal.

46 Alan Greenspan and Adrian Wooldridge, *Capitalism in America: A History* (London: Allen Lane, 2018), 15.

47 同上，第 47 页。

48 Charlie Giattino and Esteban Ortiz-Ospina, "Are We Working More Than Ever?," Our World in Data, ourworldindata.org/working-more-than-ever.

49 "S&P 500 Data," S&P Dow Jones Indices, July 2022, www.spglobal.com/spdji/en/indices/equity/sp-500/#data.

50 仅 2021 年，全球风险资本投入就超过 6 000 亿美元，是 10 年前的 10 倍，这些资金主要流向了科技和生物技术类企业。参见 Gene Teare, "Funding and Unicorn

Creation in 2021 Shattered All Records," *Crunchbase News*, Jan. 5, 2022, news.crunchbase.com/business/global-vc-funding-unicorns-2021-monthly-recap。与此同时，2021年，科技领域的私募股权投资额也激增至超过4 000亿美元，是目前该类资金流入最多的单一领域。参见 Laura Cooper and Preeti Singh, "Private Equity Backs Record Volume of Tech Deals," *Wall Street Journal*, Jan. 3, 2022, www.wsj.com/articles/private-equity-backs-record-volume-of-tech-deals-11641207603。

51　例如，*Artificial Intelligence Index Report 2021*，虽然自那以后，随着生成式人工智能的兴起，这一数字确实有所增长。

52　"Sizing the Prize—PwC's Global Artificial Intelligence Study: Exploiting the AI Revolution," PwC, 2017, www.pwc.com/gx/en/issues/data-and-analytics/publications/artificial-intelligence-study.html.

53　Jacques Bughin et al., "Notes from the AI Frontier: Modeling the Impact of AI on the World Economy," McKinsey, Sept. 4, 2018, www.mckinsey.com/featured-insights/artificial-intelligence/notes-from-the-ai-frontier-modeling-the-impact-of-ai-on-the-world-economy; Michael Ciu, "The Bio Revolution: Innovations Transforming Economies, Societies, and Our Lives," McKinsey Global Institute, May 13, 2020, www.mckinsey.com/industries/pharmaceuticals-and-medical-products/our-insights/the-bio-revolution-innovations-transforming-economies-societies-and-our-lives.

54　"How Robots Change the World," Oxford Economics, June 26, 2019, resources.oxfordeconomics.com/hubfs/How%20Robots%20Change%20the%20World%20(PDF).pdf.

55　The World Economy in the Second Half of the Twentieth Century," OECD, Sept. 22, 2006, read.oecd-ilibrary.org/development/the-world-economy/the-world-economy-in-the-second-half-of-the-twentieth-century_9789264022621-5-en#page1.

56　Philip Trammell et al., "Economic Growth Under Transformative AI," Global Priorities Institute, Oct. 2020, globalprioritiesinstitute.org/wp-content/uploads/Philip-Trammell-and-Anton-Korinek_economic-growth-under-transformative-ai.pdf。这将促成一个非比寻常且难以想象的局面，即经济增长速度"快到可以在有限的时间内创造出无限的产出"。

57　Hannah Ritchie et al., "Crop Yields," Our World in Data, ourworldindata.org/crop-yields.

58　"Farming Statistics—Final Crop Areas, Yields, Livestock Populations and Agricultural Workforce at 1 June 2020 United Kingdom," U.K. Government Department for Environment, Food & Rural Affairs, Dec. 22, 2020, assets.publishing.service.gov.uk/government/uploads/system/uploads/attachment_data/file/946161/structure-jun2020final-uk-22dec20.pdf.

59　Ritchie et al., "Crop Yields."

60　Smil, *How the World Really Works*, 66.

61　Max Roser and Hannah Ritchie, "Hunger and Under-nourishment," Our World in Data, ourworldindata.org/hunger-and-undernourishment.

62　Smil, *How the World Really Works*, 36.

63　同上，第 42 页。

64　同上，第 61 页。

65　Daniel Quiggin et al., "Climate Change Risk Assessment 2021," Chatham House, Sept. 14, 2021, www.chathamhouse.org/2021/09/climate-change-risk-assessment-2021?7J7ZL,68TH2Q,UNIN9.

66　Elizabeth Kolbert, *Under a White Sky: The Nature of the Future* (New York: Crown, 2022), 155.

67　Hongyuan Lu et al., "Machine Learning-Aided Engineering of Hydrolases for PET Depolymerization," *Nature*, April 27, 2022, www.nature.com/articles/s41586-022-04599-z.

68　"J. Robert Oppenheimer 1904-67," in *Oxford Essential Quotations*, ed. Susan Ratcliffe (Oxford: Oxford University Press, 2016), www.oxfordreference.com/view/10.1093/acref/9780191826719.001.0001/q-oro-ed4-00007996.

69　转引自 Dyson, *Turing's Cathedral*。

第九章　大契约

1　"民族国家"和"政治国家"这两个术语的使用显然相当复杂，相关文献也极为丰富。在这里，我们仅从最基本的角度使用这两个词：民族国家是指世界上的各个国家及其人民与政府（涵盖了其中的巨大多样性和复杂性）；政治国家是指这些民族国家内部的政府、统治体系和社会服务体系。爱尔兰、以色列、印度和印度尼西亚是截然不同的民族和政治国家，相互之间存在许多差异，但我们仍可将它们视为一系列具有共性的主体。温迪·布朗认为，民族国家始终是一种"构想概念"（*Walled States, Waning Sovereignty* [New York: Zone Books, 2010], 69）：如果人民被权力统治着，他们又如何真正拥有主权呢？尽管如此，民族国家仍然是一个极其有用而强大的概念。

2　Max Roser and Esteban Ortiz-Ospina, "Literacy," Our World in Data, ourworldindata.org/literacy.

3　William Davies, *Nervous States: How Feeling Took Over the World* (London: Jonathan Cape, 2018).

4　约 1/3（35%）的英国人口表示信任本国政府，这一比例低于经合组织国家的平均水平（41%）。约一半（49%）的英国人口表示不信任本国政府。"Building Trust to Reinforce Democracy: Key Findings from the 2021 OECD Survey on Drivers of Trust in Public Institutions," OECD, www.oecd.org/governance/trust-in-government。

5 "Public Trust in Government: 1958-2022," Pew Research Center, June 6, 2022, www.pewresearch.org/politics/2022/06/06/public-trust-in-government-1958-2022.

6 Lee Drutman et al., "Follow the Leader: Exploring American Support for Democracy and Authoritarianism," Democracy Fund Voter Study Group, March 2018, fsi-live.s3.us-west-1.amazonaws.com/s3fs-public/followtheleader_2018mar13.pdf.

7 "Bipartisan Dissatisfaction with the Direction of the Country and the Economy," AP NORC, June 29, 2022, apnorc.org/projects/bipartisan-dissatisfaction-with-the-direction-of-the-country-and-the-economy.

8 Daniel Drezner, *The Ideas Industry: How Pessimists, Partisans, and Plutocrats Are Transforming the Marketplace of Ideas* (New York: Oxford University Press, 2017), and the Edelman Trust Barometer: "2022 Edelman Trust Barometer," Edelman, www.edelman.com/trust/2022-trust-barometer.

9 Richard Wike et al., "Many Across the Globe Are Dissatisfied with How Democracy Is Working," Pew Research Center, April 29, 2019, www.pewresearch.org/global/2019/04/29/many-across-the-globe-are-dissatisfied-with-how-democracy-is-working/; Dalia Research et al., "Democracy Perception Index 2018," Alliance of Democracies, June 2018, www.allianceofdemocracies.org/wp-content/uploads/2018/06/Democracy-Perception-Index-2018-1.pdf.

10 "New Report: The Global Decline in Democracy Has Accelerated," Freedom House, March 3, 2021, freedomhouse.org/article/new-report-global-decline-democracy-has-accelerated.

11 更广泛的调研结果，可参阅 Thomas Piketty, *Capital in the Twenty-first Century* (Cambridge, Mass.: Harvard University Press, 2014) 以及 Anthony B. Atkinson, *Inequality: What Can Be Done?* (Cambridge, Mass.: Harvard University Press, 2015)。

12 "Top 1% National Income Share," World Inequality Database, wid.world/world/#sptinc_p99p100_z/US;FR;DE;CN;ZA;GB;WO/last/eu/k/p/yearly/s/false/5.6579999999999995/30/curve/false/country.

13 Richard Mille, "Forbes World's Billionaires List: The Richest in 2023," *Forbes*, www.forbes.com/billionaires/。虽然 GDP 是流量而非存量（如财富），但这一对比仍然耐人寻味。

14 Alistair Dieppe, "The Broad-Based Productivity Slowdown, in Seven Charts," *World

    Bank Blogs: Let's Talk Development, July 14, 2020, blogs.worldbank.org/developmenttalk/broad-based-productivity-slowdown-seven-charts.

15 Jessica L. Semega et al., "Income and Poverty in the United States: 2016," U.S. Census Bureau, www.census.gov/content/dam/Census/library/publications/2017/demo/P60-259.pdf, reported in digitallibrary.un.org/record/1629536?ln=en.

16 Christian Houle et al., "Social Mobility and Political Instability," *Journal of Conflict Resolution*, Aug. 8, 2017, journals.sagepub.com/doi/full/10.1177/0022002717723434; and Carles Boix, "Economic Roots of Civil Wars and Revolutions in the Contemporary World," *World Politics* 60, no. 3 (April 2008): 390-437.

17 民族国家的消亡并不是一个新鲜想法；参见 Rana Dasgupta, "The Demise of the Nation State," *Guardian*, April 5, 2018, www.theguardian.com/news/2018/apr/05/demise-of-the-nation-state-rana-dasgupta。

18 Philipp Lorenz-Spreen et al., "A Systematic Review of Worldwide Causal and Correlational Evidence on Digital Media and Democracy," *Nature Human Behaviour*, Nov. 7, 2022, www.nature.com/articles/s41562-022-01460-1.

19 Langdon Winner, *Autonomous Technology: Technics-Out-of-Control as a Theme in Political Thought* (Cambridge, Mass.: MIT Press, 1977), 6.

20 Jenny L. Davis, *How Artifacts Afford: The Power and Politics of Everyday Things* (Cambridge, Mass.: MIT Press, 2020)。用厄休拉·富兰克林的话说（参见 *The Real World of Technology* [Toronto: House of Anansi, 1999]），技术是"规定性"的，即它们的创造或应用会促进或要求特定的行为、劳动分工或结果。拥有拖拉机的农民的工作方式和需求结构与只拥有两头牛和犁的农民势必存在差别。工厂制度所带来的劳动分工催生了与狩猎采集社会不同的社会组织，促成了一种遵循与管理文化。"技术实践过程中形成的模式会成为社会生活的一部分"（第 55 页）。

21 参阅 Mumford, *Technics and Civilization*，书中对机械钟的影响进行了精彩的分析。

22 Benedict Anderson, *Imagined Communities: Reflections on the Origin and Spread of Nationalism* (London: Verso, 1983).

23 这与剑桥大学政治学家大卫·朗西曼提出的"僵尸民主"的概念相似："其基本观点是，公众只是在观看一场表演，他们的角色就是在适当的时刻鼓掌或拒绝鼓掌。民主政治已经变成了一场精心策划的演出。"参阅 David Runciman, *How Democracy Ends* (London: Profile Books, 2019), 47。

第十章 脆弱性放大器

1 S. Ghafur et al., "A Retrospective Impact Analysis of the WannaCry Cyberattack on the

NHS," *NPJ Digital Medicine*, Oct. 2, 2019, www.nature.com/articles/s41746-019-0161-6, for more.

2 Mike Azzara, "What Is WannaCry Ransomware and How Does It Work?," Mimecast, May 5, 2021, www.mimecast.com/blog/all-you-need-to-know-about-wannacry-ransomware.

3 Andy Greenberg, "The Untold Story of NotPetya, the Most Devastating Cyberattack in History," *Wired*, Aug. 22, 2018, www.wired.com/story/notpetya-cyberattack-ukraine-russia-code-crashed-the-world.

4 James Bamford, "Commentary: Evidence Points to Another Snowden at the NSA," *Reuters*, Aug. 22, 2016, www.reuters.com/article/us-intelligence-nsa-commentary-idUSKCN10X01P.

5 Brad Smith, "The Need for Urgent Collective Action to Keep People Safe Online: Lessons from Last Week's Cyberattack," *Microsoft Blogs: On the Issues*, May 14, 2017, blogs.microsoft.com/on-the-issues/2017/05/14/need-urgent-collective-action-keep-people-safe-online-lessons-last-weeks-cyberattack.

6 该定义引自牛津语言词典（Oxford Languages），languages.oup.com。

7 Ronen Bergman et al., "The Scientist and the A.I.-Assisted, Remote-Control Killing Machine," *New York Times*, Sept. 18, 2021, www.nytimes.com/2021/09/18/world/middleeast/iran-nuclear-fakhrizadeh-assassination-israel.html.

8 Azhar, *Exponential*, 192.

9 Fortune Business Insights, "Military Drone Market to Hit USD 26.12 Billion by 2028; Rising Military Spending Worldwide to Augment Growth," Global News Wire, July 22, 2021, www.globenewswire.com/en/news-release/2021/07/22/2267009/0/en/Military-Drone-Market-to-Hit-USD-26-12-Billion-by-2028-Rising-Military-Spending-Worldwide-to-Augment-Growth-Fortune-Business-Insights.html.

10 David Hambling, "Israel Used World's First AI-Guided Combat Drone Swarm in Gaza Attacks," *New Scientist*, June 30, 2021, www.newscientist.com/article/2282656-israel-used-worlds-first-ai-guided-combat-drone-swarm-in-gaza-attacks.

11 Dan Primack, "Exclusive: Rebellion Defense Raises $150 Million at $1 Billion Valuation," *Axios*, Sept. 15, 2021, www.axios.com/2021/09/15/rebellion-defense-raises-150-million-billion-valuation; Ingrid Lunden, "Anduril Is Raising Up to $1.2B, Sources Say at a $7B Pre-money Valuation, for Its Defense Tech," TechCrunch, May 24, 2022, techcrunch.com/2022/05/24/filing-anduril-is-raising-up-to-1-2b-sources-say-at-a-7b-pre-money-valuation-for-its-defense-tech.

12 Bruce Schneier, "The Coming AI Hackers," Harvard Kennedy School Belfer Center,

April 2021, www.belfercenter.org/publication/coming-ai-hackers.

13 Anton Bakhtin et al., "Human-Level Play in the Game of *Diplomacy* by Combining Language Models with Strategic Reasoning," *Science*, Nov. 22, 2022, www.science.org/doi/10.1126/science.ade9097.

14 关于这一点的更全面的论述，参阅 Benjamin Wittes and Gabriella Blum, *The Future of Violence: Robots and Germans, Hackers and Drones—Confronting A New Age of Threat* (New York: Basic Books, 2015)。

15 该事件的初次报道，参见 Nilesh Cristopher, "We've Just Seen the First Use of Deepfakes in an Indian Election Campaign," *Vice*, Feb. 18, 2020, www.vice.com/en/article/jgedjb/the-first-use-of-deepfakes-in-indian-election-by-bjp。

16 Melissa Goldin, "Video of Biden Singing 'Baby Shark' Is a Deepfake," Associated Press, Oct. 19, 2022, apnews.com/article/fact-check-biden-baby-shark-deepfake-412016518873; "Doctored Nancy Pelosi Video Highlights Threat of 'Deepfake' Tech," CBS News, May 25, 2019, www.cbsnews.com/news/doctored-nancy-pelosi-video-highlights-threat-of-deepfake-tech-2019-05-25.

17 TikTok @deeptomcruise, www.tiktok.com/@deeptom cruise?lang=en.

18 Thomas Brewster, "Fraudsters Cloned Company Director's Voice in $35 Million Bank Heist, Police Find," *Forbes*, Oct. 14, 2021, www.forbes.com/sites/thomasbrewster/2021/10/14/huge-bank-fraud-uses-deep-fake-voice-tech-to-steal-millions.

19 Catherine Stupp, "Fraudsters Used AI to Mimic CEO's Voice in Unusual Cybercrime Case," *Wall Street Journal*, Aug. 30, 2019, www.wsj.com/articles/fraudsters-use-ai-to-mimic-ceos-voice-in-unusual-cybercrime-case-11567157402.

20 这是一段深度伪造视频。参见 Kelly Jones, "Viral Video of Biden Saying He's Reinstating the Draft Is a Deepfake," *Verify*, March 1, 2023, www.verifythis.com/article/news/verify/national-verify/viral-video-of-biden-saying-hes-reinstating-the-draft-is-a-deepfake/536-d721f8cb-d26a-4873-b2a8-91dd91288365。

21 Josh Meyer, "Anwar al-Awlaki: The Radical Cleric Inspiring Terror from Beyond the Grave," NBC News, Sept. 21, 2016, www.nbcnews.com/news/us-news/anwar-al-awlaki-radical-cleric-inspiring-terror-beyond-grave-n651296; Alex Hern, "'YouTube Islamist' Anwar al-Awlaki Videos Removed in Extremism Clampdown," *Guardian*, Nov. 13, 2017, www.theguardian.com/technology/2017/nov/13/youtube-islamist-anwar-al-awlaki-videos-removed-google-extremism-clampdown.

22 Eric Horvitz, "On the Horizon: Interactive and Compositional Deepfakes," ICMI '22: Proceedings of the 2022 International Conference on Multimodal Interaction, arxiv.org/

abs/2209.01714.

23 U.S. Senate, Report of the Select Committee on Intelligence: Russian Active Measures Campaigns and Interference in the 2016 U.S. Election, vol. 5, Counterintelligence Threats and Vulnerabilities, 116th Congress, 1st sess., www.intelligence.senate.gov/sites/default/files/documents/report_volume5.pdf; Nicholas Fandos et al., "House Intelligence Committee Releases Incendiary Russian Social Media Ads," *New York Times*, Nov. 1, 2017, www.nytimes.com/2017/11/01/us/politics/russia-technology-facebook.html.

24 不过，俄罗斯常牵涉其中。2021 年，有 58% 的网络攻击源自俄罗斯。参见 Tom Burt, "Russian Cyberattacks Pose Greater Risk to Governments and Other Insights from Our Annual Report," *Microsoft Blogs: On the Issues*, Oct. 7, 2021, blogs.microsoft.com/on-the-issues/2021/10/07/digital-defense-report-2021。

25 Samantha Bradshaw et al., "Industrialized Disinformation: 2020 Global Inventory of Organized Social Media Manipulation," Oxford University Programme on Democracy & Technology, Jan. 13, 2021, demtech.oii.ox.ac.uk/research/posts/industrialized-disinformation.

26 Emerson T. Brooking and Suzanne Kianpour, "Iranian Digital Influence Efforts: Guerrilla Broadcasting for the Twenty-first Century," Atlantic Council, Feb. 11, 2020, www.atlanticcouncil.org/in-depth-research-reports/report/iranian-digital-influence-efforts-guerrilla-broadcasting-for-the-twenty-first-century.

27 Virginia Alvino Young, "Nearly Half of the Twitter Accounts Discussing 'Reopening America' May Be Bots," Carnegie Mellon University, May 27, 2020, www.cmu.edu/news/stories/archives/2020/may/twitter-bot-campaign.html.

28 Nina Schick, *Deep Fakes and the Infocalypse: What You Urgently Need to Know* (London: Monoray, 2020); and Ben Buchanan et al., "Truth, Lies, and Automation," Center for Security and Emerging Technology, May 2021, cset.georgetown.edu/publication/truth-lies-and-automation.

29 William A. Galston, "Is Seeing Still Believing? The Deepfake Challenge to Truth in Politics," Brookings, Jan. 8, 2020, www.brookings.edu/research/is-seeing-still-believing-the-deepfake-challenge-to-truth-in-politics.

30 Joel O. Wertheim, "The Re-emergence of H1N1 Influenza Virus in 1977: A Cautionary Tale for Estimating Divergence Times Using Biologically Unrealistic Sampling Dates," *PLOS ONE*, June 17, 2010, journals.plos.org/plosone/article?id=10.1371/journal.pone.0011184.

31 Edwin D. Kilbourne, "Influenza Pandemics of the 20th Century," *Emerging Infectious*

Diseases 12, no. 1 (Jan. 2006), www.ncbi.nlm.nih.gov/pmc/articles/PMC3291411; and Michelle Rozo and Gigi Kwik Gronvall, "The Reemergent 1977 H1N1 Strain and the Gain-of-Function Debate," *mBio*, Aug. 18, 2015, www.ncbi.nlm.nih.gov/pmc/articles/PMC4542197.

32 Alina Chan and Matt Ridley, *Viral: The Search for the Origin of Covid-19* (London: Fourth Estate, 2022), and MacAskill, *What We Owe the Future*.

33 Kai Kupferschmidt, "Anthrax Genome Reveals Secrets About a Soviet Bioweapons Accident," *Science*, Aug. 16, 2016, www.science.org/content/article/anthrax-genome-reveals-secrets-about-soviet-bioweapons-accident.

34 T. J. D. Knight-Jones and J. Rushton, "The Economic Impacts of Foot and Mouth Disease—What Are They, How Big Are They, and Where Do They Occur?," *Preventive Veterinary Medicine*, Nov. 2013, www.ncbi.nlm.nih.gov/pmc/articles/PMC3989032/#bib0005。值得注意的是，与2001年那场因自然原因暴发的口蹄疫疫情相比，这次疫情造成的损失小得多。

35 Maureen Breslin, "Lab Worker Finds Vials Labeled 'Smallpox' at Merck Facility," *The Hill*, Nov. 17, 2021, thehill.com/policy/healthcare/581915-lab-worker-finds-vials-labeled-smallpox-at-merck-facility-near-philadelphia.

36 Sophie Ochmann and Max Roser, "Smallpox," Our World in Data, ourworldindata.org/smallpox; Kelsey Piper, "Smallpox Used to Kill Millions of People Every Year. Here's How Humans Beat It," *Vox*, May 8, 2022, www.vox.com/future-perfect/21493812/smallpox-eradication-vaccines-infectious-disease-covid-19.

37 Alexandra Peters, "The Global Proliferation of High-Containment Biological Laboratories: Understanding the Phenomenon and Its Implications," Revue Scientifique et Technique, Dec. 2018, pubmed.ncbi.nlm.nih.gov/30964562。BSL-4实验室数量在过去两年从59个增加到69个，其中大部分位于城市化地区，处理致命病原体的实验室数量超过100个，新一代"BSL-3+"实验室也在蓬勃发展。参见Filippa Lentzos et al., "Global BioLabs Report 2023," King's College London, May 16, 2023, www.kcl.ac.uk/warstudies/assets/global-biolabs-report-2023.pdf。

38 David Manheim and Gregory Lewis, "High-Risk Human-Caused Pathogen Exposure Events from 1975-2016," FioooResearch, July 8, 2022, f1000research.com/articles/10-752.

39 David B. Manheim, "Results of a 2020 Survey on Reporting Requirements and Practices for Biocontainment Laboratory Accidents," *Health Security* 19, no. 6 (2021), www.liebertpub.com/doi/10.1089/hs.2021.0083.

40 Lynn C. Klotz and Edward J. Sylvester, "The Consequences of a Lab Escape of a Potential

Pandemic Pathogen," *Frontiers in Public Health*, Aug. 11, 2014, www.frontiersin.org/articles/10.3389/fpubh.2014.00116/full.

41 特别感谢贾森·马西尼和凯文·埃斯维尔特关于本话题的讨论。

42 Martin Enserink and John Cohen, "One of Two Hotly Debated H5N1 Papers Finally Published," *Science*, May 2, 2012, www.science.org/content/article/one-two-hotly-debated-h5n1-papers-finally-published.

43 Amber Dance, "The Shifting Sands of 'Gain-of-Function' Research," *Nature*, Oct. 27, 2021, www.nature.com/articles/d41586-021-02903-x.

44 Da-Yuan Chen et al., "Role of Spike in the Pathogenic and Antigenic Behavior of SARS-CoV-2 BA.1 Omicron," bioRxiv, Oct. 14, 2022, www.biorxiv.org/content/10.1101/2022.10.13.512134v1.

45 Kiran Stacey, "US Health Officials Probe Boston University's Covid Virus Research," *Financial Times*, Oct. 20, 2022, www.ft.com/content/f2e88a9c-104a-4515-8de1-65d72a5903d0.

46 Shakked Noy and Whitney Zhang, "Experimental Evidence on the Productivity Effects of Generative Artificial Intelligence," MIT Economics, March 10, 2023, economics.mit.edu/sites/default/files/inline-files/Noy_Zhang_1_0.pdf.

47 实际数字可能没那么大，但也绝不容忽视。参见 James Manyika et al., "Jobs Lost, Jobs Gained: What the Future of Work Will Mean for Jobs, Skills, and Wages," McKinsey Global Institute, Nov. 28, 2017, www.mckinsey.com/featured-insights/future-of-work/jobs-lost-jobs-gained-what-the-future-of-work-will-mean-for-jobs-skills-and-wages。作者的观点如下："我们预计，在应用目前已有技术的情况下，全球劳动力市场中约有一半的有偿工作可能实现自动化。"此处第二条数据引自 Mark Muro et al., "Automation and Artificial Intelligence: How Machines Are Affecting People and Places," Metropolitan Policy Program, Brookings, Jan. 2019, www.brookings.edu/wp-content/uploads/2019/01/2019.01_BrookingsMetro_Automation-AI_Report_Muro-Maxim-Whiton-FINAL-version.pdf。

48 Daron Acemoglu and Pascual Restrepo, "Robots and Jobs: Evidence from US Labor Markets," *Journal of Political Economy* 128, no. 6 (June 2020), www.journals.uchicago.edu/doi/abs/10.1086/705716.

49 同上；Edward Luce, *The Retreat of Western Liberalism* (London: Little, Brown, 2017), 54。另参阅 Justin Baer and Daniel Huang, "Wall Street Staffing Falls Again," *Wall Street Journal*, Feb. 19, 2015, www.wsj.com/articles/wall-street-staffing-falls-for-fourth-consecutive-year-1424366858; Ljubica Nedelkoska and Glenda Quintini,

"Automation, Skills Use, and Training," OECD, March 8, 2018, www.oecd-ilibrary.org/employment/automation-skills-use-and-training_2e2f4eea-en。

50 David H. Autor, "Why Are There Still So Many Jobs? The History and Future of Workplace Automation," *Journal of Economic Perspectives* 29, no. 3 (Summer 2015), www.aeaweb.org/articles?id=10.1257/jep.29.3.3.

51 阿齐姆·爱资哈尔认为，"总体而言，自动化的持久性影响不会是失业"，(Azhar, *Exponential*, 141)。

52 关于这些摩擦的更全面的阐述，参阅 Daniel Susskind, *A World Without Work: Technology, Automation and How We Should Respond* (London: Allen Lane, 2021)。

53 "U.S. Private Sector Job Quality Index (JQI)," University at Buffalo School of Management, Feb. 2023, ubwp.buffalo.edu/job-quality-index-jqi. See also Ford, *Rule of the Robots*.

54 Autor, "Why Are There Still So Many Jobs?"

第十一章　国家的未来

1 White, *Medieval Technology and Social Change*。但并非所有人都同意这一观点。要了解对这一观点的不同意见，可参阅"The Great Stirrup Controversy," The Medieval Technology Pages, web.archive.org/web/20141009082354/http://scholar.chem.nyu.edu/tekpages/texts/strpcont.html。

2 Brown, *Walled States, Waning Sovereignty*.

3 William Dalrymple, *The Anarchy: The Relentless Rise of the East India Company* (London: Bloomsbury, 2020), 233.

4 理查德·丹齐克在餐桌上首次与我分享了这个想法，之后他还发表了一篇精彩的论文："Machines, Bureaucracies, and Markets as Artificial Intelligences," Center for Security and Emerging Technology, Jan. 2022, cset.georgetown.edu/wp-content/uploads/Machines-Bureaucracies-and-Markets-as-Artificial-Intelligences.pdf。

5 "Global 500," *Fortune*, fortune.com/global500/。数据截至 2022 年 10 月。不过，世界银行的数据显示，这一比例要低一些：World Bank, "GDP (Current US$)," World Bank Data, data.worldbank.org/indicator/NY.GDP.MKTP.CD。

6 Benaich and Hogarth, *State of AI Report 2022*.

7 James Manyika et al., "Superstars: The Dynamics of Firms, Sectors, and Cities Leading the Global Economy," McKinsey Global Institute, Oct. 24, 2018, www.mckinsey.com/featured-insights/innovation-and-growth/superstars-the-dynamics-of-firms-sectors-and-cities-leading-the-global-economy.

8 Colin Rule, "Separating the People from the Problem," *The Practice*, July 2020,

thepractice.law.harvard.edu/article/separating-the-people-from-the-problem.

9 Jeremy Rifkin, *The Zero Marginal Cost Society: The Internet of Things, the Collaborative Commons, and the Eclipse of Capitalism* (New York: Palgrave, 2014).

10 埃里克·布林约尔松将人工智能日益主导经济领域并使大量人口陷入无工作、无财富、无实际权力的困境称为"图灵陷阱"。Erik Brynjolfsson, "The Turing Trap: The Promise & Peril of Human-Like Artificial Intelligence," Stanford Digital Economy Lab, Jan. 11, 2022, arxiv.org/pdf/2201.04200.pdf。

11 Joel Kotkin, *The Coming of Neo-feudalism: A Warning to the Global Middle Class* (New York: Encounter Books, 2020).

12 James C. Scott, *Seeing Like a State: How Certain Schemes to Improve the Human Condition Have Failed* (New Haven, Conn.: Yale University Press, 1998).

13 "How Many CCTV Cameras Are There in London?," CCTV.co.uk, Nov. 18, 2020, www.cctv.co.uk/how-many-cctv-cameras-are-there-in-london.

14 Joshua Brustein, "Warehouses Are Tracking Workers' Every Muscle Movement," *Bloomberg*, Nov. 5, 2019, www.bloomberg.com/news/articles/2019-11-05/am-i-being-tracked-at-work-plenty-of-warehouse-workers-are.

15 Kate Crawford, *Atlas of AI: Power, Politics, and the Planetary Costs of Artificial Intelligence* (New Haven, Conn.: Yale University Press, 2021).

16 Joanna Fantozzi, "Domino's Using AI Cameras to Ensure Pizzas Are Cooked Correctly," *Nation's Restaurants News*, May 29, 2019, www.nrn.com/quick-service/domino-s-using-ai-cameras-ensure-pizzas-are-cooked-correctly.

17 诸如戴夫·艾格斯的《所有》(*The Every*)等最新的监视主题反乌托邦小说，在描述监视内容等方面并未展现出实质性的创新。此外，与其说它们是遥远的科幻构想，不如说更像是对当代科技公司的讽刺。

18 该分析师是以色列国家安全研究所的退休准将阿萨夫·奥赖恩。"The Future of U.S.-Israel Relations Symposium," Council on Foreign Relations, Dec. 2, 2019, www.cfr.org/event/future-us-israel-relations-symposium，转引自 Kali Robinson, "What Is Hezbollah?," Council on Foreign Relations, May 25, 2022, www.cfr.org/backgrounder/what-hezbollah。

19 "Explained: How Hezbollah Built a Drug Empire via Its 'Narcoterrorist Strategy,'" *Arab News*, May 3, 2021, www.arabnews.com/node/1852636/middle-east.

20 Lina Khatib, "How Hezbollah Holds Sway over the Lebanese State," Chatham House, June 30, 2021, www.chathamhouse.org/sites/default/files/2021-06/2021-06-30-how-hezbollah-holds-sway-over-the-lebanese-state-khatib.pdf.

21 这将极大地拓展某些现有趋势，私人行为者承担更多传统上被视为国家专属的职能，参见 Rodney Bruce Hall and Thomas J. Biersteker, *The Emergence of Private Authority in Global Governance* (Cambridge, U.K.: Cambridge University Press, 2002)。

22 "Renewable Power Generation Costs in 2019," IRENA, June 2020, www.irena.org/publications/2020/Jun/Renewable-Power-Costs-in-2019.

23 James Dale Davidson and William Rees-Mogg, *The Sovereign Individual: Mastering the Transition to the Information Age* (New York: Touchstone, 1997).

24 Peter Thiel, "The Education of a Libertarian," *Cato Unbound*, April 13, 2009, www.cato-unbound.org/2009/04/13/peter-thiel/education-libertarian。想更深入地了解技术结构将如何取代民族国家，可参阅 Balaji Srinivasan, *The Network State* (1729 publishing, 2022)，该书提供了更深刻的见解。

第十二章　困境

1 Niall Ferguson, *Doom: The Politics of Catastrophe* (London: Allen Lane, 2021), 131.

2 同上。

3 数据来自一个机密简报会，但我们向生物安全专家确认了该数据的合理性。

4 值得注意的是，1/3 的人工智能领域科学家认为人工智能可能导致灾难。Jeremy Hsu, "A Third of Scientists Working on AI Say It Could Cause Global Disaster," *New Scientist*, Sept. 22, 2022, www.newscientist.com/article/2338644-a-third-of-scientists-working-on-ai-say-it-could-cause-global-disaster。

5 Richard Danzig and Zachary Hosford, "Aum Shinrikyo—Second Edition—English," CNAS, Dec. 20, 2012, www.cnas.org/publications/reports/aum-shinrikyo-second-edition-english; and Philipp C. Bleak, "Revisiting Aum Shinrikyo: New Insights into the Most Extensive Non-state Biological Weapons Program to Date," James Martin Center for Nonproliferation Studies, Dec. 10, 2011, www.nti.org/analysis/articles/revisiting-aum-shinrikyo-new-insights-most-extensive-non-state-biological-weapons-program-date-1.

6 Federation of American Scientists, "The Operation of the Aum," in Global Proliferation of Weapons of Mass Destruction: A Case Study of the Aum Shinrikyo, Senate Government Affairs Permanent Subcommittee on Investigations, Oct. 31, 1995, irp.fas.org/congress/1995_rpt/aum /part04.htm.

7 Danzig and Hosford, "Aum Shinrikyo."

8 对该观点最为详尽的阐述，可参阅 Nick Bostrom, "The Vulnerable World Hypothesis," Sept. 6, 2019, nickbostrom.com/papers/vulnerable.pdf。为应对"易制核弹"前景的潜在威胁，该文作者进行了一项思维实验，构想了"高科技全景监控"下的世界：每个人都佩戴一个"自由标签"，它像项链一样挂在脖子上，还配有多向摄像头和麦克风。这些设备不断将加密的视频和音频数据上传至云端，由机器进行实时解读和分析。人工智能算法会对佩戴者的行为、手势、周围环境中的物体以及其他情境线索进行分类识别；一旦检测到可疑活动，相关信息就会立即传送到数个爱国者监测站中的一个进行处理。

9 Martin Bereaja et al., "AI-tocracy," *Quarterly Journal of Economics*, March 13, 2023, academic.oup.com/qje/advance-article-abstract/doi /10.1093/qje/qjad012/7076890.

10 Isis Hazewindus, "The Threat of the Megamachine," *IfThenElse*, Nov. 21, 2021, www.ifthenelse.eu/blog/the-threat-of-the-megamachine.

11 Michael Shermer, "Why ET Hasn't Called," *Scientific American*, Aug. 2002, michaelshermer.com/sciam-columns/why-et-hasnt-called.

12 Ian Morris, *Why the West Rules—for Now: The Patterns of History and What They Reveal About the Future* (London: Profile Books, 2010); Tainter, The Collapse of Complex Societies; Diamond, Collapse.

13 Stein Emil Vollset et al., "Fertility, Mortality, Migration, and Population Scenarios for 195 Countries and Territories from 2017 to 2100: A Forecasting Analysis for the Global Burden of Disease Study," *Lancet*, July 14, 2020, www.thelancet.com/article/S0140-6736(20)30677-2/fulltext.

14 Peter Zeihan, *The End of the World Is Just the Beginning: Mapping the Collapse of Globalization* (New York: Harper Business, 2022).

15 Zeihan, *The End of the World Is Just the Beginning*, 203.

16 "Climate-Smart Mining: Minerals for Climate Action," World Bank, www.worldbank.org/en/topic/extractiveindustries/brief/climate-smart-mining-minerals-for-climate-action.

17 Galor, *The Journey of Humanity*, 130.

18 John von Neumann, "Can We Survive Technology?," in *The Neumann Compendium* (River Edge, N.J.: World Scientific, 1995), geosci.uchicago.edu/~kite/doc/von_Neumann_1955.pdf.

第十三章　遏制必须成为可能

1 David Cahn et al., "AI 2022: The Explosion," Coatue Venture, coatue-external.notion.site/AI-2022-The-Explosion-e76afd140f824f2eb6b0 49c5b85a7877.

2 "2021 GHS Index Country Profile for United States," Global Health Security Index, www.ghsindex.org/country/united-states.

3 Edouard Mathieu et al., "Coronavirus (COVID-19) Deaths," Our World in Data, ourworldindata.org/covid-deaths.

4 例如，相较于 1957 年的 H2N2 流感时期，美国联邦预算不仅已在绝对值上大幅增长，其占 GDP 的比重也从 16.2% 增长至 20.8%。1957 年的美国还未设立专门的卫生机构，而疾病控制与预防中心（CDC）当时也不过是一个刚成立 11 年的新生组织。Ferguson, *Doom*, 234.

5 "The Artificial Intelligence Act," Future of Life Institute, artificialintelligenceact.eu.

6 "FLI Position Paper on the EU AI Act," Future of Life Institute, Aug. 4, 2021, futureoflife.org/wp-content/uploads/2021/08/FLI-Position-Paper-on-the-EU-AI-Act.pdf?x72900; and David Matthews, "EU Artificial Intelligence Act Not 'Futureproof,' Experts Warn MEPs," Science Business, March 22, 2022, sciencebusiness.net/news/eu-artificial-intelligence-act-not-futureproof-experts-warn-meps.

7 Khari Johnson, "The Fight to Define When AI Is High Risk," *Wired*, Sept. 1, 2021, www.wired.com/story/fight-to-define-when-ai-is-high-risk.

8 "Global Road Safety Statistics," Brake, www.brake.org.uk/get-involved/take-action/mybrake/knowledge-centre/global-road-safety#.

9 参阅 Alex Engler, "The Limited Global Impact of the EU AI Act," Brookings, June 14, 2022, www.brookings.edu/blog/techtank/2022/06/14/the-limited-global-impact-of-the-eu-ai-act。一项涵盖 25 万个国际条约的研究显示，这些条约往往难以实现其既定目标。参阅 Steven J. Hoffman et al., "International Treaties Have Mostly Failed to Produce Their Intended Effects," *PNAS*, Aug. 1, 2022, www.pnas.org/doi/10.1073/pnas.2122854119。

10 关于这一点的详细阐述，可参阅 George Marshall, *Don't Even Think About It: Why Our Brains Are Wired to Ignore Climate Change* (New York: Bloomsbury, 2014)。

11 Rebecca Lindsey, "Climate Change: Atmospheric Carbon Dioxide," Climate.gov, June 23, 2022, www.climate.gov/news-features/understanding-climate/climate-change-atmospheric-carbon-dioxide.

第十四章　迈向遏制的 10 个关键步骤

1 "IAEA Safety Standards," International Atomic Energy Agency, www.iaea.org/resources/safety-standards/search?facility=All&term_node_tid_depth_2=All&field_publication_series_info_value=&combine=&items_per_page=100.

2 Toby Ord, *The Precipice: Existential Risk and the Future of Humanity* (London: Bloomsbury, 2020), 57.

3 Benaich and Hogarth, *State of AI Report 2022*.

4 关于人工智能研究者的数量估计，可参考 "What Is Effective Altruism?," www.effectivealtruism.org/articles/introduction-to-effective-altruism#fn-15。

5 NASA, "Benefits from Apollo: Giant Leaps in Technology," NASA Facts, July 2004, www.nasa.gov/sites/default/files/80660main_ApolloFS.pdf.

6 Kevin M. Esvelt, "Delay, Detect, Defend: Preparing for a Future in Which Thousands Can Release New Pandemics," Geneva Centre for Security Policy, Nov. 14, 2022, dam.gcsp.ch/files/doc/gcsp-geneva-paper-29-22.

7 Jan Leike, "Alignment Optimism," *Aligned*, Dec. 5, 2022, aligned.substack.com/p/alignment-optimism.

8 Russell, *Human Compatible*.

9 Deep Ganguli et al., "Red Teaming Language Models to Reduce Harms: Methods, Scaling Behaviors, and Lessons Learned," arXiv, Nov. 22, 2022, arxiv.org/pdf/2209.07858.pdf.

10 Sam R. Bowman et al., "Measuring Progress on Scalable Oversight for Large Language Models," arXiv, Nov. 11, 2022, arxiv.org/abs/2211.03540.

11 Security DNA Project, "Securing Global Biotechnology," SecureDNA, www.securedna.org.

12 此外，不仅是机器，很多组件也只有独家制造商提供，例如 Cymer 公司的高端激光器，或者蔡司公司的高端透镜。假设这些产品的大小与德国国土面积相当，那么其中的瑕疵或不规则部分也只有几毫米宽而已。

13 Michael Filler on Twitter, May 25, 2022, twitter.com/michaelfiller/status/1529633698961833984.

14 "Where Is the Greatest Risk to Our Mineral Resource Supplies?," USGS, Feb. 21, 2020, www.usgs.gov/news/national-news-release/new-methodology-identifies-mineral-commodities-whose-supply-disruption?qt-news_science_products=1#qt-news_science_products.

15 Zeihan, *The End of the World Is Just the Beginning*, 314.

16 Lee Vinsel, "You're Doing It Wrong: Notes on Criticism and Technology Hype," Medium, Feb. 1, 2021, sts-news.medium.com/youre-doing-it-wrong-notes-on-criticism-and-technology-hype-18b08b4307e5.

17 Stanford University Human-Centered Artificial Intelligence, Artificial Intelligence Index Report 2021.

18 Shannon Vallor, "Mobilising the Intellectual Resources of the Arts and Humanities," Ada Lovelace Institute, June 25, 2021, www.adalovelaceinstitute.org/blog/mobilising-intellectual-resources-arts-humanities.

19 Kay C. James on Twitter, March 20, 2019, twitter.com/KayColesJames/status/1108365238779498497.

20 "B Corps 'Go Beyond' Business as Usual," B Lab, March 1, 2023, www.bcorporation. net/en-us/news/press/b-corps-go-beyond-business-as-usual-for-b-corp-month-2023.

21 "U.S. Research and Development Funding and Performance: Fact Sheet," Congressional Research Service, Sept. 13, 2022, sgp.fas.org/crs/misc/R44307.pdf.

22 Mariana Mazzucato, *The Entrepreneurial State: Debunking Public vs. Private Sector Myths* (London: Anthem Press, 2013).

23 英国财政部网络安全主管的薪酬仅为私人部门同行薪酬的 1/10：参见 @Jontafkasi on Twitter, March 29, 2023, mobile.twitter.com/Jontafkasi/status/1641193954 778697728。

24 Jess Whittlestone and Jack Clark, "Why and How Governments Should Monitor AI Development," arXiv, Aug. 31, 2021, arxiv.org/pdf/2108.12427.pdf.

25 "Legislation Related to Artificial Intelligence," National Conference of State Legislatures, Aug. 26, 2022, www.ncsl.org/research/telecommunications-and-information-technology/ 2020-legislation-related-to-artificial-intelligence.aspx.

26 OECD, "National AI Policies & Strategies," OECD AI Policy Observatory, oecd.ai/en/ dashboards/overview.

27 "Fact Sheet: Biden-Harris Administration Announces Key Actions to Advance Tech Accountability and Protect the Rights of the American Public," White House, Oct. 4, 2022, www.whitehouse.gov/ostp/news-updates/2022/10/04/fact-sheet-biden-harris-administration-announces-key-actions-to-advance-tech-accountability-and-protect-the-rights-of-the-american-public.

28 Daron Acemoglu et al., "Taxes, Automation, and the Future of Labor," MIT Work of the Future, mitsloan.mit.edu/shared/ods/documents?PublicationDocumentID=7929.

29 Arnaud Costinot and Ivan Werning, "Robots, Trade, and Luddism: A Sufficient Statistic Approach to Optimal Technology Regulation," *Review of Economic Studies,* Nov. 4, 2022, academic.oup.com/restud/advance-article/doi/10.1093/restud/rdac076/6798670.

30 Daron Acemoglu et al., "Does the US Tax Code Favor Automation?," *Brookings Papers on Economic Activity* (Spring 2020), www.brookings.edu/wp-content/uploads/2020/12/ Acemoglu-FINAL-WEB.pdf.

31 Sam Altman, "Moore's Law for Everything," Sam Altman, March 16, 2021, moores. samaltman.com.

32 "The Convention on Certain Conventional Weapons," United Nations, www.un.org/ disarmament/the-convention-on-certain-conventional-weapons.

33 Frangoise Baylis et al., "Human Germline and Heritable Genome Editing: The Global

Policy Landscape," *CRISPR Journal*, Oct. 20, 2020, www.liebertpub.com/doi/10.1089/crispr.2020.0082.

34 Eric S. Lander et al., "Adopt a Moratorium on Heritable Genome Editing," *Nature*, March 13, 2019, www.nature.com/articles/d41586-019-00726-5.

35 Peter Dizikes, "Study: Commercial Air Travel Is Safer Than Ever," *MIT News*, Jan. 23, 2020, news.mit.edu/2020/study-commercial-flights-safer-ever-0124.

36 "AI Principles," Future of Life Institute, Aug. 11, 2017, futureoflife.org/open-letter/ai-principles.

37 Joseph Rotblat, "A Hippocratic Oath for Scientists," *Science*, Nov. 19, 1999, www.science.org/doi/10.1126/science.286.5444.1475.

38 Rich Sutton, "Creating Human-Level AI: How and When?," University of Alberta, Canada, futureoflife.org/data/PDF/rich_sutton.pdf?x72900; Azeem Azhar, "We are the ones who decide what we want from the tools we build" (Azhar, *Exponential*, 253); or Kai-Fu Lee, "We will not be passive spectators in the story of AI—we are the authors of it" (Kai-Fu Lee and Qiufan Cheng, *AI 2041: Ten Visions for Our Future* [London: W. H. Allen, 2021, 437]).

39 Patrick O'Shea et al., "Communicating About the Social Implications of AI: A FrameWorks Strategic Brief," FrameWorks Institute, Oct. 19, 2021, www.frameworksinstitute.org/publication/communicating-about-the-social-implications-of-ai-a-frameworks-strategic-brief.

40 Stefan Schubert et al., "The Psychology of Existential Risk: Moral Judgments About Human Extinction," *Nature Scientific Reports*, Oct. 21, 2019, www.nature.com/articles/s41598-019-50145-9.

41 Aviv Ovadya, "Towards Platform Democracy," Harvard Kennedy School Belfer Center, Oct. 18, 2021, www.belfercenter.org/publication/towards-platform-democracy-policymaking-beyond-corporate-ceos-and-partisan-pressure.

42 "Pause Giant AI Experiments: An Open Letter," Future of Life Institute, March 29, 2023, futureoflife.org/open-letter/pause-giant-ai-experiments.

43 Adi Robertson, "FTC Should Stop OpenAI from Launching New GPT Models, Says AI Policy Group," *The Verge*, March 30, 2023, www.theverge.com/2023/3/30/23662101/ftc-openai-investigation-request-caidp-gpt-text-generation-bias.

44 Esvelt, "Delay, Detect, Defend"。关于整体性遏制策略的另一个例子，参见 Allison Duettmann, "Defend Against Physical Threats: Multipolar Active Shields," Foresight Institute, Feb. 14, 2022, foresightinstitute.substack.com/p/defend-physical。

45 Daron Acemoglu and James Robinson, *The Narrow Corridor: How Nations Struggle for*

..., 2019).

...ddarth et al., "How AI Fails Us," Edmond and Lily Safra Center for Ethics, 1, 2021, ethics.harvard.edu/how-ai-fails-us.